F

MÉMOIRES

SUR

LA LIBRAIRIE.

MÉMOIRES

SUR LA LIBRAIRIE

ET SUR

LA LIBERTÉ DE LA PRESSE,

Par M. DE LAMOIGNON DE MALESHERBES,

MINISTRE D'ÉTAT.

A PARIS,

CHEZ H. AGASSE, IMPRIMEUR-LIBRAIRE,

RUE DES POITEVINS, N°. 6.

1809.

AVERTISSEMENT

DE L'ÉDITEUR.

Jamais un ouvrage n'a eu moins besoin de préface que celui-ci. Il serait également inutile et déplacé de chercher à le faire valoir, parce que le nom de son auteur le rend assez recommandable.

Quelques gens de lettres savaient que M. de Malesherbes avait composé sur *la Librairie*, des Mémoires d'autant plus intéressans, qu'il y parlait aussi de notre littérature, et en général des connaissances humaines, comme pouvait le faire un homme aussi instruit et aussi philosophe; ils craignaient que ce manuscrit, dont ils regrettaient vivement la perte, n'eût été dévoré par la révolution comme tant d'écrits précieux, lorsqu'un savant Biographe le découvrit dans la bibliothèque d'un ancien militaire qui cultive les lettres, et entre les mains duquel le hasard l'avait fait tomber en 1787. *Il fut lu par plusieurs amateurs, qui tous furent d'avis de le livrer à l'impression.* On pressa alors le propriétaire de l'ouvrage de le publier, tant pour l'utilité

a ij

dont il pouvait être, que pour ne pas l'exposer à être perdu par un accident, puisque ce manuscrit était *unique*.

M. de Malesherbes, reçu Premier Président de la Cour des Aides le 14 décembre 1750, à la place de son père, qui avait été élevé, le 9 du même mois, à la dignité de Chancelier, fut aussitôt chargé par celui-ci de la *direction de la Librairie et de la Littérature*. Ce fut au commencement de 1759 que M. de Malesherbes composa ses cinq Mémoires sur cette matière, à la sollicitation du Dauphin fils de Louis XV. Le Dauphin cherchait à s'instruire en secret de toutes les branches de l'Administration. Pour parvenir à son but, il se servait d'un intermédiaire qui nous est inconnu, mais qui était, sinon un Ministre entièrement dévoué au Dauphin, du moins un personnage considérable, ainsi que le prouvent les formules respectueuses que M. de Malesherbes, Premier Président d'une Cour souveraine, employa dans trois lettres de sa main, jointes au manuscrit, et qu'on trouvera par ordre de date à la fin de cet Avertissement. Ces lettres sont du 11 février, 3 mars et 28 mai 1759, et servent naturellement de préface aux Mémoires qu'elles accompagnaient. Il ne faut pas croire qu'on ne trouve dans ces Mémoires qu'une sèche et fastidieuse discussion sur des réglemens ou sur des mesures administratives. Non-seulement M. de Malesherbes approfondit et propose les meilleurs moyens de protéger les lettres et d'étendre la sphère des connaissances, mais il examine encore de quelle manière il convient d'encourager les progrès de l'esprit humain, en même tems qu'il indique d'excellens expédiens pour opposer aux abus et à la licence un frein prescrit par la raison et par une sage prévoyance.

Enfin, on trouve dans l'ouvrage de M. de Malesherbes sur la *Librairie* et la Littérature françaises, une foule de réflexions et de traits profonds ou ingénieux, très-propres à donner une juste idée du genre d'esprit et du caractère de l'auteur, et qui prouvent que M. Gaillard a eu raison de dire (1) : « Qu'*il était supérieur aux gens d'esprit mêmes, par la pénétration, la sagacité, la chaleur et la gaîté du sien; aux savans,*

_____

(1) Page 32 de la *Vie* ou de l'*Éloge* historique de M. de Malesherbes, in-8°. Paris, 1805.

» *par la multitude, la variété, l'éten-*
» *due, la sûreté de ses connaissances,*
» *accrues et embellies par les lumières.* »

L'Éditeur conserve soigneusement les lettres de M. de Malesherbes, ainsi que le manuscrit de son ouvrage, et il s'empressera de les communiquer à quiconque sera curieux de les voir, ou de s'assurer de la parfaite similitude de l'imprimé avec l'original.

On a cru bien mériter de ceux à qui la mémoire de M. de Malesherbes est chère, en leur offrant une copie de son écriture, figurée trait pour trait. En conséquence on a fait graver sa troisième lettre, qui se trouvera placée à la fin de cet Avertissement, à la suite de l'imprimé : il en facilitera la lecture ; car cet homme, aussi vertueux que respectable, avait un caractère d'écriture fort négligé. C'était son plus grand et peut-être son unique défaut.

—On donna en 1795, dans le journal intitulé *le Magasin encyclopédique*, une excellente notice sur M. de Malesherbes, par feu J. B. Dubois. La troisième édition de cette notice fut publiée à Paris, en 1806, chez le libraire Potey. M. Dubois y parle d'un Mémoire fort étendu sur la *Liberté de la presse*, donné au Roi et au Ministre par M. de Malesherbes avant la révolution ; mais il déclare ignorer dans quelles mains est tombée la copie qu'il a lue.

M. Gaillard, dans la *Vie* ou dans l'*Éloge* historique de M. de Malesherbes, parle aussi de ce Mémoire sur *la Liberté de la presse*, et il entre à ce sujet dans des détails qui en font sentir tout l'intérêt.

Les deux Biographes que l'on vient de citer parlent également des Mémoires de M. de Malesherbes sur *la Librairie*. Le Mémoire sur *la Liberté de la presse* se trouvait entre les mains d'un ancien Magistrat qui en tenait la copie de M. de Malesherbes lui-même, et il a consenti facilement à en faire jouir le public.

Il ne faut cependant pas conclure du tems où M. de Malesherbes écrivait, au tems présent. Il proposait ce qu'il croyait le plus avantageux dans les conjonctures où se trouvait alors la France ; plusieurs de ses idées ne sont même plus applicables aux circonstances actuelles, dans lesquelles il aurait apporté à ses plans des modifications convenables. On publie donc aujourd'hui ses Mémoires sur *la*

Librairie et sur *la Liberté de la presse*, non dans l'idée de les présenter comme une autorité à suivre dans tous les points, mais comme un supplément nécessaire à ses autres ouvrages, et propre d'ailleurs à faire connaître le caractère et le genre d'esprit administratif de l'auteur. La réunion des Mémoires sur *la Librairie* et sur *la Liberté de la presse*, qui ont des rapports intimes, offre enfin l'avantage de donner un ensemble complet de tout ce que M. de Malesherbes a écrit sur cette branche importante d'administration, et c'est ce qui a déterminé l'Éditeur à les publier en un seul volume.

PREMIÈRE LETTRE.

J'aurois bien voulu, Monsieur, pouvoir vous envoyer plustost les Memoires que vous avés desirés sur la Librairie, mais ce qui se dit dans une heure de conversation est bien long à rediger par écrit. J'espere que vous excuserés ma lenteur quand vous voudrés bien songer que j'ay esté distrait par un grand courant d'affaires et que vous considérerés le volume des trois Memoires que je vous envoye.

Ce n'est pas cependant encore tout, je vais travailler à un quatrieme qui n'est pas moins important et ne sera pas moins long que ceux cy; et après celuy là je vous donneray encore des eclaircissemens sur quelques objets particuliers. Cela devient bien long, mais la matiere n'ayant esté eclaircie par personne et les principes n'en estant discutés nulle part, j'ay cru necessaire de l'approfondir. D'ailleurs je n'ay pas voulu attendre que les derniers Memoires fussent achevés pour vous envoyer les premiers.

Mon principal objet a esté de vous marquer mon empressement de me rendre à vos desirs que j'ay osé regarder comme des ordres superieurs.

C'est aussi par cette raison que vous trouverés surtout dans les premiers Memoires des corrections et des augmentations. Il est arrivé pendant que j'y travaillois des evenemens qui ont rendu une partie de ces changemens necessaire. Il y en a d'autres qui contiennent des reflexions et des eclaircissemens que j'avois obmis dans la premiere redaction. Tout cela auroit demandé d'estre mis au net, et j'ay trouvé en relisant que les Memoires eux memes auroient grand besoin d'estre changés et surtout abregés. Mais j'ay cru qu'il valoit mieux les envoyer tels qu'ils sont avec des ratures et des additions, des longueurs et des repetitions que de les faire attendre encore quinze jours.

J'ay l'honneur d'estre avec respect, Monsieur,

Votre tres humble et trés
obeissant serviteur

DE LAMOIGNON DE MALESHERBES.

à Paris ce 11 fevrier 1759.

SECONDE LETTRE.

Voicy, Monsieur, un quatrieme et meme un cinquieme Memoire sur la Librairie. Ce n'est pas encore tout, il y a un objet qui n'y est pas traité et qui merite de l'estre dans un Memoire particulier. C'est celuy des privileges exclusifs donnés aux Libraires pour la plus-part des livres. Il faudra y joindre la discussion de quelques articles de reglement sur le prix des livres et sur la beauté et la correction des editions. Mais l'objet de ce sixieme Memoire n'estant que la perfection de l'art de la typographie et l'augmentation du commerce de Librairie, il n'est pas à beaucoup près aussi pressé que les autres. Je crois meme qu'il faut se determiner sur les objets importans avant de passer à celuy la.

D'ailleurs je vous avoueray que je suis chargé dans le moment present de travailler à des Memoires de jurisprudence et de finance pour la Cour des Aides qui me laissent peu de tems pour penser à autre chose.

Quant au quatrieme Memoire et à l'addi-tion, je vous les envoye, Monsieur, pour que l'ouvrage soit complet et pour faire con-noitre qu'il y a des moyens à employer pour empecher la fraude. Mais je vous conseille fort de ne les pas lire.

Vous y trouveriés un détail fastidieux d'arrests et de reglemens contenant des precautions de police. D'ailleurs les projets que j'y donne ne sont en grande partie qu'ébauchés. Il faut encore les concerter presque tous avec le Parlement, ou avec le Lieutenant de Police, ou avec les Intendans, ou avec les Fermiers Generaux. Il faudra meme consulter les Libraires.

Je suis cependant tres persuadé que la plus grande partie de ce que je propose est utile, gesnera peu le commerce et diminuera la fraude. Je suis d'autant plus fondé à le croire que depuis que le quatrieme Memoire est fait et pendant qu'on le copioit, j'ay parlé de ce qui en fait l'objet à un exempt de police qui avoit la confiance de M. Berrier en cette partie et il m'a dit qu'il avoit depuis long tems un projet pour arrester les imprimeries clandestines. Il me l'a communiqué, et c'est precisement et mot pour mot un reglement sur les garcons imprimeurs que j'ay proposé dans le quatrieme Memoire. Cette rencontre d'idées m'a encore confirmé dans la mienne.

Le cinquieme Memoire sur les permissions tacites n'est fait que pour detruire la mau-

vaise opinion qu'on a de ces permissions et
en faire connoitre la necessité. Le reglement
que je propose sur cette matiere est comme
ceux du quatrieme Memoire, il demande à
estre encore médité, discuté et consulté.

Je suis avec respect, Monsieur,

Votre tres humble et tres
obeissant serviteur

DE LAMOIGNON DE MALESHERBES.

à Paris ce 3 mars 1759.

TROISIÈME LETTRE.

JE ne m'estois pas flatté, Monsieur, que des
Memoires aussi etendus que ceux que je vous
ay remis pussent passer sous les yeux de M. le
Dauphin. Tout ce que je desirois estoit que
vous voulussiés bien les lire et que par la vous
fussiés en état de repondre aux questions qu'il
pourroit vous faire sur une matiere dont les
principes ne sont ecrits nulle part. D'ailleurs
sans porter si loin mes vues je trouvois mon
travail tres bien employé s'il me servoit à
vous faire connoitre que je desire le bien, et
je souhaitois par dessus tout que vous me fis-
siés part des reflexions que cette lecture vous

feroit naître. Je sens toute l'importance de celles que vous m'avés communiquées et vous verrés par mes reponses que je vous envoyeray incessamment qu'il est aisé de nous rapprocher.

Je vais aussi relire les Memoires pour en faire un extrait à peuprès tel que vous le desirés.

Au reste je sens parfaitement, Monsieur, qu'il y auroit de l'inconvenient à laisser transpirer la correspondance qui est entre vous et moy à ce sujet et je scais que nous vivons dans un siecle et dans un pays où on fait un crime de s'instruire et de s'interesser au bien public à tous autres qu'à ceux qui ont un brevet pour cela. C'est ce qui fait que ceux qui arrivent dans les grandes places ne scavent communément rien et n'ont plus le tems de rien apprendre.

Je suis avec respect, Monsieur,

Votre tres humble et tres
obeissant serviteur

De Lamoignon de Malesherbes.

à Paris ce 28 may 1759.

il ne m'estoit pas flatté, Monsieur, que des memoires aussi étendus que ceux que je vous ay remis pussent passer sous les yeux de Mr le dauphin, tout ce que je desirois estoit que vous voulussiez bien les lire et que par là vous fussiez en etat de repondre aux questions qu'il pourroit vous faire sur une matière dont les principes ne sont ecrits nulle part. d'ailleurs sans porter si loin mes vues je trouverois mon tems très bien employé s'il me servoit à vous faire connoistre que je desire le bien, et je souhaiterois par de sus tout que vous me fissiez part des reflexions que cette lecture vous ferait naistre fera part. je sens toute l'importance de celles que vous m'avez communiquées et vous verrez par mes reponses que je vous envoyeray incessamment qu'il est aisé de nous rapprocher.

je vais aussi relire les memoires pour en faire un extrait
à peu près tel que vous le desirés.

au reste je sens parfaitement Monsieur qu'il y auroit
de l'ix concernient à laisser transpirer la correspondence qui est entre
vous et moy à ce sujet et j'sçais que nous vivons
dans un siecle et dans un pays où on fait un crime de
s'instruire et de s'interesser au bien public à tous
autres qu'a ceux qui ont un brevet pour cela. c'est ce qui
fait que ceux qui arrivent dans les grandes places ne scavent
communement rien et n'ont plus le tems de rien
apprendre.

je suis avec respect, Monsieur,

votre tres humble et tres
obeïssant serviteur
de lamoignon de Malesherbes

à paris ce 28 may
1759

PREMIER MÉMOIRE

SUR LA LIBRAIRIE.

Sur la nécessité de faire de nouveaux Réglemens ou de réformer les anciens.

LES abus de la *Librairie* sont depuis long-tems montés à tel point, qu'il n'est plus possible de les tolérer. L'Auteur de ce Mémoire desirait ardemment depuis long-tems, qu'il lui fût permis de s'expliquer en détail sur cet objet; mais il n'en a trouvé aucune occasion.

Les ordres sévères qu'il aurait pu donner dans l'administration dont il est chargé, auraient été absolument inutiles, soit par le défaut de bons réglemens pour les faire exécuter, soit par le mélange des différentes autorités qui y doivent concourir. C'est ainsi que, dans les dernières années de la vie de M. le chancelier d'Aguesseau, le parti que prit ce grand Magistrat de ne permettre ni romans ni brochures frivoles, engagea d'autres Ministres à établir une espèce de tribunal secret de tolérance, où on assurait les Auteurs et les Libraires qu'ils ne seraient point pour-

A

suivis en se soumettant à un examen particulier.

C'est ainsi que M. le Chancelier d'aujour-
d'hui a essayé inutilement, pendant plusieurs
années, d'arrêter l'inondation de ces libelles
téméraires, où , sous prétexte de défendre
les droits de la Magistrature, on ose discuter
les droits sacrés de la souveraineté. Ses défenses ont été illusoires, et non-seulement les
libelles ont paru, mais on les a vendus publiquement à la porte des spectacles et des pro-
menades publiques. La crainte de déplaire à
des Magistrats qu'on croyait protecteurs de
ces brochures, a fait taire toutes les lois.

Dans de pareilles circonstances on avait un
parti tout simple à prendre : c'était de suivre
l'exemple de tous ceux à qui les Chanceliers
ont confié jusqu'à présent cette portion de
leur autorité.

Ne permettre rien que sur le rapport d'un
Censeur à qui on ne donne aucune instruction , et qui répond personnellement de tout
ce qu'il approuve ; donner peu de permissions
expresses , et cependant ne prendre aucune
mesure pour que les défenses qu'on a faites,
soient exécutées , voilà les deux principes ordinaires d'après lesquels un Administrateur de
la *Librairie* se met à l'abri de tout reproche ;

mais cette politique, qui est très-connue et qu'il est très-aisé d'employer, n'a jamais produit aucun avantage réel.

Le Censeur incertain incline à l'indulgence ou à la sévérité.

Si c'est à l'indulgence, on est obligé de le punir pour des fautes qu'il a commises à son insu, parce que tout étant arbitraire dans cette matière, le Magistrat qui refuse de le décider, le met dans la nécessité de suivre ses propres lumières ; ce qui fait qu'il y a autant de principes différens, que de Censeurs.

Si c'est à la sévérité, l'Auteur, rebuté des difficultés qu'on lui fait, et témoin de l'impunité avec laquelle les réglemens sont enfreints, se passe de permission, l'ouvrage ne paraît pas moins, et il paraît même sans les adoucissemens que le Censeur le moins rigide aurait exigés.

Je crois avoir touché ici une des principales causes des abus. Personne jusqu'à présent n'a cherché à remonter à leur source, parce qu'on a été effrayé du grand nombre de tracasseries auxquelles on était exposé, et qu'on a cru qu'il n'y avait de moyen de s'y soustraire qu'en rejetant tout sur un subalterne, et encore plus souvent en dissimulant, par des permissions tacites ou par de simples tolérances, le consentement qu'on avait donné aux ouvrages qui occasionnaient les plaintes.

C'est par les mêmes raisons qu'on ne s'est porté que très-froidement à la réformation des réglemens. Les uns ont senti que si les réglemens étaient assez bien faits pour être exécutés, on aurait à répondre de tous les livres qui paraîtraient : dès-lors ils ont craint d'être exposés, ou à un reproche bien fondé de la part du public si, par trop de déférence aux considérations particulières, on gênait le goût des amateurs de la littérature et on retardait le progrès des sciences, ou à un autre reproche, souvent injuste, mais très-incommode par sa multiplicité, de la part de tous les particuliers qui se plaignent des livres par mille raisons qu'il est impossible de prévoir.

D'autres n'ont pas porté si loin la prévoyance, et ils se sont contentés de dire qu'inutilement ferait-on des réglemens ; qu'ils ne seraient jamais exécutés, et que la *Librairie* ne pouvait être qu'un objet d'administration.

Le principe que de certaines matières ne doivent être régies que par administration, est la maxime favorite de bien des hommes d'État, et il est certain qu'à beaucoup d'égards elle est vraie, et qu'elle a un grand nombre d'applications. Mais il faut convenir aussi qu'il est dangereux d'en abuser, parce qu'elle tend à tout remettre au pouvoir arbitraire.

Ce pouvoir arbitraire contre lequel les Parlemens déclament avec tant de véhémence, doit nécessairement être réuni à l'autorité souveraine, sans quoi chaque corps ou chaque particulier puissant voudrait interpréter les lois à son avantage, et on tomberait dans l'anarchie.

Mais en même tems je crois que, pour le bonheur et la tranquillité des peuples, il en faut borner l'exercice, autant qu'on le peut, dans les administrations subordonnées, et qu'il est toujours avantageux de donner des lois fixes quand la matière en est susceptible.

Pour faire l'application de ces principes généraux à la *Librairie*, je crois qu'on a avancé trop légérement que cet objet était purement d'administration. De là viennent toutes ces plaintes particulières qui inquiètent le Gouvernement, et qui, comme j'ai déjà dit, ont souvent empêché les Administrateurs de cette partie, de travailler sérieusement à y mettre la règle. Si on avait bien voulu établir pour principe que l'homme public n'a à veiller qu'à l'intérêt public, et que les particuliers ont des lois et des tribunaux pour se plaindre du tort qui leur est fait et en poursuivre la réparation, on aurait été débarrassé de cette importunité, au lieu que, dans le système actuel, puisque tout est d'administration, chacun est fondé à porter ses plaintes à l'Administrateur et de l'Administrateur. Cependant il ne peut répondre de rien, attendu que son autorité sera toujours impuissante et sa vigilance en défaut, lorsqu'on voudra qu'il prévoie par lui-même ou par ses Censeurs le tort réel ou imaginaire que chaque livre peut faire aux particuliers.

Ce même principe que la *Librairie* n'est qu'un objet d'administration, a donné lieu à une évocation générale au Conseil, faite en 1723, évocation qui n'est exécutée ni ne peut l'être entièrement, parce qu'il y a des cas qui intéressent tellement la police générale du Royaume, qu'il n'est ni possible ni juste d'imposer silence aux Parlemens, et parce que, dans les circonstances où il est question de prononcer des peines graves, il faut une instruction criminelle qui ne peut pas se faire au Conseil. Il résulte cependant de cette jurisprudence incertaine, que les Juges ordinaires ont un prétexte pour négliger la poursuite des délits de *Librairie* lorsqu'ils ont intérêt ou que leur inclination les porte à les laisser impunis, et qu'ils ont un titre pour les poursuivre dans les cas où ils desirent d'exercer toute la sévérité possible.

Il y a des exemples récens et frappans de cette rigueur inégale que je me dispenserai de citer, mais qui doivent faire connaître combien il est nécessaire de changer des réglemens qui servent à colorer de pareilles injustices.

Je vais plus loin, et je soutiens que, pour l'intérêt même de l'administration et pour lui conserver l'autorité qu'elle doit avoir, il est nécessaire d'en fixer les bornes : ce qui est arrivé depuis quelques jours au Parlement, m'en fournit la preuve. La défense faite par le Parlement de débiter un ouvrage revêtu d'un privilége, peut avoir des suites très-préjudiciables pour l'autorité du Roi si elles ne sont pas prévenues, comme je l'exposerai par la suite. Cependant il faut avouer que la nécessité de punir un scandale public par des peines plus fortes que celles qu'un Arrêt du Conseil peut prononcer, est au moins un prétexte bien plausible.

On peut même soutenir que le privilége et la censure ne peuvent jamais disculper un Auteur (1), parce qu'on ne peut point avoir

---

(1) C'est aussi ce que je soutiendrai dans les Mémoires suivans.

de caution pour un fait criminel, et que le Censeur d'un ouvrage punissable n'est qu'un complice.

Ainsi la démarche du Parlement, que je crois dangereuse par les conséquences qu'elle peut avoir, ne peut cependant être accusée d'irrégularité tout au plus que dans la forme, et au fond je crois qu'il y aurait plus d'avantage que d'inconvénient à autoriser le Parlement à faire ce qu'il a fait aujourd'hui : c'est ce que je détaillerai plus au long en discutant le réglement qu'on peut faire ; mais pour le présent je me contenterai d'observer que cette démarche, dont le motif secret est peut-être d'attribuer au Parlement une autorité illégitime sur la portion d'administration que le Roi doit réserver à son Conseil, est fondée, ou au moins prétextée, sur ce qu'on a voulu attribuer à l'administration et au Conseil ce qui est fait, par sa nature, pour être porté en justice réglée.

Voilà précisément l'inconvénient des lois mal conçues dans leur principe. Si le Parlement avait expressément le droit de poursuivre les Auteurs malgré l'approbation qu'ils auraient pu surprendre, l'Arrêt rendu contre l'*Encyclopédie* ne porterait aucun préjudice à l'autorité du Conseil, et ne pourrait donner lieu à aucun réglement tendant à attribuer au Parlement une administration qui ne lui a jamais appartenu.

Mais de ce qu'on a regardé mal-à-propos les priviléges comme suffisans pour mettre les Auteurs à l'abri de toutes recherches, les partisans de l'autorité parlementaire se croiront peut-être fondés à établir de nouvelles règles, par exemple, à exiger des Censeurs une prestation de serment, à demander ou ordonner que l'examen des livres soit fait par des députés de la Compagnie ou sous leurs yeux, et à limiter tellement l'autorité du Chancelier en cette matière, que ce soit réellement du Parlement que dépende la faculté de parler au peuple par la voie de l'impression, faculté qu'il serait bien dangereux de laisser entre les mains d'un Corps qui n'a déjà que trop de pouvoir sur les esprits.

Je crois qu'en voilà assez pour faire connaître la nécessité de donner des réglemens sur la *Librairie*, qui déterminent jusqu'à quel point l'administration doit s'étendre, et qui cependant laissent le cours de la justice libre.

J'ajouterai que le moment y est plus favorable qu'un autre. Cette démarche du Parlement, que j'ai critiquée et que je critiquerai encore, a au moins cet avantage, qu'elle ap-

prend au public qu'il n'est pas injuste de traduire les Auteurs en justice réglée malgré les
permissions qu'ils ont surprises. J'ai toujours
soutenu ce point de droit, et j'étais fondé sur
des raisons que nous approfondirons par la
suite ; mais j'y ai trouvé de l'opposition de la
part de tous ceux que j'ai consultés : on m'a
dit qu'il serait trop dur qu'un Auteur qui s'est
soumis à la loi de l'examen fût encore responsable de son ouvrage, et que d'ailleurs il
serait dangereux de supprimer la formalité
de la censure. Les partis mitoyens que j'ai
proposés pour écarter ces objections n'ont
plu à personne, parce que personne n'a senti
comme moi les inconvéniens de la loi sous
laquelle nous vivons, et que ceux mêmes à
qui on les a fait connaître, n'en ont pas pu
être frappés comme celui sous les yeux de qui
ils se reproduisent tous les jours.

Mais aujourd'hui nous n'avons plus cette
question à discuter. Il faut faire une loi, sans
quoi le Parlement la fera tôt ou tard, et on
ne doit pas se flatter qu'elle soit favorable à
l'autorité royale. D'ailleurs, la loi qu'on fera
doit, dans tous les cas, réserver contre les
Auteurs l'action du ministère public, sans quoi
elle ne passerait pas au Parlement, et cette
loi, rigoureuse en apparence, sera moins

désagréable au public dans cette circonstance-
ci, parce que l'Arrêt du Parlement, le scandale qu'a causé le livre *de l'Esprit*, et la haine
contre quelques Auteurs soupçonnés d'irréli-
gion, qui commence à succéder à l'admiration
qu'on avait pour eux, y ont préparé les esprits.

Enfin, ce moment que je crois favorable,
est un moment précieux qu'il ne faut pas
perdre. La licence des livres est au comble.
Je ne crois pas, à beaucoup près, qu'on puisse
l'arrêter entièrement ; mais, en prenant de
bonnes mesures et en se restreignant aux objets
principaux, je crois qu'on peut beaucoup la
diminuer.

C'est ce qu'on ne doit attendre ni des partis
qu'a pris et que prendra encore le Parlement, ni de la sévérité qu'on prescrira aux
Censeurs.

Les condamnations faites par le Parlement
de livres anonymes et défendus, tels que la
plupart de ceux contre lesquels il a sévi, sont
absolument inutiles si on n'emploie pas de
meilleurs moyens pour découvrir les Auteurs
et les Imprimeurs, et pour faire exécuter les
défenses. Le Parlement peut punir l'Auteur
de l'Esprit parce qu'il s'est fait connaître ; il
peut arrêter le débit de l'*Encyclopédie* parce

que l'ouvrage est revêtu de privilége, et que
le nom des Libraires s'y trouve. Mais tout
l'effet de cet Arrêt pour l'avenir sera que
les Auteurs de pareils ouvrages se cacheront
comme ceux de presque tous les autres, et
les livres ne paraîtront pas moins. Il en est
de même de l'attention qu'on dit qu'il faut
recommander aux Censeurs. Il est inconce-
vable qu'un Censeur, et surtout un homme
de l'état et du caractère de M. Tercier, ait
approuvé le livre *de l'Esprit*. Mais quel mal
réel en est-il résulté ? L'ouvrage n'en aurait
pas moins paru. Il aurait moins excité de
cris, et je regarde comme un grand bien
que ces cris aient éclaté. D'ailleurs, l'Auteur
n'ayant pas été publiquement connu, aurait
joui de l'impunité.

En voilà assez pour faire connaître qu'il
faut nécessairement établir des changemens
dans les lois de la *Librairie*, et dans les principes de cette administration si on veut remédier aux abus.

Il y a long-tems que l'Auteur de ce Mémoire
a senti cette nécessité, et qu'il a conçu sur
cette matière les idées qui vont être dévelop-
pées ; mais il a pensé en même tems que tout
l'effet qu'on peut attendre des meilleurs réglemens s'évanouira si, dès leur origine, on

les fait tomber dans l'inexécution ; ce qui serait certainement arrivé s'il avait donné à M. le Chancelier un projet d'Arrêt du Conseil portant réglement, et que cet Arrêt eût été rendu après avoir été seulement discuté dans le Conseil de chancellerie suivant la forme ordinaire. La preuve en est dans le peu de déférence qu'on a marqué, depuis quelques années, pour les ordres émanés de M. le Chancelier en cette matière ; dans le peu de concours qu'il y a eu entre les différentes autorités, et nommément dans ce qui vient de se passer de la part de MM. du Parquet du Parlement, de quoi je parlerai plus au long à la fin de ce premier Mémoire. D'ailleurs, un Arrêt du Conseil eût été insuffisant par lui-même, au moins suivant mes principes, parce que les lois pénales que je crois nécessaires ne peuvent être portées que dans une Déclaration enregistrée au Parlement, et que, suivant les mêmes principes, il faut absolument conserver au Parlement la connaissance des délits graves, et la discussion des plaintes des particuliers.

Enfin, j'établirai que les réglemens sont inutiles si on ne prend un parti sur les livres qu'on veut défendre ou permettre, et si les arrangemens à cet égard ne sont tels, que l'Administrateur de la *Librairie* et chaque Censeur n'aient plus à répondre à tous les particuliers, même à tous les gens en place, et ne soient responsables que des objets principaux.

Or, le réglement, considéré sous ce point de vue, tient tellement à toutes les parties, qu'il ne peut être fait que par un concours de toutes les autorités particulières qu'il est bien difficile de réunir, ou par l'autorité souveraine.

Il est donc nécessaire que le Roi veuille bien déclarer que son intention est qu'on remette la règle dans la *Librairie*, et ordonner qu'on en cherche les moyens.

Dès-lors celui qui est préposé à cette administration est autorisé à donner ses Mémoires, à consulter ceux qui y peuvent mettre opposition, ou à qui l'exécution de la loi doit être confiée, et tous ceux que les nouveaux arrangemens peuvent intéresser, à écouter leurs objections, à en profiter ou à y répondre ; en un mot, à faire toutes les démarches nécessaires pour rétablir le bon ordre dans cette partie.

Mais jusqu'à ce qu'il puisse assurer que c'est par ordre du Roi qu'il agit, il est certain de n'éprouver de tous les côtés que des obstacles, et peut-être de la dérision.

Comment, par exemple, un simple Magistrat, qui n'a même dans cette matière qu'une autorité empruntée et pour ainsi dire précaire, peut-il se flatter de persuader à tous les Ministres, qu'il y a un très-médiocre inconvénient à laisser paraître des ouvrages dans lesquels on trouvera des allusions désagréables pour eux, sauf la punition qui pourra être infligée aux Auteurs si l'allusion est trop sensible, mais que la censure doit négliger ces considérations pour s'attacher à des objets plus importans?

Comment pourrait-il aborder les chefs du Parlement, et de quel droit pourrait-il leur proposer de se concerter avec eux sur les réglemens à faire pour la *Librairie*, pendant qu'il n'a d'autre qualité que celle de dépositaire de l'autorité de M. le Chancelier, que, nommément dans cette occasion-ci, ces Magistrats ont affecté de méconnaître?

Ce que j'avance ici sur la disposition des chefs du Parlement n'est point imaginaire : la crainte frivole de se compromettre n'a point empêché qu'on n'essayât d'établir un concert dont il pouvait résulter de grands avantages. Messieurs du Parlement desiraient, l'année passée (1), d'avoir une loi qui remédiât à quelques inconvéniens de la Déclaration de 1757. L'Auteur de ce Mémoire en fut averti ; il leur donna sur cela des projets qui sont à peu de chose près la même chose que ce qu'il va proposer aujourd'hui. Ces projets furent discutés avec eux : on y fit les corrections qu'ils demandèrent ; et quand tout parut être d'accord, il se trouva qu'ils ne voulaient plus de réglement, et ils n'en donnèrent aucun motif ; ce qui donne lieu de croire qu'ils n'en eurent d'autre que la crainte qu'un réglement assez simple pour être exécuté ne déplût encore plus que la Déclaration de 1757 aux protecteurs des imprimeries clandestines.

Quoi qu'il en soit, il est bien singulier que les mêmes personnes qui refusèrent alors de faire un réglement trop sévère, soient celles que leur zèle vient de porter à provoquer une assemblée de Chambres pour un fait qui, par sa nature, ne devait être porté qu'à la Grand'-Chambre, qui a été de tous les tems très-compétente pour faire brûler des livres.

Il est encore plus étonnant qu'ils aient fait agiter dans les comités particuliers quels ré-

---

(1) En 1758.

glemens on pourrait faire sur cette matière, pendant qu'ils ont refusé de se prêter à concourir avec la seule autorité légitime en matière de législation.

Enfin, ce qu'on aura de la peine à croire, c'est qu'une affaire projetée depuis long-tems et concertée avec différentes personnes, n'ait pas seulement été communiquée à M. le Chancelier, et cela lorsqu'il était question d'attaquer un privilége émané de son prédécesseur, et par conséquent revêtu de l'autorité dont il est aujourd'hui dépositaire.

Ce procédé indécent vis-à-vis du chef de la justice, et contraire à toute espèce de subordination, pourrait néanmoins être enseveli dans l'oubli s'il ne provenait que d'un manque de déférence, ou du moins ce serait à M. le Chancelier seul à en marquer son mécontentement; mais il est très-possible qu'il cache des projets qui n'éclateront peut-être que dans des circonstances où il sera difficile d'en empêcher l'effet.

Le danger de la démarche du Parlement est trop sensible, et les conséquences en sont trop graves pour que je néglige cette occasion de les faire connaître. Je suis bien éloigné d'être ennemi de la justice réglée; je suis chargé par état d'en défendre les droits, et

B

dans les fréquentes contestations que j'ai sur
cela avec les Ministres, je parle encore plus
d'après les sentimens de mon cœur, que d'a-
près les devoirs de ma charge. Ce serait de
ma part le comble de l'injustice, que de soutenir, comme Administrateur de la *Librairie*,
contre le Parlement, une thèse contraire à
celle que je soutiens tous les jours, comme
premier Président de la Cour des Aides, contre les Intendans. Aussi j'atteste, et MM. du
Parquet du Parlement ne peuvent l'ignorer,
que j'ai été le premier à desirer qu'on rendît
par une loi constante ce qu'on a voulu ôter
par des évocations vagues à l'autorité parlementaire. Je n'ai jamais cru qu'un acte d'administration, comme un privilége, dût mettre un délit à l'abri de la rigueur des lois, et
les principes que j'ai exposés jusqu'à présent,
et que je regarde comme la base des seuls
bons réglemens qu'on peut faire, tendent tous
à rendre aux Juges ordinaires ce qui leur appartient de droit commun, j'ose même dire
de droit naturel, c'est-à-dire, la connaissance
de toute espèce de délits, et surtout de ceux
qui causent du scandale et du trouble public.

Mais en même tems je soutiens que rien ne
serait si dangereux que de leur confier l'ad-

ministration ou de la leur laisser usurper. Le sens du mot *administration* n'a jamais été bien fixé, et l'incertitude d'une dénomination jette souvent de l'obscurité dans des objets qu'il faut éclaircir. Ainsi il faut la définir, au moins quant à l'objet de ce Mémoire.

En matière de *Librairie*, l'exercice de la juridiction consiste à punir les coupables : c'est le droit des citoyens. Il doit être remis à un tribunal qui juge suivant des lois ; mais l'*administration* consiste à prévenir des fautes qu'il est toujours fâcheux d'avoir à punir, et souvent à arrêter ; ce qui, sans être répréhensible en soi-même, pourrait avoir des conséquences dangereuses.

Il paraît d'abord difficile de concilier ces deux autorités : je crois cependant que le principe de décision se trouve dans ce que nous avons déjà dit. D'ailleurs, nous l'expliquerons dans le second Mémoire ; mais pour le présent, il nous suffira d'observer qu'il est rare qu'un Juge intègre abuse de son autorité en matière de juridiction. On ne condamne point légérement un homme : des soupçons vagues de mauvaise intention ne suffisent point pour asseoir une peine ; et quand on pourrait supposer de la prévention ou des affections à un tribunal, il n'y a guère qu'un délit caractérisé qui puisse exciter sa rigueur.

Mais il n'en est pas de même de l'*administration*. Le principe qu'il ne faut pas laisser répandre des maximes abusives mène bien loin, et on peut aisément s'en servir pour laisser établir sans contestation celles qu'on a intérêt d'accréditer. Ce n'est pas à moi à examiner si la conduite du Parlement a donné lieu de croire qu'il pût abuser de cette autorité si elle lui était confiée. Je me contenterai d'assurer que, si les prétentions de ce Corps sont contraires en quelque chose à l'autorité royale, si on ne le croit pas tout-à-fait impartial sur des questions importantes, et si on croit que l'*impression* soit une voie propre à émouvoir les esprits, il est bien dangereux de mettre en sa main des armes qu'il ne sera pas aisé de lui arracher quand on le voudra.

J'irai plus loin, et je soutiendrai qu'on fait toujours mal d'attacher aucune administration à une charge. Les qualités nécessaires pour remplir une charge, surtout une charge de Magistrature, ne sont point celles qui conviennent à un Administrateur, et il est rare qu'elles soient réunies.

D'ailleurs, le même homme qui serait très-

propre à être préposé à une administration,
s'il avait le tems de s'en occuper uniquement,
ne le peut plus lorsqu'il est distrait par des
fonctions qui absorbent son attention, et qui
sont d'un tout autre genre. S'il était permis
de rendre cela sensible par des exemples,
on en pourrait trouver de frappans, tel que
celui de la *Caisse des saisies réelles*, dont le
désordre n'a que trop éclaté ; mais ce serait
perdre notre objet de vue.

Ce n'est pas que je ne sois persuadé qu'il y
en a qui y sont plus propres que personne.
Je crois, par exemple, que l'administration
de la *Librairie* ne peut être mise en de meilleures mains que dans celles de chacun de
MM. du Parquet du Parlement, considéré
séparément ; mais je dis qu'il serait très-dangereux de l'attribuer à leurs charges, et que
toute démarche qui y tend, est une démarche
captieuse et préjudiciable à l'autorité du Roi.
Je ne sais cependant pas si l'affaire actuellement entamée au Parlement conduira à quelques réglemens d'administration, ni si on en
a eu le projet. Les avis particuliers que je peux
avoir eus à ce sujet, ne sont pas un objet digne
de ce Mémoire ; mais j'ai cru devoir avertir
d'avance des suites que cette entreprise pourrait avoir, et cela m'a paru d'autant plus né-

cessaire, que ce qui se fera dans cette occasion-ci est coloré du prétexte spécieux de
proscrire des livres réellement condamnables,
peut-être d'en punir les Auteurs, et de prendre
des précautions pour empêcher à l'avenir de
pareils ouvrages de paraître. Or, il est très-
facile de masquer, sous ce zèle apparent, des
projets très-dangereux.

Les auteurs de la dénonciation pourraient se
plaindre qu'on les accuse bien légérement, et
qu'on leur suppose des intentions qu'ils n'ont
jamais eues ; mais ils ne doivent s'en prendre
qu'à eux-mêmes, et la nécessité de prévoir les
suites de leur démarche oblige d'en examiner
les motifs. Quand on se soustrait sans raison
apparente aux égards que l'on doit, on est
justement soupçonné d'avoir des motifs ca-
chés, et il est rare que des motifs qu'on cache
aient un objet légitime.

Cela posé, qu'est-ce qui a pu les engager
à manquer dans cette occasion à ce qu'ils doivent à M. le Chancelier ? Rien n'était plus
aisé que de poursuivre le délit sans toucher
à l'autorité de M. le Chancelier sur les priviléges. Celui du livre *de l'Esprit* est révo-
qué : on n'aurait exigé d'eux que de faire,
mention de cette révocation ; et tout était,
sauvé. A l'égard de l'*Encyclopédie*, c'était

l'occasion de prendre un parti sur cet ouvrage, que je crois nécessaire depuis long-tems.

. D'ailleurs, ils savent qu'on est dans la disposition de décider authentiquement dans quel cas et vis-à-vis de qui l'action du ministère public, pour des ouvrages revêtus de permission, doit être dirigée.

Ils ont vu l'année passée un projet de Déclaration sur la *Librairie*; ils n'en ont point désapprouvé les dispositions, et si ce projet n'a pas été exécuté, c'est parce qu'ils n'ont pas voulu pour lors qu'on donnât une loi fixe.

Ils pouvaient demander qu'on insérât dans ce projet une clause qui les autorisât expressément à ce qu'ils viennent de faire; ils savent même qu'on était disposé à se rendre sur cela à leurs desirs. Qu'est-ce qui a donc pu les empêcher de prévenir M. le Chancelier d'une démarche qu'ils ont crue nécessaire? On dit qu'ils en ont parlé à d'autres Ministres ; mais outre que M. le Chancelier est celui à qui ils doivent principalement s'adresser, c'était le seul que cette affaire regardât, et le seul qui pût prendre des mesures pour en prévenir les suites.

De plus, là dénonciation d'un livre revêtu de privilége est une chose nouvelle ; cette dénonciation une fois faite, ceux qui en sont les auteurs ne peuvent plus répondre de ce qui s'ensuivra : c'en était assez qu'on prît sur cela les ordres du Roi, et qu'on les lui fît demander par M. le Chancelier.

Un de MM. du Parlement lui a dit qu'on avait des exemples de pareilles poursuites; et que le Parlement avait exercé la même autorité sur le *Recueil des Conciles* du Père Hardouin. Mais, premiérement, ce que fit alors le Parlement fut concerté dans son principe avec le Gouvernement, et même fut fait par ordre. D'ailleurs, la circonstance était différente : ce n'était point un privilége qu'avait le Père Hardouin. Il y avait à la vérité une marque non moins éclatante de la permission qui lui avait été accordée; puisque le livre était imprimé à l'*Imprimerie royale*. Mais à cela le Parlement pouvait répondre que cette volonté du Roi ne lui était pas manifestée dans une forme juridique, au lieu que les priviléges sont reconnus par des lois enregistrées.

Enfin, je ne sais pourquoi, en citant cet exemple, on a dissimulé que l'Arrêt du Parlement sur le livre du Père Hardouin était cassé par un Arrêt du Conseil. Je sais que le Parlement ne reconnaît pas les Arrêts du Conseil comme lois du royaume; mais au moins doit-on les reconnaître assez pour ne pas ci-

ter non plus comme lois irréformables ceux
de ses Arrêts que le Roi a cru devoir casser.

Il est tems de finir ce premier Mémoire, et
je crois avoir prouvé :

Premiérement, qu'il faut un nouveau réglement sur la *Librairie* ;

Secondement, qu'il faut que le Roi paraisse
ordonner qu'on y travaille.

Ce n'est point ce qu'on appelle un coup
d'autorité que je demande : tout ce que je
desire depuis long-tems, c'est que le Roi
veuille bien dire à M. le Chancelier, que son
intention est qu'on s'occupe sérieusement de
cet objet, et dès-lors je serai fondé à proposer
des partis qui pourront ne pas plaire à tout
le monde, mais que je crois les seuls bons
pour remplir l'objet qu'on se propose.

Sans cela on restera toujours avec des ordres sévères et mal exécutés, et des Arrêts du
Parlement, qui n'intimideront personne parce
qu'il sera aisé de s'y soustraire en ne mettant
pas son nom, et n'imprimant pas à Paris, ou
même en imprimant dans des imprimeries
clandestines.

C'est ainsi que, malgré la grande sévérité
de M. le chancelier d'Aguesseau sur les livres, dans ses dernières années, on a vu paraître *les Pensées philosophiques*, *l'Histoire*

de l'ame, les Mœurs et mille autres. C'est ainsi que la *Gazette ecclésiastique* a existé sous l'administration de M. Hérault, qui sûrement ne protégeait pas les Jansénistes.

C'est pour remédier au moins en partie à ces abus, que je demande des ordres, et je regarde celui qui m'a déjà été donné de travailler à ce Mémoire comme la plus grande faveur que je pusse obtenir.

Addition au premier Mémoire sur la Librairie.

Ce Mémoire a été rédigé depuis la dénonciation faite au Parlement du livre *de l'Esprit*, de l'*Encyclopédie* et de quelques autres ouvrages, et avant le jugement qui a été rendu contre ces livres.

Les soupçons que je crois encore avoir été fondé à élever contre l'intention des dénonciateurs, y sont exposés en plusieurs endroits, parce que j'ai cru nécessaire d'instruire des dangers que pourrait avoir un réglement fait par le Parlement, et on ne peut jamais bien faire connaître les suites d'une conduite artificieuse qu'en en démêlant les motifs.

Depuis l'Arrêt définitif rendu contre *l'Esprit* et l'Arrêt provisoire contre l'*Encyclopédie*, M. le premier Président du Parlement

et MM. les Gens du Roi ont fait, vis-à-vis de
M. le Chancelier, des démarches pour réparer
ce qui s'était passé. Puisque je me suis plaint
dans ce Mémoire du manque d'égards, je dois
avertir de la réparation.

Ils prétendent qu'ils n'ont point cru man‑
quer à M. le Chancelier en ne le prévenant
pas de leur dénonciation ; qu'ils ont cru dé‑
férer à la justice un délit ordinaire ; que le
privilége de l'*Encyclopédie* n'était pas im‑
primé au commencement du livre, et ne de‑
vait l'être qu'à la fin, etc. Sur cela il est sin‑
gulier qu'ils aient été six mois sans imaginer
de parler à M. le Chancelier d'une affaire de
cette nature, pendant que tout le public était
instruit de ce qui devait se passer. Au reste,
ils m'assurent que c'est oubli de leur part. Je
les crois.

Ils disent aussi qu'ils n'ont jamais eu inten‑
tion de faire faire de réglemens tendans à
attribuer au Parlement l'administration de la
Librairie. A cet égard j'aime encore mieux les
croire que ceux qui m'ont assuré que, dans
le projet de leurs conclusions, il y avait un
réquisitoire concernant les Censeurs, et que
ce sont d'autres membres du Parlement, ceux
mêmes qui sont les plus vifs dans d'autres af‑
faires, qui leur ont fait retrancher cet article.

Il en est de même de M. Tercier. Ils disent que c'est ce Censeur qui, de son propre mouvement, leur a porté sa rétractation. M. Tercier disait au contraire, l'année passée, que c'était M. le cardinal de Bernis qui le lui avait conseillé par l'avis de MM. les Gens du Roi du Parlement.

Tout cela est indifférent. Le procédé personnel vis-à-vis de M. le Chancelier est réparé autant qu'il peut l'être. Il faut en revenir au fond de l'affaire, et, laissant de côté ce que j'ai dit de l'intention, il ne faut pas perdre de vue que ce que le Parlement n'a pas fait jusqu'à présent, peut être fait dans une autre occasion, et nommément dans la suite de l'affaire ; par exemple, dans l'Arrêt définitif qui sera rendu contre l'*Encyclopédie*. C'est cela qu'il est nécessaire de prévenir ; et ce que j'ai dit sur le danger qu'il y aurait que le Parlement ne s'emparât de l'administration, subsiste dans son entier.

Il y a même dans l'Arrêt rendu sur l'*Encyclopédie* un terme bien remarquable. Aux défenses d'imprimer, vendre ou débiter aucun ouvrage contraire aux bonnes mœurs, à la religion, etc. on a ajouté le mot *ni d'approuver* ; ce qui ne se trouve dans aucun ancien Arrêt, et ce qui donne précisément au

Parlement l'inspection sur les Censeurs, c'est-à-dire, l'administration.

Je ne dois pas laisser ignorer que ce mot important n'a été proposé qu'à la fin de l'opinion ; que celui qui l'a fait passer est un de ceux mêmes avec qui les réglemens à faire sur la *Librairie* avaient été concertés, et qui par conséquent en sentait les conséquences ; que cependant il n'en a parlé que comme d'une addition qui ne souffrait aucune difficulté, et qu'il n'a pas été discuté dans l'assemblée si ce terme serait inséré dans l'Arrêt.

Voilà au moins ce qui m'a été assuré par quelques personnes. Si ce fait est vrai, et s'il y a de la part des principaux Magistrats du Parlement un dessein formé d'attirer l'administration à leur compagnie, il serait dangereux de concerter avec eux un réglement à enregistrer, parce qu'ils ne manqueraient pas d'en profiter pour établir leur droit par une modification. Si cela est, tout ce que je propose dans ces Mémoires touchant le réglement général à faire, doit être remis au tems où les troubles seront passés et où l'autorité prévaudra, et il faudra se contenter d'ici là de ne permettre expressément que très-peu de chose pour empêcher qu'on ne multiplie les coups d'autorité sur des livres revêtus de permission, et d'ailleurs se résoudre à voir les imprimeries clandestines subsister.

J'aurais peut-être dû faire des changemens dans ce Mémoire, d'après les démarches de MM. du Parlement ; mais cela aurait été long, et j'avais impatience de terminer cet ouvrage, parce que s'il y a des moyens de remédier aux abus, il peut être instant de les employer. D'ailleurs, il n'y a point d'inconvénient à exposer ce que je pensais il y a huit jours, en racontant fidellement ce qui s'est passé depuis.

SECOND MÉMOIRE

SUR LA LIBRAIRIE.

Sur les principes fondamentaux des Réglemens qu'on doit faire.

On n'a pu établir, dans le précédent Mémoire, la nécessité de faire un réglement sans faire connaître les principaux abus, et annoncer les moyens d'y remédier. Ainsi les principes que nous avons actuellement à exposer y sont presque tous indiqués; il ne reste qu'à en faire l'application.

Le partage entre l'administration et la juridiction est aisé à établir. La loi de censure n'a ni pu ni dû soustraire les Auteurs à la peine qu'ils ont encourue. Personne n'est présumé ignorer la loi, et celui qui commet un délit ne peut point être garanti par le fait d'un autre de la condamnation qu'il mérite. Quelques personnes, et surtout les gens de lettres, se récrient sur la sévérité de cette règle, et il leur paraît bien dur qu'un Auteur ne puisse pas s'adresser au Ministre ou au Magistrat, et lui dire : *Voilà l'ouvrage que je veux faire paraître ; ce sera à vous à me*

juger. Jugez-moi d'avance, et apprenez-moi,
vous interprète de la loi, si j'enfreins la loi
en le donnant au public.

Ce raisonnement est spécieux ; cependant il
n'est fondé que sur l'usage actuel, usage duquel nous prouverons que découlent tous les
abus. Effectivement, s'il ne paraissait dans le
public que cinq ou six livres par an comme
dans le tems qu'on appelle *le berceau de l'im-*
primerie, il serait possible de donner cette
facilité aux Auteurs, parce qu'on aurait le tems
de les examiner avec tant d'attention et d'en
charger tant de différentes personnes, qu'on
serait sûr que la permission ne serait pas surprise ; cela était possible surtout dans le tems
que la littérature avait une bien moindre étendue, et qu'on n'imprimait que sur très-peu
de matières. Mais aujourd'hui cette censure
exacte, longue et répétée plusieurs fois, ne
peut pas avoir lieu avec le courant immense
des livres qui paraissent. Il n'est donc pas
possible que les Censeurs ne soient très-souvent surpris, ni par conséquent que leur approbation mette les Auteurs à l'abri des recherches.

Au fond, je soutiens que, dans le point de
droit, la demande des Auteurs n'est point fondée. Il est vrai qu'on est obligé de faire connaître

naître la loi à ceux qui y sont sujets ; mais la loi est de n'imprimer d'ouvrages scandaleux dans aucun genre : ce qu'on doit penser de tel ouvrage en particulier est l'application de la loi générale, et non une loi particulière. En effet, pour toutes les autres actions de la vie, on n'est pas autorisé à aller demander au Magistrat si on sera puni en faisant telle ou telle chose. Pour prendre un exemple qui approche beaucoup de notre sujet, un prédicateur sera certainement puni s'il monte en chaire pour prêcher la révolte ou pour enseigner une doctrine erronée : cependant la loi ne lui a point donné de Censeur à qui il puisse faire revoir ses sermons pour s'assurer qu'ils seront à l'abri de la vindicte publique.

Il en doit être de même des livres. Qu'on remonte au tems où l'art de l'*Imprimerie* était inconnu : il ne faut pas croire que les écrits ni même les discours contraires à la religion, aux bonnes mœurs, au bien de l'État ou à l'honneur des particuliers restassent impunis. Les lois divines et humaines, la loi naturelle qui supplée toujours au silence des lois civiles, la loi suprême de l'intérêt de l'État, y avaient suffisamment pourvu.

L'*impression* ayant étendu l'usage de l'écriture comme l'écriture avait étendu l'usage de

C

la parole, les abus en ce genre sont devenus d'une plus grande importance; mais en même tems on a cru trouver des moyens de les empêcher, parce que cet art ne s'exerce qu'avec du bruit et un certain appareil.

On a commencé par en défendre l'exercice à tous autres qu'à ceux qui seraient reçus Imprimeurs; ensuite on a défendu à ceux-là mêmes de rien imprimer sans l'attache du Gouvernement, et sans le suffrage d'un Censeur; mais ces précautions prises contre les livres scandaleux auraient un effet diamétralement contraire à leur institution, si elles servaient à disculper un Auteur dès qu'il a eu l'adresse de tromper un Censeur. Qu'on rétablisse à cet égard la règle qui est de droit naturel, et les plaintes des Auteurs ne doivent pas être écoutées; ils ne seront pas plus à plaindre que les autres citoyens, qui, à chaque instant de leur vie, sont exposés à subir la peine des mauvaises actions qu'ils peuvent commettre; ils ne seront pas plus malheureux que les Auteurs grecs et latins, qui auraient été condamnés par les lois de leur pays si leurs ouvrages manuscrits avaient contenu des exhortations à la révolte ou des calomnies.

Tout ce qu'on pourrait dire de plus plausible en leur faveur, c'est que, quand il aurait été juste de les traduire en justice réglée avant l'établissement des Censeurs, au moins ne doit-on pas leur faire subir un double jugement, et que, si on veut les livrer aux tribunaux, il faut supprimer tout-à-fait la censure.

Cet argument est spécieux ; cependant il ne serait solide qu'autant qu'un homme serait obligé de faire le métier d'Auteur, sans cela la loi qui le soumet à un double jugement n'est plus si injuste : elle peut le gêner ; mais s'il trouve cette gêne insupportable, il n'a qu'à s'y soustraire en n'écrivant plus.

Ainsi, pour donner à cette objection toute sa force, il faut la présenter sous un autre point de vue, et dire que cette gêne est propre à rebuter les Auteurs, et peut nuire à la *littérature.*

C'est une considération qu'on ne doit pas négliger, et ce serait un motif puissant pour diminuer la rigueur de la censure quand on n'en aurait pas d'autres ; mais on verra dans la suite de ce Mémoire, que beaucoup d'autres raisons encore plus importantes obligeront de restreindre la censure à peu d'objets, et dès-lors la gêne qu'on craint, ne tombera que sur quelques sciences qui ne sont pas même les plus directement utiles à la société. C'est ce que nous verrons par la suite.

Voilà ce qui regarde les Auteurs ; mais il n'en est pas de même des Imprimeurs et des Libraires : ce sont des instrumens aveugles , et on ne peut pas avec raison les rendre responsables de ce qui est contenu dans un ouvrage qui passe leur portée , et dont ils ne pourraient pas prévoir toutes les applications et les inductions quand ils seraient plus éclairés que leur état ne le comporte. C'est pour eux précisément que la loi de ne pas imprimer sans permission a dû être établie. Cette permission est la seule pièce qu'ils doivent connaître , et le témoignage du Censeur est nécessaire, non pour donner une autorité à l'ouvrage par son approbation, car alors il y aurait autant de Juges différens que de Censeurs, ce qui est contre le bon ordre, mais pour constater que c'est sur tel ouvrage que porte la permission.

L'objet fondamental du réglement doit donc être de défendre, sous des peines qu'on spécifiera par la suite , d'imprimer, vendre ou distribuer des ouvrages non permis ; et quant à ceux qui sont revêtus de permission , de conserver l'action du ministère public et celle des particuliers contre les Auteurs, sans néanmoins qu'on puisse inquiéter les Libraires qui se sont mis en règle.

Il est inutile d'expliquer qu'ils pourront toujours être assignés comme témoins contre les Auteurs : c'est le droit commun dans toute espèce de délits, et il n'y a aucun motif pour l'exprimer dans les réglemens de *Librairie*.

On pourrait ajouter qu'ils seront tenus de nommer les Auteurs de chaque livre ; mais il y a quantité d'Auteurs qui ne veulent pas être connus, quoique leur ouvrage ne contienne rien de répréhensible. D'ailleurs, cette loi serait si facile à éluder par le moyen des prête-noms, qu'il vaut mieux ne la pas faire.

Il en sera de ce délit comme de tous les autres qu'on connaît par la voie de l'information, et dans la poursuite de celui-ci il y aura toujours une grande facilité : c'est que le Libraire et l'Imprimeur sont des témoins nécessaires, qui mettront toujours aisément le ministère public en état de diriger ses recherches avec plus d'efficacité que pour d'autres crimes. Le manuscrit même, si on peut reconnaître de quelle main il est, sera encore une puissante indication. Enfin, il est rare qu'un Auteur puisse échapper aux recherches de la Police lorsque son Imprimeur est connu, quoique, suivant les lois actuelles, il ne soit pas obligé de se nommer.

Si cependant on desirait que le Libraire fût tenu d'avoir une déclaration signée de l'Auteur ou de celui qui a présenté le livre, je crois que cette précaution serait plutôt inutile que dangereuse, pourvu que cette déclaration restât entre les mains du Libraire, et qu'il fût tenu de la communiquer au ministère public quand il en serait requis ; mais si on voulait que le nom de l'Auteur fût à la tête du livre, ce serait une très-grande gêne qu'on imposerait inutilement à la littérature.

Après avoir fait connaître que le réglement que je propose ne contient rien d'injuste contre les Auteurs, il faut prévenir l'objection tirée de ce que cela diminuerait l'autorité du Gouvernement en matière de *Librairie*, et en donnerait une trop grande aux Parlemens.

Pour y répondre, il suffira d'observer que le Gouvernement sera toujours maître des peines réelles, parce que ce sera de lui qu'il dépendra d'obliger les Auteurs à se nommer. Il sera toujours aisé aux Administrateurs de n'être pas la dupe des prête-noms. Il n'en est pas de même des Juges ordinaires, 1°. parce que la loi les gêne, et que quand on leur montrera la signature d'un homme existant, il leur sera difficile de prouver que ce n'est qu'un prête-nom; 2°. parce que l'affaire ne sera portée devant eux que quand le livre sera tout imprimé.

Par-là il est aisé de conserver à l'Administrateur le moyen de faire paraître un ouvrage sans l'autoriser spécialement, et cependant d'empêcher que l'Auteur ne soit recherché, si tant est que le Gouvernement veuille jamais user de ces voies indirectes; et dans ce cas-là on aurait encore un moyen plus simple, qui serait de favoriser l'entrée d'un livre qu'on aurait fait imprimer en pays étranger.

Quant aux ouvrages que le Roi juge à propos de faire paraître de son autorité expresse, l'action réservée au Parlement n'y met aucun obstacle : il y a la voie de faire imprimer à l'*Imprimerie royale*; il y a aussi celle d'imprimer sans privilége, mais par ordre exprès de Sa Majesté; ce qui est usité dans la *Librairie*. Je ne crois pas que, dans aucun tems, les tribunaux osent attaquer cette dernière forme de permission. Quant à l'*Imprimerie royale*, il y a un Arrêt du Conseil, que j'ai déjà cité, rendu à l'occasion des *Conciles* du Père Hardouin, qui dé-

fend expressément au Directeur de l'*Imprimerie royale* de reconnaître l'autorité du
Parlement.

J'ai cru nécessaire de faire cette observation, de peur qu'on ne craigne qu'en donnant
au Parlement, en termes exprès, le droit de
condamner les livres sans permission, on
n'entame par-là le droit que le Roi a réservé
à son Conseil, ou plutôt à la personne de
M. le Chancelier.

Ce que j'ai dit dans le premier Mémoire
prouve que je pense plus que personne, qu'il
serait très-dangereux de soumettre la *Librairie* à une administration parlementaire; mais
je crois en même tems que la crainte de quelques abus qu'on peut éviter, et qui n'arriveront jamais que dans des tems de grands dé-
sordres, ne doit pas empêcher de livrer à la
justice réglée des délits qui peuvent être ca-
pitaux, et qui sont sûrement d'une conséquence majeure comme ceux de *Librairie*.
D'ailleurs, je répète encore qu'après le parti
que le Parlement vient de prendre sur des
livres revêtus de privilége, on ne pourrait pas, sans entamer une affaire très-dif-
ficile, lui disputer le droit de connaître de
ces sortes de délits, et il vaut bien mieux
le lui accorder par une loi que je crois fon-

dée sur la justice, que de lui laisser faire
un réglement de sa seule autorité.

Enfin, il faut avouer que si on voulait approfondir la question, on trouverait que ce
droit n'a jamais été expressément ôté au Parlement. De ce que les priviléges et les permissions d'imprimer sont émanés de l'autorité
immédiate du Roi, il ne peut pas s'ensuivre
que si, dans l'obtention de la permission, il
y a eu une surprise telle que ce soit un délit
punissable, les Juges naturels des délits n'en
puissent pas connaître. Les priviléges sont
adressés au Parlement : les anciens réglemens
de *Librairie* y sont tous enregistrés. Ainsi le
Parlement est Juge ordinaire en cette matière, et ne peut être dépouillé d'un droit
qui tient intimement à la police et à l'ordre
public que par une loi expresse. Or, cette
loi expresse n'existe nulle part, ou au moins
je ne la connais pas. Il est vrai qu'il a été
fait en 1723 un réglement général sur la *Librairie*, et que l'exécution en est confiée aux
Lieutenans de Police, et par appel au Conseil. Mais la défense d'imprimer des livres
scandaleux ou diffamatoires est bien anté-
rieure à ce réglement; elle est consignée dans
des Édits et Déclarations enregistrés : et d'ailleurs, dans l'article du réglement où il est

parlé des mauvais livres, il est dit que les coupables seront punis *suivant la rigueur des Ordonnances*. Ce genre d'affaires est donc renvoyé aux Juges ordinaires, à ceux qui sont chargés de l'exécution des Ordonnances ; et cela est d'autant plus certain, que le Conseil, à qui la connaissance en dernier ressort de l'exécution du réglement de 1723 a été réservée, ne peut pas poursuivre un coupable *suivant la rigueur des Ordonnances*, ni faire une instruction criminelle.

On dit que, dans le cas où un livre est revêtu de privilége, le Parlement ne devrait en connaître que par ordre exprès du Roi, et que si la permission a été surprise à M. le Chancelier, il est convenable que ce soit M. le Chancelier qui charge le ministère public de poursuivre l'Auteur. Je conviens que cela serait beaucoup plus décent, et je me suis suffisamment expliqué dans le premier Mémoire sur la démarche qui a été faite dans cette occasion-ci ; mais la décence et le procédé ne font point partie de la loi. Or, il n'y en a aucune qui ordonne que de certains délits ne seront poursuivis que par ordre exprès. Le Parlement peut même dire que quand un délit d'*imprimerie* lui est dénoncé par le ministère public, il croit que tout a été rem-

pli de la part des chefs de la compagnie et
du dénonciateur.

Enfin, dans la circonstance présente, le
Parlement aurait pu, par la démarche la plus
respectueuse et la plus régulière, mettre le
Roi dans la nécessité de décider la question
en sa faveur ; il n'avait qu'à mander l'Auteur
et le Censeur du livre *de l'Esprit*. L'Auteur
aurait dit qu'il a rempli ce qu'exige la loi,
en se soumettant au jugement du Censeur, et
celui-ci aurait dit qu'il ne tient sa mission
que de M. le Chancelier, qui souvent donne
aux Censeurs des instructions verbales dont
ils ne peuvent répondre qu'à lui seul. Sur
cela on aurait ordonné, avant de faire droit,
que le Roi serait supplié d'expliquer ses intentions sur la question de savoir sur qui, du
Censeur ou de l'Auteur, la punition doit tomber, dans le cas d'un délit constaté, comme
la publication du livre *de l'Esprit*. Je soutiens que le Roi n'aurait pas pu, sans déni
de justice, refuser de livrer l'un ou l'autre à
la justice. Or, dans le choix, quel parti aurait-on dû prendre? Je viens de prouver qu'il
n'y a aucune injustice à rendre l'Auteur responsable de ses faits. Je prouverai ailleurs
qu'il est contre la règle de laisser juger par
les tribunaux le Censeur dépositaire de la

confiance de M. le Chancelier, et que ce serait donner l'administration de la *Librairie* au Parlement ; ce qui aurait de très-grands inconvéniens. On aurait donc été forcé de donner la décision que je propose, comme la plus juste.

Quant à l'espèce particulière, on n'aurait prononcé contre l'Auteur du livre *de l'Esprit* que le même jugement qui a été rendu, parce qu'il aurait été fondé à dire que la loi n'avait pas été éclaircie jusqu'à présent, et qu'il croyait ne l'avoir pas enfreinte, ayant l'approbation du Censeur.

Le droit du Parlement à cet égard étant reconnu, servira beaucoup à contenir les Auteurs des ouvrages réellement mauvais ; cependant ce moyen, s'il était employé seul, serait encore insuffisant. Nous avons déjà remarqué que le Parlement ne les empêchera pas d'imprimer leurs ouvrages, mais seulement d'y mettre leur nom, et qu'en les obligeant même de se nommer, ils en seront quittes pour faire imprimer en pays étranger ou dans des imprimeries privées et défendues.

Il est donc nécessaire de joindre d'autres précautions. Dans la suite de ces Mémoires nous proposerons quelques changemens à faire dans les réglemens prohibitifs sur l'impression, le débit et l'entrée des livres ; mais cela ne sera pas encore suffisant.

Ce n'est point dans la rigueur qu'il faut chercher un remède ; c'est dans la tolérance. Le commerce des livres est aujourd'hui trop étendu, et le public en est trop avide pour qu'on puisse le contraindre à un certain point sur un goût qui est devenu dominant.

Je ne connais donc qu'un moyen pour faire exécuter les défenses : c'est d'en faire fort peu. Elles ne seront respectées que quand elles seront rares, et il faut les réserver pour des objets importans.

Ce moyen déplaira à beaucoup de monde ; mais si on ne l'admet pas, je soutiens qu'il est inutile de se promettre aucun succès de tous les réglemens imaginables. Dans Paris, où la police est aussi exacte qu'elle puisse être, on a des exemples frappans de son impuissance à cet égard. J'en ai déjà cité plusieurs, et je ne les répéterai pas.

La raison de cela est qu'une fraude à laquelle il y a un grand attrait sera toujours commise ; que l'industrie et l'audace du fraudeur croissent en proportion de sa cupidité, et que cette cupidité est augmentée par des défenses qui font hausser le prix des marchandises défendues.

Une autre cause particulière pour la *Librairie* est qu'il est impossible, dans l'exécution, d'empêcher un homme qui entre dans le Royaume ou dans Paris, de porter avec lui un petit nombre de livres qu'il est censé lire dans sa route, et que ce petit nombre souvent répété devient une édition entière.

Mais il est inutile d'entrer dans le détail des expédiens que le desir du gain peut suggérer pour tromper la Police. L'expérience apprend qu'il y en a une infinité qu'aucune loi n'a pu prévoir, et qui réussissent aux fraudeurs.

Pour y obvier, il faut certainement les intimider par des peines; mais il faut aussi diminuer l'intérêt qu'ils ont à frauder, en réduisant à peu de chose les objets de la contrebande, et ôtant les entraves qu'on a mises jusqu'à présent au commerce légitime.

Un Libraire à qui on refuse la permission pour les trois quarts des livres qu'il présente, et précisément pour ceux que le public goûte le plus, n'a que l'alternative d'être fraudeur ou ruiné. Dès-lors le plus grand nombre tentera le premier parti. Quelques-uns seront pris et punis, et la punition qui leur sera infligée ne sera point pour eux une note infamante : on ne les regardera que comme malheureux, parce qu'on saura qu'avant leur faute ils étaient à plaindre, et que c'est pour ainsi dire la nécessité qui les a forcés à la commettre.

D'autres réussiront, et la richesse qu'ils acquerront par ce moyen sera pour leurs confrères un aiguillon puissant pour les imiter. De plus, indépendamment du mauvais exemple, les moyens qu'ils auront employés, soit en établissant des imprimeries furtives, soit en ouvrant des routes secrètes pour le débit de leurs marchandises, serviront à d'autres. Et il faut observer, à cette occasion, qu'il serait difficile à un Libraire de frauder pour la première fois, parce que les précautions prises par les réglemens pour veiller à sa conduite, sont sages, et qu'il y a peu de chose à y ajouter ; mais il est de fait que la fraude se perfectionne comme les autres arts. D'ailleurs, elle passe en habitude : on le voit non-seulement dans la *Librairie*, mais dans toute autre espèce de contrebande : ceux qui y sont accoutumés ne peuvent plus faire autre chose. Il faut détruire cette habitude funeste ; il faut fermer une fois les canaux du commerce illicite : les moyens violens y ont été inutiles jusqu'à présent. La sévérité de M. Hérault n'a pas empêché les imprimeries clandestines plus efficacement que celle des Fermiers-Généraux n'a empêché l'introduction du faux sel et du faux tabac.

Il faut donc nécessairement recourir à des voies plus douces; et quand mes principes sur la facilité des permissions ne seraient pas adoptés pour toujours, il faudrait cependant les suivre pendant quelques années pour démonter les imprimeries clandestines, et déraciner l'esprit de fraude dont la *Librairie française* est infectée.

J'ajouterai à l'appui des mêmes principes, que quand on pourrait suivre assez exactement les Imprimeurs et les Libraires de France pour les empêcher de frauder, la sévérité sur les permissions ferait toujours commettre une autre espèce de fraude encore plus pernicieuse, qui serait l'introduction des livres imprimés en pays étranger, qui se débiteraient par ces Colporteurs inconnus qui courent les campagnes, ou se vendraient *sous le manteau* dans les villes, et à Versailles même sous les yeux du Roi, comme il arrive tous les jours. On ne portera jamais l'inquisition jusqu'à aller rechercher les livres dans les bibliothèques des particuliers: dès-lors on n'empêchera

chera point le débit de ceux qui sont une fois
entrés dans le Royaume , et au pis aller ce
commerce se ferait dans les maisons les plus
respectables , par les domestiques et quelquefois par les maîtres mêmes ; ce qui est déjà
arrivé plus d'une fois. On a vu une année où
des personnes considérables par leur état , et
surtout des femmes, rendaient à des Auteurs
de leurs amis le service de vendre leurs ouvrages : on en avait même , par ce moyen , un
plus grand débit, et on les vendait beaucoup
plus cher qu'on n'aurait pu faire par la voie
des Libraires.

Je dirai aussi de cette espèce de fraude, la
même chose que j'ai dite de celle qui se pratique dans le Royaume ; elle éprouvera des
difficultés dans les commencemens ; mais s'il
n'y avait que cette voie-là pour avoir les livres défendus, et qu'on fût fort difficile sur
les permissions , les canaux s'ouvriraient
comme ceux de toute autre contrebande : on
aurait bientôt les livres imprimés en pays
étranger, aussi facilement que ceux qui s'impriment en France. Je crois même qu'on les
aurait à aussi bon marché, et que les frais du
transport et les risques de la contrebande
équivaudraient à peu près à l'augmentation
de prix que mettent aux livres permis les pri-

viléges exclusifs des Libraires français. Par-là on perdrait une branche de commerce considérable, ou plutôt on donnerait aux étrangers un commerce actif, désavantageux à la France; et bien loin de produire aucun bien pour la religion ou pour les mœurs, on aurait encore moins de retenue à attendre d'un Libraire étranger, que d'un regnicole.

Ainsi, non-seulement je crois qu'en défendant trop de choses, aucune défense ne sera exécutée; mais je vais jusqu'à penser qu'il serait dangereux de faire exécuter rigoureusement les défenses, parce que cette rigueur ouvrirait le commerce étranger, plus abusif encore que celui qui se fait en France, et auquel il sera toujours plus difficile d'apporter du remède.

Voilà donc les principes fondamentaux que j'ai annoncés :

1°. Rendre les Auteurs responsables de leurs ouvrages malgré la censure.

Je crois en avoir établi la nécessité : il faut, ou que ce soit l'Auteur, ou que ce soit le Censeur qui en réponde. Il est plus juste que ce soit l'Auteur, parce que le Censeur peut être surpris, qu'il est même très-aisé qu'il le soit, au lieu que l'Auteur n'ignore jamais qu'il est en faute, quand sa faute est de nature à mériter une punition. Enfin, ce que je propose est le droit naturel, dont les lois civiles ne doivent s'écarter que le moins qu'on peut.

2°. Ne rendre les Censeurs responsables qu'envers celui dont ils tiennent leur mission.

. Je n'ai point encore traité cet objet, et je le réserve pour la fin de ce Mémoire; mais je le crois aussi essentiel que les autres : on en verra les raisons.

3°. Borner à très-peu d'objets la voie qu'on a d'empêcher les mauvais livres, en refusant les permissions.

Il est inutile de répéter tout ce que nous avons dit à ce sujet, et je répondrai, dans la suite de ce Mémoire, aux objections générales qu'on peut me faire. Quant au développement du principe et à l'application qui en doit être faite aux livres de différentes natures, ce sera l'objet du troisième Mémoire.

4°. User de toute la rigueur possible contre ceux qui auront imprimé sans permission.

Cela dépend premièrement de la fermeté de celui qui est préposé à l'administration.

. Cela dépend aussi du parti qu'on prendra sur les permissions; car on ne tiendra jamais la main à l'exécution des réglemens avec bien de l'exactitude lorsque ces réglemens seront si sévères, qu'on plaindra ceux que la nécessité aura obligés de les enfreindre.

Enfin, il faudra faire quelque changement aux réglemens actuels, et leur procurer plus d'exécution par des moyens qui seront détaillés dans le quatrième Mémoire.

5º. Ne prescrire aux Censeurs que des règles fixes et certaines.

Si on leur donne des règles vagues, on remet en leurs mains une autorité arbitraire. Il est rare qu'ils en abusent par une indulgence aussi condamnable que celle du Censeur du livre *de l'Esprit* ; cependant j'ai vu plusieurs exemples approchans de celui-là. Quoi qu'il en soit, ils sont peu communs ; mais, ce qui arrive très-souvent, c'est que le Censeur, par la crainte de se compromettre, refuse son approbation à tant d'ouvrages, et exige tant de changemens dans ceux qu'il approuve, que l'Auteur, dégoûté, cherche et trouve les moyens d'imprimer en fraude.

Nous exposerons cela plus au long en parlant des Censeurs : pour le présent il suffit d'observer que si on admet le principe, qu'il faut très-peu défendre pour que les défenses soient exécutées, il s'ensuit qu'il faut donner au Censeur des instructions qui aient des objets déterminés, sans quoi il est certain qu'on

retombera dans la méthode de ne rien permettre et de beaucoup tolérer, d'exiger des
Libraires qu'ils apprennent à lire dans les yeux
du Magistrat, pour savoir si la défense qu'on
leur fait est sérieuse; de les accoutumer par-
là à la fraude, et de leur donner sur cela des
facilités dont ils n'usent que trop par la suite
quand on veut réellement les en empêcher.

Je sais que l'administration de la *Librairie*
s'est ordinairement faite en rejetant tout sur
le Censeur, en lui recommandant vaguement
de ne rien laisser passer de ce qu'il est dangereux de donner au public, ni de ce qui peut
offenser les particuliers, et en se mettant encore à couvert par différens degrés de permissions plus ou moins tacites, les unes expresses et portées sur un registre, les autres
verbales, d'autres indirectes, et qui consistent
à faire entendre au Libraire qu'on ne le pour-
suivra point pour un tel livre.

Pour moi, j'avoue que cette méthode m'a
toujours déplu; je la crois mauvaise par les
raisons que j'ai dites. D'ailleurs, j'y trouve
une sorte de lâcheté, et j'aime mieux convenir que je ne peux veiller par moi et par
les Censeurs qu'à un nombre déterminé d'objets, et que, s'il est nécessaire de tout prévoir,
il faut dans cette place une vigilance et des

lumières supérieures aux miennes. Ce n'est
pas que je prétende proscrire les permissions
tacites : ces permissions sont nécessaires ; mais
il y a une grande différence entre ce qu'on
appelle *permissions tacites*, et les tolérances
dont je viens de parler. Cela demande un
éclaircissement sur la nature et l'usage des
permissions tacites, que je donnerai dans un
Mémoire séparé.

Pour revenir à notre objet, le système que
je viens d'exposer en cinq articles est certainement le meilleur de tous pour arrêter les
livres contraires à la religion, aux mœurs et
à l'autorité du Roi. D'ailleurs, il peut avoir
des inconvéniens ; il faut les examiner.

Nous n'entrerons point ici dans le détail
des différentes sortes de livres ; nous l'avons
renvoyé au troisième Mémoire. Mais on peut
dire en général que par-là il y aura un grand
nombre de livres qu'on laissera paraître, et
qui cependant sont très-condamnables quoiqu'ils n'attaquent point les premiers principes
pour lesquels on veut réserver la rigueur de
la censure.

Cette objection serait sans réplique si on
pensait que le Censeur disculpât l'Auteur ; mais
en laissant l'Auteur responsable de ses faits,

il en sera de ces délits comme des autres, et ils ne resteront pas impunis. Il faut admettre une grande différence entre la nécessité de punir les fautes, et celle de les prévenir. Un Roi-Législateur ne doit que justice à ses sujets; il empêche les crimes s'il le peut, mais le plus souvent sa puissance se réduit à prononcer des peines qui intimident les délinquans.

Je conviens que le tort qu'a fait un livre ne se répare pas par la punition de l'Auteur; mais ce n'est pas le cas particulier qu'il faut considérer, et, dans le point de vue général, je crois certain que la condamnation subie par un Auteur sera bien autrement efficace pour empêcher les grands abus, que les difficultés d'un Censeur qu'on peut souvent tromper.

On m'objectera qu'il y a des délits en matière de *Librairie*, qui ne doivent point être portés en justice réglée, soit parce que c'est le Gouvernement qui a intérêt de les punir, soit parce qu'il y a des circonstances qui ne permettent pas de donner trop d'éclat à la punition.

Mais ce que je propose n'empêche point l'usage des ordres particuliers émanés de l'autorité immédiate du Roi. Rappelons tout au droit commun; considérons un imprimé comme un manuscrit répandu dans le public. S'il paraît de ces écrits périodiques et scandaleux qu'on appelle *Nouvelles à la main*, le Procureur-Général est fait pour les dénoncer au Parlement, ou plutôt le Procureur du Roi du Châtelet doit les faire condamner dans son tribunal. Mais cela n'empêche pas que le plus souvent le Gouvernement qui est instruit avant les Compagnies, ne punisse les Auteurs par la prison. Il en sera de même des livres.

Il y a, dit-on, des traits répréhensibles, et qu'un Censeur ne passerait pas, qui cependant ne sont pas assez graves pour donner lieu à une punition. Je serais de mauvaise foi si je disconvenais de la réalité de cet inconvénient. Tout mon système d'administration est fondé sur ce qu'il faut tolérer beaucoup de petits abus pour empêcher les grands. D'ailleurs, ces traits répréhensibles, et surtout les allusions, qui sont ordinairement ceux dont on se plaint le plus, paraissent toujours malgré la censure, parce que c'est précisément le genre dans lequel il est plus aisé de tromper le Censeur. Enfin, vouloir les proscrire est tomber dans une administration arbitraire, dont l'effet sera, comme je crois l'avoir prouvé, l'inexécution des réglemens ; et si cela n'arrivait pas, cette même vexation tendrait à détruire la littérature, et à retarder les pro-

grès des sciences qu'on ne saurait trop hâter.
Les livres font du mal ; mais l'esprit humain
fait des progrès qui tendent au bien général.
Il y a des écarts ; mais à la longue le vrai
prévaut, et le zèle avec lequel le public et le
Parlement, qui est son interprète, poursui-
vent aujourd'hui ces mêmes esprits-forts qu'on
admirait il y a quatre ans, en est une preuve
bien frappante. Malheur à qui respecterait
assez peu les principes de la religion et ceux
de la morale, pour croire que l'ignorance
puisse leur être avantageuse ! Ce sont les lettres, c'est la philosophie même, quoiqu'on
abuse aujourd'hui de son nom, qui ont adouci
nos mœurs, et qui nous ont tirés de la barbarie. Ce serait vouloir y retomber que d'assujettir les savans à des règles fantastiques, et
de les gêner dans leurs travaux par de petites
considérations.

On craint encore qu'il n'y ait dans les livres des choses déplacées, de ces traits qui
ne sont pas punissables, mais qu'il n'est pas
convenable qu'on laisse imprimer.

Je ferai encore à cet égard les mêmes ré-
ponses : c'est un petit mal qu'on tolère pour
en empêcher efficacement un plus grand. D'ailleurs, les règles d'après lesquelles on estime
ce qui est convenable et ce qui ne l'est pas,

sont trop arbitraires pour en faire dépendre la permission qu'on donne à un Auteur de retirer le fruit de son ouvrage en le publiant.

Enfin, si on y réfléchit bien, on verra peut-être que l'indécence qu'on trouve à laisser imprimer de certaines choses, ne vient que de ce qu'on regarde ce qui est imprimé en France comme ayant l'attache du Gouvernement. Cette opinion étant détruite, on ne verra dans chaque livre que l'ouvrage d'un particulier, qui souvent n'a ni ne mérite aucune considération, et dès-lors la prétendue indécence disparaîtra.

Enfin, me dira-t-on, portera-t-on les principes établis jusqu'à vouloir qu'un Censeur mette son approbation à des ouvrages notoirement scandaleux, tels que des libelles diffamatoires, par la raison que ce qui rend ces ouvrages répréhensibles n'est pas un des objets auxquels les Censeurs seront chargés de veiller? Non sans doute, et cette conséquence est absurde; mais ce que nous prévoyons ici est un cas métaphysique qui n'arrivera jamais.

Dès que la punition sera indiquée, celui qui aura le projet de commettre un crime grave (car la diffamation personnelle en est un) n'ira point se déceler lui-même en présentant son ouvrage à la censure.

S'il se trouvait un homme assez extrava-
gant pour faire une pareille démarche, il n'est
pas douteux que le Censeur ne dût, non-seulement refuser son approbation, mais avertir
le Magistrat pour qu'il pût veiller à ce que le
livre ne s'imprimât pas furtivement.

C'est par la même raison que, quiconque
sera instruit qu'un homme se dispose à commettre un assassinat, en donnera avis à la
justice, pour qu'on puisse l'en empêcher. Il
n'y a cependant point de loi pour prévenir
les assassinats ; c'est la loi naturelle, anté-
rieure et supérieure à toutes les lois de police,
qui prescrit la conduite qu'on doit tenir à cet
égard.

Avant de finir ce Mémoire, il faut traiter ce qui regarde les *Censeurs*. Nous avons
avancé qu'ils ne devaient être responsables de
leur conduite qu'à M. le Chancelier, de qui ils
tiennent leur mission. Cela est conforme au
droit commun. Dans tout Gouvernement où
l'autorité est respectée, ceux qui ont été dépositaires de la confiance d'un Ministre, ne
doivent rendre compte qu'à lui de l'usage
qu'ils en ont fait. Or, le Censeur n'est ni ne
peut être que le dépositaire de la confiance
du Chancelier. Ce ne sont pas souvent des

gens assez considérables, et leur mission n'est pas assez authentique pour qu'on puisse les regarder comme des Juges ; et s'ils l'étaient, M. le Chancelier ne doit pas encore les regarder comme Juges ressortissans au Parlement. J'ajouterai que, si on livre les Auteurs à la justice réglée, il n'est ni juste ni nécessaire de lui abandonner aussi les Censeurs.

D'ailleurs, l'état de Censeur serait trop malheureux si, pour un aussi petit avantage que celui qu'on retire de cette place, on se trouvait exposé à des instructions criminelles, et à répondre à une accusation juridique dans une matière qui contient beaucoup d'arbitraire, dans laquelle il est très-aisé d'être surpris, dans laquelle même il n'y a personne qui soit sûr de ne le pas être, vu le grand nombre d'aspects sous lesquels un livre peut être répréhensible. Si les Censeurs sont responsables de leur avis au Parlement, il s'ensuivra que ceux qui sont le plus propres à cette fonction, et qui, par cette raison, en sont le moins flattés, refuseront d'en être chargés, et que d'autres ne l'accepteront que dans la disposition d'exercer vis-à-vis des Auteurs une rigueur excessive.

Un Auteur conduit par l'appât de la gloire, et quelquefois par celui du gain, cherche ce

qui peut plaire au public, et le donne sans
s'embarrasser des petites considérations personnelles toutes les fois qu'il n'y a rien au
fond de condamnable, ni qui puisse lui sus-
citer une affaire. C'est à l'un ou à l'autre de
ces motifs que nous devons les bons Auteurs
et les bons livres de tous les genres.

Mais un Censeur qui n'a aucun intérêt à
l'ouvrage, ne mettra son attache à rien qui
puisse déplaire à personne, parce qu'il craindra de se faire des ennemis; il refusera même
son suffrage à la vérité si elle est offensante
pour des gens qu'il aime ou qu'il a intérêt de
ménager. Ses scrupules, sa timidité, ses affections personnelles, la crainte vague d'être
compromis pour des affaires qui au fond ne
l'intéressent pas, lui feront faire à chaque pas
des difficultés frivoles et arbitraires, qui dé-
couragent les Auteurs et éteignent le génie.
Voilà ce qui arrive dès à présent, et ce qui
arrivera encore bien plus souvent quand les
Censeurs craindront un tribunal dont l'animadversion est toujours sévère, devant qui il
est humiliant d'avoir été traduit même quand
on a le bonheur de se justifier, et dont le Censeur ne peut pas pressentir le sentiment dans les
cas douteux, comme il fait vis-à-vis de l'Administrateur commis par M. le Chancelier.

Ce sera, si on veut, une terreur panique de la part du Censeur ; mais qu'elle soit réelle ou qu'elle soit imaginaire, elle l'engagera toujours à une trop grande rigueur, puisqu'en donnant son approbation il a quelque chose à craindre et rien à gagner.

Dès-lors la critique littéraire, si nécessaire aux progrès des sciences, sera tout-à-fait bannie. Toute façon de penser, quelque fausse et quelque dangereuse qu'elle soit, n'éprouvera aucune contradiction si elle a des protecteurs accrédités, ou plutôt rien de tout cela n'arrivera : on aura beau faire de bons réglemens, ils ne s'exécuteront point : toutes les digues qu'on voudra mettre à cette contrebande seront rompues ; les imprimeries furtives se multiplieront ; tout le monde favorisera la fraude, parce que tout le monde sentira l'inconvénient d'être privé des meilleurs livres ; et c'est réellement ce qui est arrivé toutes les fois qu'on a porté trop loin la sévérité en cette matière.

On me répondra que le parti que je propose de réduire les fonctions des Censeurs à peu d'objets, et de leur donner des règles fixes, pare à tous ces inconvéniens.

Mais je me suis bien gardé de proposer de faire une loi à ce sujet ; c'est un arrangement

d'administration qui m'a paru le meilleur,
mais qui peut changer suivant les circonstances. La facilité pour les permissions que je
crois nécessaires, se trouvera peut-être avoir
plus d'inconvéniens que je n'ai prévu. Peut-
être après avoir usé d'indulgence, pendant
un tems suffisant, pour laisser les imprimeries furtives se détruire, voudra-t-on revenir
à des partis plus rigoureux. En un mot, le
Gouvernement ferait une grande faute de se
lier les mains sur cette administration par une
loi expresse, et les règles que je demande qu'on
établisse pour la *censure* sont une raison de
plus, et une raison importante, pour soustraire les Censeurs aux recherches de la justice
réglée. En effet, ces règles nouvelles seront
leur décharge, et le Parlement qui les ignore,
s'en prendrait toujours à eux de ce qui lui
déplairait dans l'ouvrage censuré.

Enfin, soumettre les Censeurs au Parlement,
c'est donner au Parlement l'administration.
Cela est assez prouvé par tout ce qui a été dit
sur la *censure* dans ce Mémoire. Or, je ne
crois pas que le Gouvernement fût long-tems
à se repentir d'avoir cédé à ce Corps redoutable une pareille autorité.

Cependant pour garantir les Censeurs d'être
traduits devant les tribunaux, je ne deman-

derai pas qu'on défende au Parlement de connaître de ce qui les regarde. Cela a été fait
pour l'*Imprimerie royale ;* mais nous sommes
dans un tems où des défenses de cette nature
ne réussissent que difficilement : je voudrais
seulement qu'on marquât, dans une loi, que
les Examinateurs ne seront chargés à l'avenir
que de constater que le livre qu'ils ont paraphé est celui pour lequel la permission est
accordée. Cela est nécessaire, parce que des
Lettres-Patentes de 1701, enregistrées au Parlement, défendent d'imprimer aucun ouvrage
sans le jugement de l'Examinateur. On ne prévoyait pas sûrement en 1701, que le Parlement s'en ferait un titre pour demander compte
aux Censeurs de l'exécution des ordres que
leur a donnés M. le Chancelier. Mais aujour-
d'hui que cela est à craindre, il faut rétablir
les choses sur le pied d'une ancienne Déclaration de 1571, par laquelle il paraît que
l'Examinateur ne devait que certifier qu'il avait
vu et visité le livre. Alors le Censeur donnera
son jugement par écrit à M. le Chancelier,
pour décider si la permission doit être accordée ; mais il ne donnera au public que le certificat qu'il a lu l'ouvrage ; ce qui ne peut
jamais le compromettre.

. Pour résumer ces différens objets, je crois
qu'il

qu'il faudra ajouter un article à une Déclaration dont nous parlerons au quatrième Mémoire. Cette Déclaration doit prononcer des peines contre les Imprimeurs et Libraires qui impriment ou vendent des livres sans permission. Je crois que l'article qu'on doit y ajouter pourra être conçu à peu près en ces termes :

Dans le cas où lesdits Imprimeurs et Libraires de notre Royaume auront obtenu la permission ou privilége nécessaire, et se seront conformés aux réglemens et usages de la Librairie, défendons à nos Cours et Juges de les rendre responsables de ce qui est contenu dans lesdits livres, sauf l'action du ministère public et celle des parties civiles contre les Auteurs ; et afin qu'il soit constaté que l'ouvrage imprimé est celui sur lequel la permission a été obtenue, ordonnons que lesdits Libraires et Imprimeurs seront tenus de garder pendant une année le manuscrit ou un exemplaire imprimé, paraphé par l'Examinateur à ce commis, dont la fonction sera de certifier que ledit exemplaire imprimé ou manuscrit est celui qui a été par lui vu et visité avant que la permission fût accordée.

Cet article aurait peut-être encore besoin d'être réformé : ce n'est qu'une première idée ;

E

et d'ailleurs il faudrait le concerter avec MM.
du Parlement, qui n'enregistrent que ce qu'ils
veulent ; mais je crois que voilà l'esprit dans
lequel il doit être rédigé.

Pour ce qui est des principes de conduite
qu'on doit prescrire aux Censeurs, ils ne peuvent être consignés que dans une lettre circulaire que leur écrira M. le Chancelier, et
cette lettre peut être changée, ou par le successeur de M. le Chancelier, ou par lui-même
s'il croit devoir adopter d'autres principes
d'administration. Ce n'est point une loi invariable comme une Déclaration enregistrée.

TROISIÈME MÉMOIRE
SUR LA LIBRAIRIE.

Sur les livres qu'on doit permettre ou tolérer.

Cᴇ Mémoire doit concerner uniquement l'administration, et avant tout je crois nécessaire que l'Administrateur soit lui-même intimement persuadé des principes qu'on lui prescrira sur les livres qu'il doit permettre ou défendre, ou qu'on lui donne des règles tellement fixes, qu'il ne puisse jamais être incertain sur l'application, sans cela il ne soutiendrait que faiblement une décision qu'il n'aurait donnée qu'en hésitant.

Les principes qui vont être exposés sont ceux de l'Administrateur actuel. Si ces principes sont agréés, ou si on lui donne d'autres règles qui soient certaines, il se portera à l'exécution avec toute l'activité dont il est capable.

Si au contraire ces principes sont rejetés, et si, sans entrer dans un plus grand détail, on désapprouve le système qu'il propose, il sera persuadé qu'il s'est trompé ; mais il croit qu'il faudra remettre l'administration à quelqu'un

qui pense différemment de lui ; il ne rougira
point d'avouer qu'il n'a pas les qualités nécessaires pour cette place ; il pense même que
cet aveu est le meilleur moyen qu'il ait de si-
gnaler son attachement au service du Roi,
et il ose se flatter qu'il n'en sera pas moins
propre à le servir avec zèle dans les autres
fonctions qui lui seront confiées.

Je commence par écarter un grand nombre
de considérations, d'après lesquelles j'entends
dire à différentes personnes que les livres devraient être examinés.

De beaucoup de gens avec qui j'ai raisonné
de cette matière, je n'en ai peut-être pas
trouvé deux qui eussent la même idée de la
censure.

Les uns croient que les Censeurs doivent
être chargés, non-seulement de veiller à ce
qu'il ne s'imprime rien de contraire à la religion ou aux bonnes mœurs, mais encore
d'empêcher que le goût ne se déprave par
trop de mauvais ouvrages ; en sorte que j'ai
entendu dire sérieusement qu'il est contre le
bon ordre de laisser imprimer, que *la musique italienne est la seule bonne*, et que je
trouve des gens qui s'en prennent au Gouvernement de ce que tel poëme ou tel roman
imprimé est détestable : on va jusqu'à préten-

dre que c'est permettre la tromperie, que d'autoriser de pareils livres, comme si le public était forcé de les acheter, ou comme si les Censeurs étaient des précepteurs du genre humain, à qui il appartînt de prescrire à la Nation les lectures qui lui conviennent, et de fixer aux savans de chaque genre la route qu'ils doivent tenir.

D'autres se sont fait une idée moins pompeuse de la censure ; ils conviennent qu'il faut la restreindre à empêcher ce qui est réellement mal ; mais ils vont jusqu'à croire qu'un Censeur ne doit permettre à un Auteur que ce qu'il se permettrait à lui-même ; qu'il répond de la dureté des expressions de l'ouvrage qu'il a approuvé, de l'injustice de la critique, du manque d'égards ; en un mot, ils pensent que tout ce qu'on pourrait reprocher à un Auteur, doit l'être à son Censeur.

Ce principe est contraire à ceux de toute bonne administration. Il n'est pas possible que la loi punisse ni défende tout ce qui est mal ; et ceux qui gouvernent, ne doivent ni ne peuvent empêcher tout ce qu'ils désapprouvent. Si on voulait entrer dans ce détail, les Censeurs acquerraient sur les Auteurs une autorité illimitée. Il est tems d'affranchir les gens de lettres de la tyrannie de ces espèces

d'inspecteurs qu'on a voulu mettre à leurs
pensées ; et puisqu'il est question de faire exécuter plus rigoureusement les lois pénales contre ceux qui se sont rendus coupables de quelque délit réel, au moins est-il juste de leur
laisser une entière liberté sur des objets de peu
d'importance. Il ne faut donc les gêner, ni
sur la forme, ni sur le ton de leurs ouvrages,
et on peut leur laisser commettre un genre de
fautes qui sera toujours suffisamment puni
par le mépris public.

Un autre motif de censure que je crois encore devoir écarter, est celui qui dérive du
principe, qu'il ne faut pas laisser accréditer
les erreurs.

Ce principe est très-vrai s'il est question
d'erreurs en matière de religion, parce que,
dans cette matière, l'erreur est un crime, et
que les grandes vérités de la foi n'ont pas besoin des disputes des hommes pour être éclaircies.

Il en est de même des principes fondamentaux de chaque Gouvernement quant aux limites de l'obéissance due à celui ou à ceux
qui gouvernent, parce que ces limites étant
presque toujours incertaines, il est impossible
de les fixer sans causer des débats violens, qui

dégénèrent nécessairement en guerre ou en anarchie.

Mais sur tout autre sujet, ce qui importe au public, c'est que le vrai soit connu ; il le sera toujours quand on permettra d'écrire, et il ne le sera jamais sans cela. Si on défend de publier les erreurs , on arrêtera les progrès de la vérité parce que les vérités nouvelles passent toujours pendant quelque tems pour des erreurs, et qu'elles seront rejetées comme telles par les Magistrats.

Il y a un petit nombre de sciences démontrées : dans celles-là on peut savoir avec certitude de quel côté est l'erreur ; mais dans ces sciences il n'y a aucun danger à laisser établir de faux principes, parce qu'on est sûr qu'ils seront bientôt réfutés s'ils ne tombent pas dans le mépris.

Dans toutes les autres, on n'est jamais sûr de ne pas se tromper. Et quel sera le Censeur téméraire qui osera dire : Je suis assez certain de telle vérité pour empêcher qu'on ne soutienne, en présence du public , le sentiment contraire? Quel sera celui qui marquera le terme des connaissances humaines au point où il croit être arrivé, et qui défendra d'aller par-delà de peur de tomber dans l'erreur? Que deviendra la République des lettres si on la soumet à ces Dictateurs impérieux, dont l'ignorance, l'orgueil, les passions person-nelles, l'attachement outré à un sentiment, étoufferont le germe des plus précieuses vé-rités ?

Ce qui s'observe dans l'ordre judiciaire est la règle invariable qu'on doit se prescrire à cet égard. Chaque philosophe, chaque dis-sertateur, chaque homme de lettres doit être considéré comme l'avocat qu'on doit toujours entendre, lors même qu'il avance des princi-pes qu'on croit faux. Les causes se plaident quelquefois pendant des siècles : le public seul peut les juger, et à la longue il jugera toujours bien quand il aura été suffisamment instruit.

Le principe que j'avance est certain : pres-que tout le monde en convient; mais chacun y admet quelques exceptions.

Je connais des Magistrats qui regardent comme un abus de laisser imprimer, sur la jurisprudence, des livres élémentaires, et qui prétendent que ces livres diminuent le nom-bre des véritables savans.

La plupart des médecins voudraient qu'on défendît d'écrire en langue vulgaire sur la Médecine.

Presque tous ceux qui ont joué un rôle dans les affaires publiques, n'aiment point à voir écrire sur la politique, le commerce, la législation.

Les gens de lettres pensent de même sur la critique littéraire; ils n'osent pas proposer de la proscrire entiérement; mais leur délicatesse, sur cet article, est si grande, que, si on y avait tout l'égard qu'ils desirent, on réduirait la critique à rien.

Enfin, je ne finirais pas si je rapportais les différens sentimens : je me contente de dire qu'après avoir beaucoup raisonné de cette matière avec des gens de tout état et de toute espèce, j'ai trouvé qu'il n'y avait presque personne qui n'avouât le principe général, mais que chacun y mettait une restriction pour ce qui l'intéresse. Et moi, qui en cette partie ne dois tenir à aucun préjugé d'état, j'en ai conclu qu'il fallait admettre le principe dans toute son étendue avec les seules exceptions que j'ai établies.

On peut donc ranger dans quatre classes les différens aspects sous lesquels les livres peuvent être réellement répréhensibles. Les uns intéressent les particuliers, d'autres le Gouvernement, d'autres les mœurs, et d'autres la religion. Il faut examiner séparément les quatre objets, et voir à chacun de ces égards, ce qu'il est de la fonction du Censeur d'arrêter, et ce qu'on doit laisser aux lois à punir.

1°. *Les satyres personnelles.*

Cet objet ne tient point à l'ordre public, et par conséquent, suivant mes principes, ne concerne point les Censeurs.

J'ai déjà expliqué qu'il ne s'ensuivait pas que, si on avait la hardiesse de présenter un ouvrage évidemment calomnieux, le Censeur ne dût en avertir. Mais, premiérement, cela n'arrivera pas, parce qu'un homme qui médite une action évidemment mauvaise, ne va jamais faire part de son projet aux Magistrats. D'ailleurs, les simples lumières de la raison suffiront pour faire connaître au Censeur ce qu'il a à faire, et il serait très-dangereux de lui donner des instructions ultérieures qui l'obligeraient à pénétrer dans l'intention de l'Auteur, et à deviner les allusions cachées.

Les lois qu'on pourrait lui prescrire ne seraient jamais fixes, et par conséquent jamais bien exécutées. D'ailleurs, il est impossible qu'un Censeur, quelque éclairé qu'il soit, prévoie tous les traits de cette espèce. Tous les inconvéniens d'une administration arbitraire se réuniraient si on étendait jusque-là les de-

voirs du Censeur. Nous avons parlé assez au
long de ces inconvéniens dans le second Mémoire, pour être dispensé de répéter ici ce
que nous en avons dit. D'ailleurs, la punition
due à la calomnie et aux libelles diffamatoires
sera peut-être plus efficace que la censure
pour les empêcher. Enfin, il ne faut pas oublier que les petits abus auxquels l'attention
du Censeur pourrait remédier, ne seront tolérés que dans la grande vue d'empêcher efficacement les ouvrages véritablement scandaleux, et que, si les traits équivoques d'une
satyre indirecte deviennent plus communs,
les libelles réellement diffamatoires deviendront plus rares, parce que les imprimeries
furtives, les seules dans lesquelles ces libelles
osent paraître, seront insensiblement détruites
par la plus grande facilité qu'on donnera pour
les impressions légitimes.

On m'objectera qu'il y a des traits désagréables pour des particuliers, qu'un Censeur
peut arrêter sans qu'il y ait rien d'assez marqué pour prononcer une peine.

Je conviens de la réalité de cet inconvénient; mais il est du nombre de ceux que la
loi ne peut ni ne doit empêcher. J'ajouterai
que, malgré l'attention que les Censeurs ont
eue jusqu'à présent à ces traits, ils ont toujours

été trompés quand les Auteurs ont voulu s'en donner la peine; que les *Caractères* de la Bruyère, les *Comédies* de Molière, beaucoup de romans modernes et une infinité d'autres ouvrages, dont quelques personnes croient avoir la clef, en sont une preuve sans réplique.

On me dira aussi qu'il y a des satyres personnelles très-graves, très-claires, et dont cependant ceux qui en sont l'objet se garderont bien de se plaindre, de peur de leur donner trop d'éclat et d'augmenter le ridicule qui en résulte.

A cela je répondrai que, dans la forme de notre Gouvernement, de pareils délits sont ordinairement punis par des coups d'autorité immédiate, sans recourir aux tribunaux. C'est ce qui s'est toujours pratiqué quand des personnes considérables ont été grièvement offensées par des chansons dont les Auteurs ont été découverts. Il en serait de même si elles étaient insultées de paroles en public, et en *Librairie* même : c'est le moyen qui a été employé plus d'une fois quand la religion des Censeurs a été surprise.

2°. *Le Gouvernement.*

L'objet le plus important de l'administration dans ce moment-ci doit être d'empêcher de paraître des ouvrages où on ose soumettre à l'examen l'autorité royale. La règle qu'on doit prescrire à cet égard au Censeur ne sera point arbitraire ni incertaine. Il doit tout arrêter sur cette matière. En vain les philosophes et les savans prétendront-ils qu'ils sont les plus fermes défenseurs de la puissance souveraine, et que la contrainte qu'on leur impose privera le public d'une théorie sublime. Les droits du trône sont certains ; ils ont des fondemens plus solides que leurs vaines spéculations ; et la découverte d'un axiôme important en morale ou en jurisprudence ne compensera jamais les maux qui pourraient résulter de cette funeste controverse.

Mais le siége de l'autorité étant une fois fixe, la loi d'obéissance étant une fois établie, y a-t-il un danger bien réel à laisser écrire sur toutes les autres lois et sur toutes les autres parties de l'administration publique ? La crainte de décourager les dépositaires de l'autorité du Roi, en éclairant le public sur leur administration et les exposant par-là à la critique, ne pourrait-elle pas être compensée par d'autres avantages ? Il est certain, par exemple, qu'il se formerait plus de sujets dans les différentes parties de la science du Gou-

vernement, science totalement ignorée de
ceux qui ne sont pas admis dans le ministère,
et que ceux qui y sont parvenus n'ont pas le
tems d'apprendre. Le Roi lui-même n'aurait-
il pas un intérêt sensible à trouver dans le
public un dénonciateur inflexible, qui l'avertirait des fautes de ses Ministres, de ses Généraux et de ses Magistrats ?

D'ailleurs, les craintes qu'on allègue sont-
elles si bien fondées ? On craint de chagriner
les Ministres, comme s'ils n'étaient pas ample-
ment dédommagés, par l'éminence de leurs
places, des petits dégoûts auxquels la liberté
de la presse pourrait les exposer : on craint
de décrier le Gouvernement, comme si, dans
l'état actuel, il n'était pas toujours décrié,
quelque opération qu'il fasse et quelque parti
qu'il prenne, parce que ceux qui s'en plaignent parlent très-haut, et que les indifférens ne sont pas assez instruits pour prendre
le parti des Ministres lorsqu'ils ont raison.
M. Colbert a été détesté pendant sa vie et
insulté après sa mort, quoiqu'il ne fût point
permis d'écrire contre lui. Que serait-il arrivé
de pire si la presse avait été libre ? N'est-on
pas fondé à penser, au contraire, que si le
public eût été plus instruit, une administration telle que celle de M. Colbert aurait trouvé

des partisans comme des détracteurs, et que les sentimens auraient été au moins partagés?

On craint aussi que les cris publics, excités par une multitude d'écrits, ne portent les esprits à la révolte.

C'est pour prévenir cet inconvénient, que nous avons commencé par établir qu'on devait arrêter indifféremment tout ouvrage dans lequel la loi d'obéissance est discutée; mais ce principe étant établi, il me semble que les cris d'un public soumis ne sont redoutables qu'aux subalternes dont les fautes peuvent être éclaircies, et ne le sont jamais au maître absolu qui n'en fait que le cas qu'il veut. Je pense aussi que ces cris s'élèvent de même quand on laisse le public dans l'ignorance, avec la différence que les meilleures opérations ne peuvent pas être justifiées; et pour appliquer ceci au Gouvernement de France, et même au moment présent, je pense, et j'ai appris par mon expérience, que quand il y a quelque effervescence dans l'esprit général de la Nation, les Compagnies s'opposent quelquefois indistinctement à tout ce qu'on leur présente, faute de savoir discerner ce qui est bon de ce qui est mauvais. Plus de connaissances répandues dans la Nation auraient souvent fait trouver moins d'opposition à des opé-

rations utiles : ces connaissances s'acquerraient
surtout par les livres. Je sais que les Magistrats consommés n'ont pas le tems de les lire,
et qu'il en est de même de ceux qui sont ap-
pelés au ministère ; mais c'est là que vont
s'instruire ceux qui y parviendront un jour ;
en sorte qu'on peut soutenir qu'écrire aujour-
d'hui sur le Gouvernement, c'est travailler
utilement pour la génération future.

Au reste, la question que nous venons d'a-
giter est superflue, et l'Auteur de ce Mémoire
convient qu'elle est très-délicate, et qu'il n'est
peut-être pas de sa compétence de l'examiner.
Il n'est point question de savoir s'il est avantageux ou non qu'on imprime sur les principes de la législation, sur ceux de la politique, sur ceux de la finance, etc. ; nous avons
à examiner seulement si le Censeur doit être
chargé de discuter les livres écrits sur ces matières, de façon qu'il ne s'y trouve rien qui
puisse déplaire aux différens Ministres, chacun dans leur département.

Sur cela je soutiens qu'il n'est pas possible
qu'un Censeur réponde de tout ce qui, sous
ces différens aspects, peut être réputé répréhensible ; qu'on ne pourrait lui en imposer
la nécessité sans lui prescrire des règles, vagues et arbitraires.

D'ailleurs,

D'ailleurs, la méthode de renvoyer les livres pour être examinés dans les bureaux de chaque Ministre est très-abusive. Les premiers commis, qui ont bien autre chose à faire que d'examiner des livres, leur font éprouver des longueurs excessives. De plus, j'ai observé que tous les hommes d'État qui n'ont point été gens de lettres ou personnellement chargés de l'administration de la *Librairie*, refusent tout ce qui leur est présenté: ils ne sont point frappés, comme moi, de la nécessité de réduire les défenses à peu d'objets, pour qu'elles soient exécutées; ils partent du principe toujours faux dans cette administration, que n'y ayant point de nécessité qu'un livre paraisse, il faut s'opposer à sa publication pour les raisons les plus légères; enfin, ils refusent, quand ils sont consultés, le même livre qui ne leur aurait fait aucune peine s'il avait paru sans permission, parce qu'ils comptent qu'on saura qu'ils y ont donné leur attache, et qu'ils craignent de se compromettre.

Tout cela mène aux inconvéniens dont nous avons parlé, c'est-à-dire, à prescrire des lois qui, par leur trop grande sévérité, tomberont dans l'inexécution; et il faut ajouter que si la police qu'on veut établir est en-

F

freinte sur une partie, elle le sera bientôt sur toutes les autres. Si, par exemple, la trop grande rigueur exercée sur les livres qui ont trait au Gouvernement, comme ceux qui traitent du commerce, de l'économie politique, des négociations, de l'art militaire; si cette sévérité, dis-je, occasionne des établissemens d'imprimeries clandestines, si elle ouvre une voie indirecte de débit pour ces sortes de livres, les mêmes moyens s'emploîront bientôt pour les autres, et on ne pourra plus arrêter ceux même qui concernent l'autorité du Roi, les mœurs ou la religion.

Enfin, il ne faut pas croire non plus que tant de gens élèvent la voix avec scandale contre le ministère qui est toujours armé pour venger l'insulte qui lui aura été faite. Puisque nous avons posé pour principe, que la censure n'est pas établie en faveur des particuliers, et que la voie de la punition doit être réputée suffisante pour empêcher la diffamation, à plus forte raison cette voie suffira-t-elle pour les Ministres, qui ont bien d'autres moyens de vengeance que les particuliers, et au ressentiment desquels peu de gens oseront s'exposer.

On pourra même établir en leur faveur une règle que les Censeurs pourront aisément faire observer, et qui ne contient rien d'arbitraire : c'est que, dans le cas où un ouvrage aura trait à des matières délicates, telles que celles qui intéressent le Gouvernement, le Censeur, sans s'ériger en juge des traits de satyre ni des allusions, se contente d'exiger que l'Auteur se nomme, et que la permission publique ou tacite ne lui soit donnée qu'à ses risque, péril et fortune.

Il y a, me dira-t-on, encore d'autres cas à prévoir. Par exemple, il arrive souvent que des Puissances étrangères et alliées de la France se plaignent d'ouvrages qui ont été imprimés à Paris. A cela, ma réponse est que ces plaintes, quand elles ont été bien fondées, ont été suivies de punition contre les Auteurs, et que rien n'empêchera qu'elles ne le soient encore. C'est tout ce que les Puissances peuvent demander. C'en sera assez pour contenir les Auteurs quant aux choses graves. Quant à celles qui sont arbitraires ou de peu de conséquence, si la politique ordonne quelquefois d'écouter de pareilles plaintes et d'y déférer, au moins les Censeurs n'ont pas pu les prévoir, et ne doivent pas en être responsables.

Au reste, il est bon d'observer que les

Puissances qui se plaignent des livres autorisés ou tolérés en France, sont quelquefois celles même chez lesquelles les Auteurs et les Imprimeurs n'ont aucun frein. Par exemple, quand nous nous plaignons aux Anglais des satyres sanglantes et indécentes qui paraissent dans leurs papiers publics, ils nous répondent que chez eux la presse est libre; et on a vu ces mêmes Anglais porter des plaintes sérieuses des Auteurs français. On a vu entre autres l'Ambassadeur d'Angleterre se plaindre à M. le cardinal de Fleury de ce qu'on avait donné à Paris une seconde édition d'un ouvrage contraire au Gouvernement d'Angleterre, dont la première édition avait été faite à Londres avec nom d'Imprimeur, et s'y vendait publiquement.

Enfin, les plaintes des étrangers ne viennent que de l'authenticité qu'on a toujours voulu donner en France aux permissions. Il n'est pas possible que le Gouvernement réponde de tous les mauvais propos des écrivains particuliers; et quand il sera établi que la rigueur des lois est réservée pour les véritables délits, ces plaintes deviendront beaucoup plus rares.

On prétend aussi qu'il est souvent de l'intérêt de l'État d'ensevelir dans son sein des connaissances et des découvertes dont les États ennemis pourraient profiter, et qu'il y a des cas où il faut empêcher les Auteurs français d'établir dans leurs écrits des maximes qui pourraient être rétorquées avec avantage contre leur patrie.

Je crois, premiérement, que ces cas sont beaucoup plus rares qu'on ne se le figure. Si ce qu'on appelle le secret de l'État est entre les mains de tout le monde, il n'est pas douteux que le Gouvernement des pays étrangers n'en soit instruit; et s'il est de leur intérêt que ce secret soit public, ils le feront imprimer chez eux. Si au contraire ce secret n'est connu en France que de peu de personnes, les Ministres peuvent en empêcher la publication, en s'adressant directement à ceux qui en sont dépositaires. Ce moyen sera beaucoup plus sûr que d'en charger des Censeurs royaux, à qui on ne pourrait donner sur cela que des instructions vagues.

D'ailleurs, si le secret de l'État est parvenu entre les mains d'un dépositaire assez indiscret pour être prêt à le divulguer par la voie de l'impression, il faut convenir que ce secret a été bien mal gardé, et qu'il est bien hasardé. Convenons donc que le cas qu'on prévoit, est un cas chimérique.

La crainte qu'on n'argumente contre la France des faits ou des maximes avancés par les Français est plus plausible, et elle est justifiée par ce qui est arrivé en dernier lieu au sujet des possessions françaises et anglaises en Amérique. Il est certain que les commissaires anglais se sont servis contre les nôtres, de quelques passages du Père Charlevoix, et de l'autorité de nos géographes, qui avaient fait la faute de copier servilement les Anglais.

Mais il n'a pas été difficile de répondre à des argumens si frivoles, et la conduite des Anglais, bien expliquée depuis, nous a fait connaître qu'ils ne comptaient pas eux-mêmes sur la solidité de leurs raisonnemens, et qu'ils ne s'en servaient que pour nous leurrer d'une vaine apparence de négociation pendant qu'ils travaillaient efficacement à nous chasser des pays contentieux.

En effet, on ne peut pas dire sérieusement qu'un fait ou un principe avancé par un particulier français acquière une telle force, que le ministère ne puisse pas le désavouer.

D'ailleurs, si les traits dont on peut abuser avaient été mis à mauvaise intention et par un esprit anti-patriotique, l'Auteur se trou-

, verait coupable de trahison, et c'est le cas où le Gouvernement doit le punir avec un éclat qui deviendra un désaveu authentique.

Si au contraire le passage n'a été hasardé que par ignorance, comme il arrive le plus souvent, il y a grande apparence que le Censeur n'est pas plus instruit que l'Auteur. C'est ce qui est arrivé lors de la publication du livre du Père Charlevoix et de nos anciennes cartes d'Amérique septentrionale, et c'est ce qui arrivera toujours, à moins que les ouvrages ne soient censurés par les Ministres mêmes ou par les premiers commis, qui ont bien autre chose à faire, et qui eux-mêmes sont au fait de la contestation actuelle, mais ne peuvent pas prévoir tout ce qui fera un procès dans dix ans.

Au reste, cet avantage que l'aveu d'un Auteur français peut donner aux étrangers dans la dispute, quelque faible qu'il soit, n'est encore dû qu'à ce qu'on croit que rien ne s'imprime en France que de l'aveu du Gouvernement. Quand nous voulons argumenter contre les Anglais de ce que leurs écrits peuvent contenir de favorable pour nos prétentions, ils nous répondent que c'est le sentiment d'un Auteur particulier, qu'ils ne peuvent pas empêcher de dire ce qu'il voudra. Établissons ici la liberté, et nous aurons la même réponse à faire.

D'AUTRES personnes disent qu'il y a des opérations de finance contre lesquelles il est dangereux de laisser écrire, de peur de les décrier ; mais le Ministre de la finance ne manquera jamais d'écrivains en sa faveur, qui réfuteront aisément les sophismes qu'on voudrait lui opposer. Et je suis porté à croire que des opérations auxquelles une brochure peut nuire sans qu'une autre brochure en puisse détruire l'effet, sont des opérations vicieuses ; et comme le Roi n'a jamais eu et qu'il n'aura jamais l'intention de tromper ses sujets, je crois qu'il faut encore regarder cette supposition comme un cas métaphysique.

Au reste, dans cette matière comme dans toutes les autres, si le Gouvernement a fort à cœur d'empêcher d'écrire sur tel objet nommément, il aura encore une voie, qui sera de faire donner aux Censeurs des instructions particulières et secrètes, déterminées à ce seul objet. Ces ordres précis ne doivent rien remettre à la décision du Censeur, qui sera seulement chargé d'avertir qu'on se dispose à imprimer un ouvrage sur la matière qui fixe actuellement l'attention du ministère. Cette précaution sera même bien plus efficace que la censure, puisque le Censeur ne peut que refuser son approbation, au lieu que le Ministre, instruit du dessein d'un Auteur, pourrait s'assurer, vis-à-vis de lui, qu'il ne fera ni ne laissera paraître son ouvrage dans quelque forme ni dans quelque pays que ce soit; mais il ne faut user de ce moyen que très-rarement, sans quoi il cesserait d'être utile, et il faut le réserver pour des objets intéressans.

3°. *Les Mœurs.*

Je ne parlerai point ici des principes de la morale, qu'on a osé attaquer dans quelques ouvrages : cet objet sera traité avec celui de la religion, auquel il est intimement uni.

Ce qu'on appelle communément ouvrages contraires aux bonnes mœurs, sont les ouvrages obscènes ou seulement licencieux.

L'obscénité doit être défendue : toutes les lois y concourent : tout le monde pense de même à cet égard, et les règles qu'on prescrira aux Censeurs peuvent être facilement observées.

Pour les livres seulement licencieux, comme les *Contes de Lafontaine*, les *Épigrammes de Rousseau, etc.* il vaudrait certainement mieux les supprimer si on le pouvait ; mais quelle sera à cet égard la règle certaine ou la borne fixe ? C'est là que consiste la difficulté.

Quelques gens de bien que je crois trop rigoristes, iraient jusqu'à défendre tout ce qu'ils croient trop propre à inspirer de la tendresse. Je ne crois pas qu'aucun homme d'État adopte cette sévérité.

Pour moi, je m'arrête à une règle : c'est que pour faire respecter les défenses, il ne faut faire que celles qui pourront être exécutées, et qu'il vaut mieux tolérer ce qu'on ne peut pas empêcher.

J'ai dit qu'il en est de la contrebande des livres comme de toutes les autres. La prohibition est inutile s'il y a un grand attrait à la fraude. L'obscénité peut être, sinon totalement arrêtée, au moins beaucoup gênée, parce qu'il est possible de décerner des peines très-graves ; mais la douceur de nos mœurs ne permet pas d'en prononcer de pareilles contre les ouvrages libres ou licencieux, et dès-lors toutes les barrières seront franchies, d'autant plus que ces ouvrages sont ceux dont le débit est le plus prompt et le plus assuré dans tous les tems, parce qu'ils sont à la portée de tout le monde, et qu'à la différence des autres livres, ils ne dépendent pas même du caprice à la mode.

Ainsi il eût été à souhaiter qu'on eût pu persuader à Rabelais, à Lafontaine et aux autres de ne point donner ces ouvrages qui ont scandalisé les gens de bien ; mais du moment qu'il y en a eu une édition ou qu'il y a des copies égarées du manuscrit, il est inutile de les défendre, et ce serait compromettre l'autorité, que de vouloir les empêcher. Il faut se restreindre à ce qu'exige la décence, c'est-à-dire, à ne les pas autoriser expressément, et à empêcher le débit public. Cette espèce de tolérance est ce qu'on appelle *permission tacite*; elle diffère des tolérances indirectes, dont j'ai parlé ailleurs, qui dégénèrent toujours en abus. C'est ce qui se verra dans un Mémoire particulier, qui contiendra un éclaircissement sur les permissions tacites.

4°. *La Religion.*

J'ai gardé cet objet pour le dernier comme le plus important.

Les livres expressément contraires à la *Religion* ne peuvent être tolérés dans aucun pays. Sur cela tout le monde est d'accord ; ceux même qui les favorisent par une incli-

nation secrète, n'oseraient nier le principe
que nous avançons.

Il en est de même de la morale, qu'il était
réservé à notre siècle de vouloir renverser.
Ses principes sont ceux même du christia-
nisme. La loi qui vengera la Religion vengera
la morale, et elle sera d'autant mieux observée, que le cri public s'est élevé, et que l'indignation générale a éclaté contre ces destruc-
teurs des maximes que tout le monde se pique
de respecter.

Mais il arrive rarement que de pareils ouvrages soient présentés à la censure; c'est par
les voies clandestines qu'ils s'impriment et se
débitent. Si on veut les empêcher, je ne connais que deux sortes de moyens : les uns sont
ceux que j'ai déjà proposés, c'est-à-dire, une
tolérance sur les autres objets, qui rende la
fraude plus rare et par-là plus difficile, et
qui diminue l'intérêt que les Libraires ont à
la commettre; les autres sont des précautions
de police que j'indiquerai dans le quatrième
Mémoire.

Notre objet dans ce Mémoire-ci doit donc
être de parler, non pas des ouvrages qui heurtent de front la morale et la Religion, mais
de ceux qui, sous prétexte de traiter d'autres
matières, établissent des principes pernicieux

ou donnent lieu à des ironies scandaleuses.
Ce sont là les ouvrages sur lesquels la censure
doit veiller avec d'autant plus d'attention,
qu'il est souvent difficile de prononcer une
peine proportionnée au mal qu'ils ont causé,
parce qu'un Auteur artificieux saura toujours
se préparer des excuses propres à justifier au
moins son intention.

C'est donc ici qu'il est nécessaire de prendre
un parti décisif. Si on veut négliger tous les
petits objets pour se renfermer dans celui-ci
ou dans ceux qui sont d'une égale importance,
on pourra remplir les vues qu'on se propose.
Les Censeurs, dégagés de mille soins qu'on
leur a donnés jusqu'à présent, pourront porter toute leur attention à ce qu'on leur prescrira à cet égard. Tous ne sont pas théologiens ; mais tous doivent être assez éclairés
pour connaître ce qui appartient à la théologie, et leur mission sera seulement d'avertir
l'Administrateur, que tel ouvrage a trait à la
Religion, pour qu'il soit renvoyé aux Juges
compétens en cette matière.

Pour les Censeurs théologiens, rien ne doit
les arrêter, parce qu'ils sont assez heureux
pour professer une science dans laquelle rien
n'est douteux. D'ailleurs, les principes de la
censure sont absolument différens pour eux

de ce qu'ils sont pour les autres Censeurs.

Un médecin, un jurisconsulte, ne doit point, suivant moi, empêcher un Auteur de dire son sentiment parce qu'il est faux. J'en ai expliqué ailleurs les raisons, et la principale est que ce peut être le Censeur qui se trompe, et qu'il n'y a que le public qui doive être juge entre lui et l'Auteur.

Mais il n'en est pas de même de la *Théologie*. L'erreur, comme j'ai déjà dit, est un crime. D'ailleurs, ce n'est point une science susceptible de progrès. L'unité, la simplicité, la constance, sont ses principaux attributs. Toute opinion nouvelle est au moins dangereuse et toujours inutile. Qu'on ne craigne donc point que la rigueur des Censeurs empêche les études des théologiens de se perfectionner. La science de la Religion a acquis toute sa perfection du moment qu'elle nous a été donnée, et le goût des découvertes ne lui a jamais été que préjudiciable.

On peut craindre à la vérité que cette même rigueur, si elle était excessive, ne nuisît à d'autres sciences, et que les scrupules mal fondés d'un théologien ne gênassent les philosophes et quelques autres savans.

Cet inconvénient est réel ; mais il est peu considérable si on le met en comparaison avec la nécessité d'opposer une digue à l'incrédulité. Il faut même observer que les sciences auxquelles la censure d'un théologien peut nuire, ne sont que la métaphysique ou l'histoire des tems reculés, dont la chronologie doit s'accorder avec celle du texte sacré. Or, ces deux sciences méritent certainement d'être protégées ; mais cependant elles ne sont pas d'une utilité immédiate.

Il faut seulement faire à ce sujet une observation : c'est que la rigidité des Censeurs sur ce qui intéresse la Religion peut nuire à deux sciences, et on en peut conclure que, si on voulait porter cette même rigidité sur d'autres matières, elle engloberait bientôt toute espèce de doctrine, et c'est alors qu'elle deviendrait nuisible à notre Nation, à notre siècle, et en général à l'humanité.

Pour revenir aux Censeurs théologiens, nous n'avons que deux règles ou plutôt deux conseils à leur donner, dont l'un porte à la sévérité, et l'autre à l'indulgence.

La première règle est qu'il n'y a pas tant d'inconvénient à arrêter un bon ouvrage de philosophie, qu'à accréditer des erreurs, à exciter du trouble, et à causer du scandale.

La seconde est que si avec des changemens on peut sauver la doctrine, il vaut mieux traiter avec les Auteurs en exigeant d'eux des retranchemens et des adoucissemens, et permettant le fond de l'ouvrage, que de les rebuter par une défense absolue qui les portera à recourir aux imprimeries furtives s'il y en a encore, ou à celles des pays étrangers.

Nous n'avons parlé que des ouvrages qui heurtent les fondemens de toute religion ; il reste à traiter de ceux qu'on appelle *polémiques*, *hétérodoxes*, *livres de controverse*, *etc.*

A cet égard il faut distinguer les erreurs nouvelles des anciennes.

Sur les erreurs nouvelles on ne peut rien prescrire aux Censeurs. Les principes qu'ils doivent suivre sont ceux de la théologie même. Ils doivent les connaître puisque c'est leur état.

Quant aux erreurs anciennes, il y a peu de chose à craindre. Je suis persuadé que des livres ariens, par exemple, pourraient paraître sans danger ; mais je ne crois pas que personne desire de les imprimer. Quant à la permission de laisser entrer dans le Royaume les livres favorables à d'anciennes hérésies, on peut l'accorder quand elle est demandée, parce que ces ouvrages ne sont à l'usage de

personne,

personne, excepté des Docteurs qui sont chargés de les réfuter, et qu'on n'en introduit
jamais qu'un petit nombre.

Pour les Sectes qui ont à présent des partisans, je ne vois que le Calvinisme, et l'affaire
du Jansénisme et du Molinisme. Quant aux
Calvinistes, je n'ai rien à dire sur ce qui les
regarde. Le parti qu'on doit prendre sur les
livres infectés de cette erreur, dépend de la
rigueur générale qu'on veut exercer envers
ces Sectaires. Cela n'est point de ma compétence. D'ailleurs, je n'ai jamais entendu parler
de permission demandée pour l'impression des
livres calvinistes. Ceux de cette Religion aiment mieux les faire venir des pays où on les
imprime librement, et on y pourvoira, autant
qu'il est possible, par les réglemens qu'on pro-
posera, dans le quatrième Mémoire, sur l'introduction des livres étrangers.

Pour ce qui est du Jansénisme et du Molinisme, en un mot, de ce qu'on appelle *les
matières du tems*, je crois que ces livres sont
très-dangereux. Je sais d'ailleurs que la loi
nouvelle de silence défend surtout de les imprimer.

Après cela on trouvera sans doute que c'est
un paradoxe de ma part, que de soutenir qu'il

G

faut établir, sur cette matière, une tolérance entière. Mais voici mes raisons :

1°. Il n'est pas juste que les livres jansénistes paraissent, et que les molinistes soient anéantis. Or, c'est ce qui arrive actuellement qu'on ne donne pour rien de permissions expresses.

Les Jansénistes ont leurs imprimeries, où la Police n'a jamais pu pénétrer, et on défère impitoyablement au Parlement, on condamne même à des peines graves les Libraires, Colporteurs ou autres qui ont prêté leur ministère aux Auteurs molinistes.

Si on était autorisé à permettre tacitement, mais expressément, les livres jansénistes, les chefs de ce parti en seraient très-aises, parce qu'on aime toujours mieux ne pas courir de risques, et que, par ce moyen, leurs Auteurs tireraient plus de profit de leurs ouvrages, et alors je crois qu'il ne serait pas impossible de s'assurer que les écrits molinistes ne seraient pas non plus déférés à la Justice.

2°. Les questions qui touchent l'autorité du Roi sont encore bien autrement importantes que les affaires de pur jansénisme, et même que les invectives débitées contre quelques Évêques. Or, ces questions sont traitées et présentées au public du côté le plus désavantageux à l'autorité dans les ouvrages imprimés clandestinement, au lieu que, par des permissions expresses, on pourra au moins s'assurer que cet article sera respecté. J'ai lieu de croire que les Jansénistes y consentiront si on peut leur promettre de la condescendance sur le reste.

3°. Tout l'avantage qu'on peut se promettre des réglemens et des principes d'*administration* que nous proposons, est de détruire les imprimeries furtives. Nous verrons dans le quatrième Mémoire, qu'on peut connaître tous les Compagnons imprimeurs des grandes villes, les suivre, savoir ce qu'ils deviennent; et comme leur métier ne s'apprend pas dans un moment et ne peut se faire que par ceux qui l'ont déjà exercé, il pourra devenir beaucoup plus difficile d'établir une imprimerie sans être découvert.

Or, toutes ces précautions seront inutiles quand les Libraires et les Imprimeurs de Paris verront tous les jours enfreindre impunément les réglemens auxquels on veut les astreindre. Les imprimeries clandestines subsisteront et se renouvelleront sans cesse lorsqu'il y en aura dans Paris même, dans lesquelles on formera de nouveaux sujets pour réparer ceux qu'on perdra, et pour perpétuer l'établissement.

4°. Quand on voudrait en revenir à défendre les livres du parti janséniste, je crois qu'il faudrait toujours les tolérer pendant quelque tems pour faire tomber les presses, et pour démonter ce qu'on appelle *les bureaux* par lesquels se fait ce commerce ou ce débit illicite.

Par toutes ces considérations je soutiens qu'il faut tolérer les livres de ce genre, et même, j'ose le dire, la *Gazette ecclésiastique* si les Auteurs étaient assez imprudens pour profiter des facilités qu'on leur donnerait. Mais il ne faut pas se flatter qu'ils fassent cette faute ; ils en sentiront bien les conséquences. D'ailleurs, ce libelle est tellement diffamatoire, que, s'il était fait dans une imprimerie permise, et qu'on pût en acquérir la preuve, on pourrait intenter une action criminelle contre les Auteurs, dont ni la permission tacite ni l'inclination des Juges ne pourraient les garantir.

Ainsi, malgré ce que nous proposons, l'imprimerie de la *Gazette ecclésiastique* subsistera. Mais au moins celle-là est isolée ; le public y est accoutumé ; elle n'a de commu-

nication avec personne ; les sujets inconnus
qui y travaillent, ne viennent pas se répandre
dans les autres imprimeries pour débaucher
leurs camarades, et ne sont pas sortis des imprimeries ordinaires pour aller dans celle-là.
Par conséquent, de ce qu'on ne viendra pas à
bout de la détruire, il ne s'ensuit pas qu'il
faille négliger les moyens de faire tomber les
autres imprimeries jansénistes.

Je sens que le parti que je propose, est fait
pour déplaire au premier abord ; mais je demande qu'on daigne y méditer.

Je conviens aussi que de pareils moyens
doivent répugner, parce qu'ils paraissent
partir d'une vue de faiblesse peu convenable
pour l'autorité royale : aussi ne doivent-ils
pas être employés publiquement, pas même
au nom de M. le Chancelier ; ce n'est que le
dépositaire de son autorité qui peut faire,
avec les Jansénistes, les espèces de transac-
tions dont nous venons de parler, et au fond
c'est ce que fait tous les jours la Police sur
mille objets différens, nommément sur les
jeux publics et sur les maisons de prostitu-
tion, abus qu'on tolère parce qu'on ne peut
pas absolument les empêcher, et que, par la
tolérance, on les contient et on les éclaire. Je

ne crois pas que les Jansénistes fussent flattés de la comparaison.

Ce qui me détermine à proposer sur les livres jansénistes le parti de la tolérance, est donc l'impossibilité d'en prendre un autre. On se plaint de la Police, qui laisse paraître toutes sortes de livres, et on ne songe pas que, dans tous les tems, le même abus a régné; que ce sont les troubles qui ont amené la licence des écrits, et non les écrits qui ont causé les troubles, puisqu'avant l'art de l'*Imprimerie*, et dans le tems que personne ne savait lire en France, il y avait au moins autant de troubles, de mécontentemens, et plus de révoltes et de guerres civiles.

Dès qu'il y a eu quelque fermentation dans les esprits, on a écrit contre le Gouvernement, et souvent on a débité des satyres sanglantes, et soutenu des maximes dont les Auteurs méritaient le dernier supplice. Les recueils des pièces imprimées dans le tems de la Ligue et lors des guerres de Religion en sont des monumens authentiques.

Le cardinal de Richelieu, qui faisait tout trembler, s'est vu attaquer personnellement dans des libelles. Il en a été furieux. Il a fait punir sévérement les Auteurs quand il a pu les connaître, et n'a pas empêché qu'il n'en parût de nouveaux. Peu après son ministère, on a vu paraître cette nuée de pièces satyriques, auxquelles on a donné le nom générique de *Mazarinades*.

Depuis la majorité de Louis XIV, on a imprimé à Paris les *Lettres provinciales*, que certainement personne n'aurait osé tolérer sous le Prince le plus ennemi de ces sortes d'ouvrages et le mieux obéi, et dans le tems où la police était le plus exactement observée.

Dans ce règne-ci, nous avons été inondés de brochures sous la Régence et lors des affaires du Parlement et du Clergé en 1731, 1732 et 1733. On se souvient de l'inutilité des efforts de M. Hérault, qui était certainement de bonne foi, pour empêcher les *Nouvelles ecclésiastiques*, et dans le même tems le *Judicium Francorum* a paru sans que les Auteurs aient été découverts ni punis.

La mode de ces libelles est revenue depuis quelques années, et il ne faut pas s'en étonner. Si on n'a que de la rigueur à y opposer, elle sera inutile. Il n'y a encore eu aucun ministère qui ait pu contenir les Auteurs ni se rendre maître de la presse, et cela devient tous les jours plus difficile dans un siècle où tout le monde, jusqu'aux paysans, sait lire, et où chacun se pique de savoir penser.

Il faut donc recourir à des voies plus douces, et n'user de l'autorité qu'avec précaution. Il faut opter entre les différens inconvéniens, et n'opposer de résistance qu'à ceux auxquels il est nécessaire et possible de remédier.

Je conviens de tout le mal que peuvent faire les livres de parti; je passe qu'il soit nécessaire de les arrêter; mais cela n'est pas possible au moins quant à présent.

Au reste, tout dépend de cette impossibilité, et sur cela il faut encore consulter le Lieutenant de Police. S'il a des moyens que n'aient pas eus ses prédécesseurs pour découvrir l'imprimerie de la *Gazette ecclésiastique* et les autres imprimeries clandestines, qu'il les emploie; mais si ses recherches sont inutiles, si l'autorité qu'il a dans Paris n'est pas suffisante, il faut en revenir à ce que j'ai proposé.

RÉCAPITULATION DE CE MÉMOIRE.

· *Trois principes d'Administration.*

1º. Restreindre l'objet de la censure à ce qui intéresse la *Religion*, les *Mœurs* et l'*Autorité souveraine*.

Par-là il ne peut rester rien d'arbitraire entre les mains du Censeur. Si le livre a trait à la *Religion*, il doit en avertir pour qu'on le fasse passer sous les yeux d'un théologien, et les principes de celui-ci ne doivent être ni arbitraires ni incertains. S'il intéresse les *Mœurs*, il faut l'arrêter ; mais tout homme doué de la raison peut connaître avec certitude si un livre est obscène ou non.

S'il concerne l'*Autorité royale*, le Censeur doit le remettre au Magistrat chargé de ce détail, qui prendra les ordres de M. le Chancelier.

2º. Pour toutes les autres matières, et surtout pour les livres qui ont pour objet quelque partie du Gouvernement, comme la législation, la politique, l'art militaire, la finance, etc. se contenter de s'assurer du nom de l'Auteur, et laisser paraître l'ouvrage à ses risque, péril et fortune ; avoir la même attention pour ceux qui paraissent contenir des allusions, et d'ailleurs ne s'en prendre aux Censeurs de rien de ce qui se trouvera répréhensible à ces différens égards.

3°. Réserver au Gouvernement la voie de faire donner aux Censeurs des instructions particulières sur certaines matières, relativement aux circonstances, mais n'user de ce moyen que très-rarement et très-sobrement.

QUATRIÈME MÉMOIRE

SUR LA LIBRAIRIE.

Sur les Réglemens à faire pour empêcher l'impression, le commerce et l'introduction des livres défendus.

LE titre de ce Mémoire annonce qu'il a trois objets qui peuvent être discutés séparément. Il faut outre cela un réglement général, qui fixe les peines prononcées contre les délinquans. Les précautions de police qu'on prendra sur les trois objets, ne seront consignées que dans des Arrêts du Conseil et des Ordonnances d'Intendans ou du Lieutenant-Général de Police de Paris; mais les lois pénales ne peuvent être portées que dans une loi enregistrée, et dont l'exécution soit confiée au Parlement : c'est aussi ce qui a été observé même depuis l'évocation de 1723. Nous allons parler tout-à-l'heure des Déclarations de mai 1728 et d'avril 1757, rendues sur cette matière. Ces lois ont certainement besoin d'explication si on veut qu'elles soient exécutées, et ces explications ne peuvent être données que dans une autre Déclaration revêtue de la

même forme, et ayant la même authenticité.
Ainsi nous allons commencer par donner ce
projet de réglement, et nous passerons ensuite aux trois autres objets.

SECTION PREMIÈRE.

Sur les lois pénales.

Il y a eu dans tous les tems des lois sévères
contre les Auteurs, Imprimeurs, Distributeurs de libelles scandaleux, séditieux, diffamatoires, et elles n'ont jamais été exécutées.

En 1728, on a recueilli les dispositions
éparses dans les anciens réglemens, on en a
augmenté la rigueur, on a distingué différentes espèces de délits, on a assujětti les Imprimeurs à des formalités qui devaient rendre
la fraude plus difficile, et on n'y a pas réussi.

Enfin, en 1757, les Magistrats qui restèrent
au Parlement après la démission donnée par
leurs confrères, sentirent la nécessité de remédier à la licence des livres : de funestes
exemples leur avaient trop appris ce qu'on en
devait craindre ; leur intérêt personnel s'y
trouvait ; ils étaient continuellement déchirés
dans des brochures faites en faveur de ceux
qui s'étaient démis, et des exilés. Tous ces mo-

tifs réunis les engagèrent à demander au Roi un réglement propre à intimider les délin-quans; ils en donnèrent eux-mêmes le projet, qui fut agréé par le Roi, et c'est la Déclaration du 16 avril 1757, qui fut enregistrée au Parlement en l'absence de la plus grande partie des membres de cette Compagnie.

Il aurait été à desirer que les Rédacteurs de ce projet eussent bien voulu en conférer avec ceux qui étaient au fait de cette matière : on leur offrit des éclaircissemens qui auraient pu être utiles; mais l'esprit de méfiance qui régnait dans cette malheureuse année, ne permit de rien écouter. La Déclaration parut, et l'on se souvient de l'effet qu'elle produisit dans le public. La *peine de mort* pour un délit exprimé aussi vaguement que celui d'avoir composé des ouvrages tendans à *émouvoir les esprits* déplut à tout le monde et n'intimida personne, parce qu'on sentit qu'une loi si dure ne serait jamais exécutée.

On fut également surpris de la disposition rigoureuse de l'article 5, qui condamne à une forte amende les propriétaires et principaux locataires des maisons où il y a des imprimeries furtives, pour le seul fait de n'avoir pas dénoncé un délit qui pouvait s'être commis à leur insu. Ainsi cette Déclaration ne servit que de prétexte pour faire condamner quelques Libraires coupables d'avoir imprimé ou distribué des ouvrages que le Parlement jugea apparemment plus répréhensibles que les autres, et depuis elle a même été oubliée. Il est même très-douteux que le Corps entier du Parlement la regardât actuellement comme suffisamment enregistrée à cause des circonstances dans lesquelles elle l'a été.

Quoi qu'il en soit, ni cette Déclaration ni celle de 1728 ne me paraissent avoir rempli suffisamment l'objet qu'on s'était proposé. On a prédit, en voyant paraître celle de 1757, quel en serait l'effet, et on aurait pu faire la même prédiction sur celle de 1728.

La peine du carcan, du bannissement et des galères, portée dans la première de ces Déclarations, et la peine de mort, portée dans la seconde, n'ont jamais pu être réputées que comminatoires.

L'énonciation vague d'*écrits tendans à attaquer la Religion, à émouvoir les esprits, à donner atteinte à l'autorité du Roi et à troubler l'ordre et la tranquillité de ses États* comprend une infinité de cas différens, auxquels il faut appliquer des peines différentes.

La défense de composer ou d'imprimer de tels ouvrages est une émanation du droit naturel, et la peine qui paraît devoir s'ensuivre, ne peut être proportionnée qu'à la nature du délit. Cela posé, il y a tel cas où la peine de mort doit être infligée, et le serait quand il n'y aurait pas de loi expresse : il y en a aussi où le délit ne mérite que le blâme, et peut-être des peines encore moindres, et alors la peine de mort ne sera pas infligée malgré la loi.

Il a été remarqué, de tous les tems, que les lois d'une sévérité excessive tombent nécessairement dans l'inexécution et la désuétude.

Dans l'espèce présente, si on se croyait obligé à se conformer aux deux premiers articles de la Déclaration de 1757, cette rigueur, bien loin de servir à empêcher la fraude, ne servirait le plus souvent qu'à la rendre impunie.

1°. Les Officiers de Police, les dénonciateurs, etc. ne prêteraient qu'à regret leur ministère, qui, dans beaucoup de cas, serait réputé odieux.

2°. Les Juges ayant à prononcer sur un délit qui emporterait peine de mort, se rendraient beaucoup plus difficiles sur la qualité de la preuve qui leur serait administrée.

3°. Le fait de l'impression une fois prouvé, il resterait encore à constater que le livre est, ou séditieux, ou scandaleux, et pour peu que l'Auteur eût l'art de se voiler, ce qui n'est jamais difficile, on serait dans l'impossibilité de le trouver coupable.

Quand il est question de peines légères, on condamne un Auteur ou un Imprimeur, parce que sa mauvaise intention est manifeste; mais quand il est question de la mort, les Juges n'osent prononcer que sur des preuves plus claires que le jour. Or, y a-t-il une allégorie, quelque palpable qu'en soit l'application, sur laquelle on puisse asseoir une pareille condamnation? Nous tomberions dans le cas des Anglais, qui ont des lois très-sévères contre les libelles diffamatoires, et cependant chez qui tout est permis, pourvu qu'on ne nomme pas ceux dont on parle.

Il y a un principe sur les lois pénales, auquel les Législateurs n'ont pas toujours fait attention, et que je crois fondamental; c'est qu'il y a deux sortes de délits : les uns, qui sont délits par eux-mêmes, délits contre la loi naturelle, tel qu'est dans cette matière-ci le délit d'avoir composé ou débité des ouvrages scandaleux.

Les autres ne sont délits que parce que ce sont des contraventions à la loi : ce sont des actions innocentes en elles-mêmes, mais défendues :

fendues : telle est la contrebande, telle est l'infraction des réglemens de Police, tel est le délit de tenir une imprimerie clandestine ou d'imprimer sans permission. Les peines pour les délits du premier genre ne peuvent être fixées par aucune loi précise, parce que la faute peut être plus ou moins grave, et qu'il y a des degrés à l'infini. Ainsi on a très-mal fait de prononcer la peine de mort dans la Déclaration de 1757, parce que dans la plupart des cas elle serait manifestement injuste : on aurait aussi mal fait de l'exclure, parce qu'il peut y avoir des cas assez graves pour y donner lieu.

Mais les simples contraventions à la loi ne sont délits que parce que la loi les a constitués tels, et la même loi peut et doit en déterminer la peine. C'est aussi ce qui s'est ordinairement pratiqué dans les réglemens prohibitifs, comme dans les Édits et Déclarations donnés contre les contrebandiers, et dans beaucoup d'autres matières; mais il y a des occasions où les Législateurs ont perdu de vue ce principe, et nommément dans les réglemens de *Librairie* on a presque toujours cumulé le délit de ne s'être pas conformé aux réglemens, et celui qui résulte de la nature des livres; quelquefois même on a décerné des peines

H

arbitraires pour le délit constant, et des peines certaines pour celui qui varie suivant les circonstances : c'est ce qui se trouve nommément dans les articles 2, 3, 4 et 5 de la Déclaration de 1728, qui, à d'autres égards, contient des dispositions très-sages.

Pour ce qui est de la Déclaration de 1757, outre la trop grande sévérité des trois premiers articles, il paraît que les Rédacteurs, faute d'être assez instruits en cette matière, n'ont pas songé à plusieurs distinctions qui seront nécessaires quand on voudra faire une loi qui soit exécutée.

On doit admettre une grande différence entre celui qui tient une imprimerie frauduleuse, et celui qui imprime en fraude dans une imprimerie ordinaire : on en doit admettre aussi entre le Maître et les Garçons. Celui qui imprime ou fait imprimer un livre n'est pas non plus dans le même cas que le Libraire qui ne fait que le vendre ; enfin, on a eu tort de joindre les Colporteurs aux Libraires, parce que leur état est tout différent.

Celui qui tient une imprimerie clandestine est certainemeut le plus coupable de tous, parce que son délit suppose une longue préméditation. Ses Garçons et tous ceux qui l'aident dans son travail sont aussi très-punissables, et sont nécessairement ses complices, puisqu'ils ne peuvent ignorer qu'il est en fraude.

L'Imprimeur qui a qualité et une imprimerie ouverte est dans une espèce toute différente.

Il n'y a rien à imputer à ses Ouvriers : ce sont des manœuvres qui obéissent aveuglément à leur Maître ; ils le savent Imprimeur ; ils exécutent ce qu'il leur ordonne : il est impossible d'exiger davantage.

Pour le Maître Imprimeur, quoique très-coupable, il l'est moins que s'il avait une imprimerie cachée, 1°. parce qu'il y a moins de préméditation ; 2°. parce que son imprimerie est connue des Magistrats, qu'elle est sujète à la visite et ouverte à toutes les heures, et qu'en matière de police, comme en matière de contrebande, la peine du fraudeur doit être plus grave, à proportion de ce que la fraude est plus difficile à découvrir.

Le Libraire est moins punissable que l'Imprimeur : il est même bien difficile de dire qu'il le soit pour le seul fait d'avoir vendu un mauvais livre. Il faudrait lui prouver qu'il a su que ce livre était condamnable, et il est très-possible qu'il l'ait ignoré. Par exemple, il

peut avoir été induit en erreur par un Imprimeur qui l'ait assuré qu'il a obtenu une permission. Cela peut surtout arriver fréquem-
ment aux Libraires de province, à moins qu'on
ne les oblige à ne vendre d'autres livres que
ceux dont la permission est imprimée; ce qui
détruirait les *permissions tacites* (1), dont l'u-
sage est devenu nécessaire, et le commerce
des livres étrangers, dont les gens de lettres
ne peuvent se passer.

Les Colporteurs sont encore dans une espèce toute différente. Quand les Rédacteurs
de la Déclaration ont parlé des Colporteurs,
ils n'ont certainement pas eu en vue ces crieurs
d'arrêts ou de relations merveilleuses, qui
courent dans les rues avec une plaque de cui-
vre. Il est cependant bon de savoir qu'il n'y a
que ceux-là qui soient autorisés.

Les autres Marchands de livres qui ont accès dans les maisons, et qu'on connaît dans
Paris sous le nom de *Colporteurs*, sont tolérés pour la commodité du public, parce que
les Libraires doivent être cantonnés dans le
quartier de l'Université, aux termes des réglemens. C'est par le même motif qu'on to-

---

(1) On parlera des *permissions tacites* dans un Mémoire
particulier.

lère ces échopes où des gens sans qualité et sans aucune connaissance revendent tous les livres qu'on leur apporte. On tolère aussi dans les provinces d'autres Colporteurs qui courent dans les campagnes (1), arrivent dans les châteaux, étalent dans les marchés.

Tout cela est contraire aux réglemens. Si on voulait les remettre en vigueur, il faudrait en bien examiner les inconvéniens, il faudrait consulter les Administrateurs de chaque province sur les usages établis dans les différens lieux; et jusqu'à ce que cela soit fait, il n'est pas juste de prononcer une peine afflictive ou infamante, ni même une amende contre les Libraires qui auront obtenu *permission tacite*, ni contre ceux qui vendront des livres non permis, étant dans la bonne foi; ni contre les particuliers, Colporteurs ou autres qui feront le commerce de livres sans qualité de Libraires, en se conformant à l'usage des lieux où ils sont établis.

Il aurait donc fallu prévoir tous ces cas, et peser les termes de la Déclaration, de façon qu'il y fût pourvu au moins indirectement,

_____

(1) Nous discuterons dans la suite de ce Mémoire, le parti qu'il y a à prendre sur les *Colporteurs*, tant de Paris que des provinces.

en attendant qu'on fît un réglement précis sur chaque objet. Faute de prendre ces précautions, on a fait une loi dont l'application aurait été injuste, et qui par-là est tombée dans l'inexécution.

C'est d'après ces réflexions qu'il a été fait pendant l'année 1758 un autre projet de Déclaration, et l'Auteur de ce Mémoire le concerta avec les principaux chefs du Parlement. Ils demandèrent qu'il y fût fait quelques changemens; ce qui fut exécuté. Il est inutile de répéter les motifs de chaque article : ce qui vient d'être dit, l'explique suffisamment. D'ailleurs, il y en a une partie d'exposé dans le préambule. Ainsi nous n'avons rien de mieux à faire, que de donner ce projet tel qu'il avait été convenu.

Projet de Déclaration sur la Librairie, fait et concerté en 1758.

Louis, etc.

L'Imprimerie, *cet art si propre à étendre et à perpétuer les connaissances, est souvent devenue une occasion d'abus et une cause de scandale pour la licence qu'on s'est donnée de répandre par cette voie des ouvrages* contraires à la Religion, aux bonnes mœurs et à la tranquillité des États.

Nous avons senti, ainsi que nos prédécesseurs, la nécessité d'y remédier, et nous en avons cherché, à leur exemple, les moyens les plus efficaces.

Par l'examen que nous avons fait faire des Édits, Déclarations et Arrêts intervenus en cette matière, il nous a paru que les peines les plus graves ont été prononcées contre les délinquans; et bien loin que cette sévérité nous ait semblé excessive, nous ayons reconnu que ces dispositions ne sont que le renouvellement de lois plus anciennes, observées dans tous les pays et dans tous les tems, même avant l'invention de l'art de l'Imprimerie, en vertu desquelles tous Auteurs et distributeurs de libelles, vers et autres ouvrages scandaleux ou diffamatoires doivent subir une punition proportionnée à la nature du délit, et peuvent même mériter la peine de mort si leurs ouvrages contiennent des maximes impies, séditieuses ou tendantes à émouvoir les esprits jusqu'à porter leurs lecteurs à des actions criminelles.

Aussi ne s'est-on point renfermé dans ce seul objet. Ce n'était point assez de punir les abus : on a songé à les prévenir, soit en faisant défenses d'imprimer sans une permission expresse, qui n'est accordée qu'après un examen; soit en défendant l'art de l'Imprimerie et le commerce de la Librairie à tous autres qu'à des Imprimeurs ou Libraires, qui ne doivent être reçus qu'après qu'on s'est assuré, autant qu'on le peut, de leurs mœurs et de leur capacité; soit enfin en les soumettant à des visites, en les obligeant à déclarer le lieu où ils tiennent leur imprimerie et leurs magasins, et en les assujettissant encore à d'autres formalités propres à obvier aux différens genres de fraude qu'on a pu prévoir.

La sagesse de ces précautions ne nous ayant rien laissé à desirer, nous avons cru devoir leur assurer une pleine et entière exécution; mais il était nécessaire de recueillir préalablement les différentes dispositions, et de les réunir dans une seule loi qui rappelât, à quelques changemens près, ce qui est porté dans les anciens réglemens.

A CES CAUSES, etc. voulons et nous plaît ce qui suit :

ART. Ier. Défendons à toutes personnes, de quelque qualité et condition qu'elles soient, de tenir aucune imprimerie privée et clandestine, et à tous autres que les Maîtres Imprimeurs de tenir aucune imprimerie, à peine de trois mille francs d'amende et du carcan, et, en cas de récidive, des galères; lesquelles peines seront prononcées, tant contre ceux qui tiendront lesdites imprimeries, que contre les Protes, Compagnons et autres Ouvriers qui y auront travaillé, et en général contre tous ceux qui seront convaincus d'avoir contribué aux impressions qui y seront faites ou de les avoir favorisées; le tout sans préjudice de plus grandes peines, et même de la peine de mort, auxquelles les Auteurs, Imprimeurs et autres pourront être condamnés, suivant l'exigence des cas, et suivant la nature des ouvrages qu'ils auront imprimés ou fait imprimer.

II. Enjoignons à tous les Maîtres Imprimeurs de notre Royaume de se conformer aux dispositions des Édits, Déclarations et Arrêts ci-devant rendus, et en conséquence leur défendons d'imprimer ou faire imprimer aucuns ouvrages sans avoir obtenu permission, conformément aux réglemens et usages de la Librairie, à peine, contre lesdits Imprimeurs, de déchéance de leurs maîtrises pour le seul fait d'avoir imprimé sans permission, sans préjudice des peines plus con-

sidérables qui pourront être prononcées, suivant la nature des ouvrages, comme il a été
statué au premier article.

III. Défendons de faire le commerce de
livres à tous autres que les Libraires, Imprimeurs ou autres qui y sont ou seront autorisés, à peine de confiscation, de cinq cents
livres d'amende pour la première fois ; en
cas de récidive, de mille livres d'amende, et
pour la troisième fois du carcan. Pourront
en outre lesdits particuliers être condamnés
à de plus grandes peines, qui seront arbitrées
suivant les circonstances et suivant la nature
des livres qui font l'objet de leur commerce
illicite, ainsi qu'il a été statué pour les Imprimeurs dans les deux premiers articles.

IV. Défendons aux Libraires, Colporteurs
et autres personnes autorisées à faire le
commerce de Librairie, de débiter ou mettre en vente aucuns livres ou imprimés non
revêtus de la permission nécessaire, sous
peine de la déchéance de la maîtrise contre
les Libraires, et d'amende de cinq cents
livres contre les autres, sans préjudice de
plus grandes peines, suivant l'exigence des
cas et la nature des ouvrages, conformément
aux articles précédens; et dans le cas même
où lesdits Libraires, Colporteurs et autres

auraient acheté les livres ou imprimés sur
eux saisis de quelqu'un des Maîtres Imprimeurs de notre Royaume, voulons que les
peines ci-dessus mentionnées soient prononcées contre eux s'il paraît que l'achat n'ait
pas été fait de bonne foi; en sorte qu'en tous
cas de fraude, toutes personnes qui y auront
eu part soient punies suivant les circonstances, la nature des imprimés et la qualité
desdites personnes.

V. Enjoignons à nos Cours et autres nos
Juges de veiller exactement à l'exécution
des dispositions ci-dessus, et à celle des autres Édits et Réglemens intervenus sur la
même matière, lesquels nous voulons être
exécutés suivant leur forme et teneur, déro-
geant seulement auxdites Lois et Réglemens
en ce qui ne serait pas conforme à la présente Déclaration.

Les quatre premiers articles de cette Déclaration portent sur les mêmes objets que celles
de 1728 et de 1757.

Le cinquième article a été proposé par un
de Messieurs du Parlement. Son objet est de
rendre la Librairie un cas royal, c'est-à-dire,
d'en interdire la connaissance aux Juges sei-
gneuriaux : cela me paraît assez indifférent.

Il y a d'ailleurs, dans les deux anciennes Déclarations, quelques articles qui ne se trouvent point répétés dans celle-ci, et qui méritent qu'on en fasse mention.

L'article 10 de la Déclaration de 1728 porte que les peines des impressions frauduleuses seront prononcées également contre les Protes, Correcteurs et Compositeurs, c'est-à-dire, contre les Garçons de l'imprimerie.

J'ai établi sur cela une distinction : les Garçons qui travaillent dans une imprimerie clandestine méritent punition, parce qu'ils ne peuvent pas ignorer qu'ils sont en fraude ; mais ceux qui travaillent dans une imprimerie ouverte ne peuvent pas répondre de ce que leur Maître leur donne à imprimer.

On a bien senti que cela n'était pas juste quand on a rédigé la Déclaration de 1728 : aussi a-t-on ajouté un article onzième, par lequel les Imprimeurs sont tenus de transcrire leur privilége sur la copie d'après laquelle on imprime. Mais comment veut-on charger un Ouvrier inférieur, tel qu'un Garçon imprimeur, d'examiner si son Maître est en règle, et d'en répondre? On donne au Compositeur, et ensuite au Correcteur, les feuilles du livre les unes après les autres. Qu'est-ce qui pourrait leur constater que cette feuille fait partie du manuscrit sur lequel porte la permission.

En un mot, il est superflu d'entrer dans un plus grand détail sur la mécanique de l'impression et la distribution économique des différentes fonctions entre les différens Garçons. Il suffira d'assurer que quiconque aura passé une heure dans une imprimerie, verra clairement que les précautions prises par l'article 11 ne peuvent jamais être remplies : aussi cet article n'a-t-il jamais eu d'exécution, et c'est pour cela que nous n'en avons pas rappelé les dispositions.

Un objet plus important est l'article 12 de la même Déclaration, auquel correspondent les articles 5 et 6 de celle du 16 avril 1757. Ce sont ceux dans lesquels il est statué sur les propriétaires et principaux locataires des maisons dans lesquelles se trouveront les imprimeries clandestines.

La Déclaration de 1728 porte que ces propriétaires et principaux locataires seront responsables de l'amende, et cette disposition n'excita aucun murmure.

La Déclaration de 1757 porte que les mêmes particuliers seraient condamnés à une amende très-considérable pour n'avoir pas dénoncé à la Justice les imprimeries qui se tenaient chez eux, et on s'est récrié contre cette peine, qui a paru souverainement dure et injuste.

Il faut cependant convenir que ces deux dispositions produiront à peu près le même effet, attendu que le plus souvent un propriétaire qui aurait été obligé de payer l'amende, comme en étant responsable, aurait difficilement son recours contre le fraudeur, qui serait en fuite ou en prison.

Cependant celle de 1728 n'a point paru injuste, parce qu'il n'est point contre l'ordre de la justice ni contre le droit commun, qu'un propriétaire de maison soit responsable civilement des faits de ses locataires, comme les Fermiers-Généraux le sont des faits de leurs Commis; au lieu qu'il paraît contre toute justice de faire supporter une condamnation d'amende à un homme à qui on n'a d'autre reproche à faire, que de n'avoir pas dénoncé un fait qu'il peut avoir ignoré.

Aussi la dureté de l'énonciation de l'article 5 de la Déclaration de 1757 est principalement ce qui a fait paraître cet article odieux, et on aurait pu mettre une disposition équivalente, ou plutôt la renouveler sans exciter les mêmes cris.

Au fond, il peut être très-important de

rendre les propriétaires des maisons responsables de l'amende : c'est le seul moyen de
les obliger à veiller à la fraude, et même de
les empêcher de la favoriser indirectement.

Pour cela il faudrait renouveler la disposition de l'article 12 de la Déclaration de
1728, sans parler de celle de 1757. Nous n'en
avons fait aucune mention dans le projet ci-
dessus, parce que ce projet était concerté avec
Messieurs du Parlement, qui desiraient vivement qu'il ne fût aucunement question des
propriétaires et principaux locataires.

Mais si, dans cette occasion-ci, le Roi voulait réellement qu'on prît les moyens les plus
efficaces pour empêcher les imprimeries clandestines, il faudrait rappeler cet article 12,
et je ne crois pas que Messieurs du Parlement
pussent s'opposer à une disposition qui ne
serait que le renouvellement d'une loi déjà
reconnue d'eux et enregistrée chez eux, et
qui ce iendrait même un adoucissement à la
rigueur de la Déclaration de 1757, qui leur
déplaît, et qu'ils ne veulent pas reconnaître.

SECTION II.

Sur les Imprimeries.

Il est établi que le nombre des Imprimeurs

est fixé dans chaque ville du Royaume, et quand ces places sont vacantes elles ne sont données que par Arrêt du Conseil.

Cette règle est excellente : il faudrait seulement, dans l'exécution, avoir grande attention surtout aux facultés ou à l'aisance des sujets qu'on choisit. Cet objet ne paraît pas d'abord si important que les qualités personnelles; mais les informations qu'on prend sur les qualités personnelles sont toujours équivoques, au lieu que celles qu'on prend sur la fortune peuvent être plus certaines. Or, il est très-rare que la fraude se commette par un homme qui a une fortune à hasarder, et la déchéance de la maîtrise, qui est la peine ordinaire, est une très-grande punition pour ceux qui sont à portée de faire un commerce considérable.

En réduisant à un moindre nombre les places d'Imprimeurs, on a cru faire un grand bien, et quelques personnes pensent qu'il faudrait encore les réduire; par exemple, au lieu de trente-six Imprimeurs pour Paris, n'en avoir que trente.

Pour moi, je pense différemment; je crois toujours dangereux, pour toute espèce de commerce, de fixer le nombre de ceux à qui il est permis de l'exercer, parce que le Législateur

lateur ne sait jamais au juste l'étendue du commerce, et que les places qu'il donne, ne tombent pas toujours sur les sujets qui y sont les plus propres. Ainsi, ce qu'il y aurait de plus avantageux pour l'*imprimerie*, en ne la regardant que du côté du commerce, serait de la laisser libre.

En la regardant du côté de la police, on trouve qu'il vaut mieux avoir un moindre nombre d'Imprimeurs, et on donne deux raisons : l'une est qu'étant suffisamment occupés au travail permis, ils n'ont aucun attrait à la fraude ; l'autre est qu'il est plus facile de veiller à leur conduite.

Je n'adopte pas la première raison, parce qu'il faudrait pour cela que le Gouvernement prévît au juste combien le courant actuel de l'*imprimerie* peut employer de monde. On n'a jamais sur cela d'évaluation juste ; et quand on en aurait pour le moment présent, ce ne serait plus la même chose dans dix ans. D'ailleurs, chaque Imprimeur pouvant avoir autant de presses et autant de Garçons qu'il voudra, la précaution est absolument inutile.

La seconde raison me touche davantage ; mais je ne sais si on en a fait une application bien juste. On a restreint le nombre des Imprimeurs dans des villes considérables : je crois qu'il aurait mieux valu les ôter tout-à-fait des petites villes.

Il y a trente-six Imprimeurs à Paris, et un à Senlis. J'aimerais mieux qu'il y en eût quarante à Paris et aucun à Senlis, parce que la police exacte qu'on peut faire dans Paris servira à veiller à la conduite de quarante Imprimeurs aussi aisément qu'à celle de trente-six, au lieu qu'il n'y a personne à Senlis de qui on puisse espérer beaucoup d'attention sur cet objet.

Il faut observer à cette occasion, que, dans l'ordre judiciaire du Royaume, tel qu'il est établi, la justice peut se rendre bien partout, mais la police ne peut jamais être faite avec soin que dans les villes où il y a des Intendans, parce que la police demande une vigilance et une sévérité qu'on ne peut pas attendre d'un Juge qui n'a rien à craindre ni à espérer du Gouvernement, et pour qui au contraire il est très-important de ne pas se faire de querelles avec ses compatriotes, de qui il attend tout l'agrément de sa vie et toute sa considération. De plus, la police demande aussi des vues supérieures et générales qu'on n'a jamais sans être en relation directe avec le ministère, et une autorité pour la promptitude de l'exécution, qui n'est confiée qu'aux Intendans.

Pour revenir à notre objet, je crois donc que le principe devrait être de retrancher, autant qu'on pourra, les Imprimeurs des petites villes, et de se faire moins de peine d'en augmenter le nombre dans les chefs-lieux des Généralités. Par exemple, il y a un Imprimeur à Auxerre, de la boutique de qui on sait qu'il est sorti un grand nombre de livres jansénistes. A la mort du dernier Évêque d'Auxerre, qui le protégeait, cet Imprimeur eut peur, et vint faire sa confession. Si on n'était pas lié par la loi qu'on s'est prescrite, j'aurais été d'avis qu'on supprimât l'imprimerie d'Auxerre, et qu'on lui permît de s'établir comme trente-septième Imprimeur à Paris. Il aurait regardé cet arrangement comme une fortune pour lui, et il aurait été bien plus aisé de le contenir.

Au reste, je ne propose pas de faire une pareille suppression par une loi générale : le commerce ne peut pas être mené par des secousses si violentes. Je ne propose pas même de faire jamais la suppression entière. Il y a des villes assez considérables pour qu'on y ait besoin d'un Imprimeur, quoiqu'elles ne soient point la résidence d'un Intendant ; je dis seulement qu'il faut profiter des circonstances pour ôter aux petites villes leurs Imprimeurs quand l'occasion s'en présentera. Par exem-

ple, il arrive souvent qu'une de ces imprimeries de province tombe faute d'être employée ; je crois qu'alors il faudrait faciliter
à l'Imprimeur un établissement plus utile ailleurs, et supprimer l'imprimerie. Quand la
ville, et surtout l'Évêque, qui est ordinairement le protecteur de l'Imprimeur, viendraient à se plaindre, on serait fondé à leur
répondre qu'on ne leur a réellement rien ôté,
puisque l'Imprimeur existant ne travaillait
point, et que, quand ils avaient quelque chose
à imprimer, ils recouraient à celui d'une autre
ville.

Au reste, la distinction que nous avons
établie entre les chefs-lieux des Généralités et
les autres villes, va nous mener à d'autres
réflexions ; mais avant de les présenter, il est
bon d'observer qu'il y a des villes qui n'ont
point d'Intendant, et qui cependant sont tellement considérables, qu'il faut les régir par
les mêmes principes que celles où il y a un
Intendant : telles sont Toulouse et Douay,
villes de Parlement. Toulouse entre autres est
peut-être, après Paris, la ville où on imprime
le plus. Il y en a peut-être d'autres qui sont
dans le même cas, et on ne peut le savoir
qu'après avoir consulté les Intendans de chaque Généralité. Or, je pense que, dans cha-

cune de ces villes, il faut que M. le Chancelier charge quelque Magistrat de l'administration ou inspection de la *Librairie* pour y remplir les fonctions que nous dirons dans la suite, qui doivent être confiées aux Intendans dans les villes où il y en a. Ces Inspecteurs de *Librairie* ne sont point un établissement nouveau : il y en avait dans toutes les villes, et cela ne subsiste plus que pour Rouen, où cette fonction a été donnée au premier Président du Parlement, et continuée à ses successeurs.

Je crois que deux raisons ont fait tomber ces Inspecteurs.

Premiérement, leur fonction et leur autorité n'ont jamais été déterminées; au moins je n'en ai rien vu dans aucun réglement, et je n'ai même rien trouvé nulle part de vestiges de lettres circulaires écrites à leur sujet.

Secondement, ils étaient inutiles dans les villes où il y a un Intendant, parce que leurs fonctions ne pouvaient être que celles que l'Intendant doit avoir. Je suis même persuadé que les Intendans, à qui ces Inspecteurs déplaisaient, les traversaient en toutes les occasions ; et comme c'est en eux que réside tout le reste de l'autorité, cela leur était fort aisé.

Ainsi en proposant le rétablissement des

Inspecteurs, je ne le propose que pour les grandes villes où il n'y a point d'Intendant. Si on veut choisir un Magistrat principal de ces villes, je ne m'y oppose point, pourvu que ce soit à sa personne et non à sa charge que l'administration soit attachée (1). D'ailleurs, je crois qu'il faut en déterminer les fonctions, et c'est ce que je vais faire dans la suite de ce Mémoire.

J'ai fait connaître la difficulté d'empêcher les abus des imprimeries des petites villes où il n'y a personne chargé de veiller, à un certain point, à la police. On me dira que ce n'est point là que se commet le plus de fraude, et que c'est de Paris, de Lyon et surtout de Rouen qu'est sortie la plus grande quantité

---

(1) D'après mes principes, l'établissement fait à Rouen est vicieux parce qu'il y a un Intendant dans la ville, et parce que l'inspection est réunie à la première présidence. Il n'y a aucun inconvénient dans le moment présent, par des raisons particulières et personnelles, qui sont que M. de Miromesnil, premier Président actuel, s'y porte avec tout le zèle et toute la bonne foi possibles, et que M. de Brou, Intendant, marche de concert avec lui, et n'est aucunement jaloux de cette portion d'autorité ; mais dans d'autres tems et avec d'autres personnes, cela peut avoir des inconvéniens, et cela en a déjà eu dans la ville de Rouen même.

de mauvais livres. J'en conviens ; mais j'ai
déjà dit bien des fois qu'on n'avait jamais tenu
la main à la police de la *Librairie*. J'en ai
exposé les raisons ; j'en ai proposé les remèdes (1). Or, si on les emploie, les fraudeurs
se réfugieront dans les petites villes, où jusqu'à présent il a été difficile de les suivre.
Ainsi il faut nécessairement pourvoir à cet
abus futur si on veut obvier efficacement à
l'abus présent.

Sur cela je propose d'obliger les Imprimeurs
des petites villes à avoir un registre de leur
commerce, aussi exact et dans la même forme
que celui des Marchands ; de le faire parapher
par le Subdélégué de l'Intendant ; d'y inscrire
exactement le nombre de presses battantes
qu'ils ont, et le nombre et le nom des Ouvriers qu'ils emploient ; d'y marquer aussi,
jour par jour, l'ouvrage qu'ils font faire, et
d'envoyer tous les ans ce registre à l'Intendant
de la province.

---

(1) Rien n'empêche un Intendant qui ne peut point
veiller lui-même à cette administration, et qui a dans
sa ville quelqu'un de propre à en être chargé, de la lui
confier ; mais il faut que ce soit de l'Intendant que cet
Inspecteur tienne sa mission, sans quoi on aurait une
autorité partagée, qui ne produit jamais que du désordre.

Il y a quelques années que je proposai à des Libraires de Paris d'établir cette règle générale. Ils me firent des objections auxquelles je n'eus point de réponse. Ils m'observèrent que le courant de l'*imprimerie* de Paris est si considérable et si variable, qu'un Imprimeur n'a quelquefois que quatre Ouvriers le matin, et en aura vingt l'après-dînée. D'ailleurs, on imprime continuellement des avis, des affiches, des invitations, et mille autres misères dont il ne serait pas possible de charger un registre. Y obliger les Imprimeurs serait leur imposer un travail considérable et inutile ; puisque ce registre deviendrait si étendu et si confus, qu'on n'en pourrait tirer aucune utilité pour la poursuite de la fraude.

Tout cela est vrai pour Paris, et peut l'être aussi pour les villes principales, qui sont précisément celles dans lesquelles il y a un Intendant, ou dans lesquelles je propose d'établir un Inspecteur.

Mais dans les petites villes il n'y a qu'un ou deux Imprimeurs tout au plus, et ils ne peuvent avoir des Ouvriers qu'à l'année, et non à la journée, parce qu'on ne peut pas prendre un manœuvre pour Garçon imprimeur ; il faut que ce soit un homme du métier, et par conséquent qu'il ne fasse que cela

A Paris, ces Garçons imprimeurs vont d'une boutique à l'autre ; mais dans une petite ville il faut bien qu'ils restent dans la même boutique à demeure. D'ailleurs, il n'y a pas non plus dans ces villes une si grande quantité de travail, qu'ils ne puissent en faire mention sur leurs registres.

Or, cette formalité étant établie, il me paraît qu'elle mettra au moins des obstacles à la fraude, et donnera des facilités pour la découvrir. Si le fraudeur expose fidellement le nombre de ses Ouvriers et de ses presses, et qu'il dissimule une partie de l'ouvrage qu'il a fait, l'Intendant, en consultant quelque Libraire de confiance, pourra aisément connaître qu'on l'a trompé, puisque le nombre d'Ouvriers et de presses devait produire plus de travail. Si au contraire c'est sur le nombre des presses et des Garçons que porte l'erreur, il est aisé de le convaincre de fausseté, parce qu'il ne peut pas employer des Ouvriers sans qu'on le sache.

Je sais bien qu'il y aura encore des moyens de frauder, surtout pour les brochures d'une petite étendue, et je ne donne pas le moyen que je propose comme meilleur qu'il n'est. Je me contente de croire qu'il servira toujours à gêner la fraude et à obliger le fraudeur de multiplier les finesses et les faussetés ; ce qui multipliera les moyens de le découvrir.

Pour les villes dans lesquelles le commerce de l'*imprimerie* est trop actif, et le nombre des Imprimeurs trop grand pour exiger de pareils registres, on peut recourir à d'autres précautions. Il me paraît, par exemple, que dans Paris on pourrait avoir une liste de tous les Garçons imprimeurs, soit Protes, Correcteurs, Compositeurs et autres, qui sont employés dans les différentes imprimeries. On mettrait sur cette liste, sans frais, le nom et le signalement de tous ceux qui seraient présentés par un Maître Imprimeur pour être reçus Garçons. Ceux qui ont déjà été reçus seraient obligés de se faire inscrire de nouveau tous les ans au mois de janvier, et il serait défendu aux Maîtres Imprimeurs, à peine d'amende, de se servir d'autres Ouvriers que de ceux qui seraient employés sur cette liste. Pour s'assurer que cette défense serait exécutée, on donnerait à chacun de ces Ouvriers une permission contenant son nom, son signalement et le numéro sous lequel il est inscrit dans le registre. Cette permission serait signée du Syndic de la *Librairie* ou d'une autre personne commise à cet effet.

Par ce moyen, les Officiers de la Chambre

syndicale ou ceux de la Police pourraient aisément, lorsqu'ils font leurs visites dans les
imprimeries, exiger de tous les Ouvriers de
montrer leur permission. J'ai dit que le signalement devait y être, parce que sans cela
un Ouvrier reçu qui quitte Paris ou qui va
travailler dans des imprimeries clandestines,
donnerait sa permission à un autre, qui tra-
vaillerait sous son nom; au lieu qu'en exigeant le signalement, cette fraude est impossible, et par le même moyen le Lieutenant de
Police pourra voir chaque année quels sont
les Ouvriers imprimeurs de l'année précédente
qui manquent; il pourra s'informer de ceux
qui sont morts et de ceux qui ont pris un autre métier, ou qui ont passé dans les provinces pour y exercer leur profession, et il lui
sera aisé de faire suivre les autres. Il pourra
aussi savoir si ceux qui sont sur sa liste, sont
réellement employés par les Maîtres Imprimeurs, et ces recherches le mèneront infailli-
blement à la découverte des imprimeries clandestines qu'on voudrait établir. En effet, j'ai
déjà observé qu'on ne peut faire un pareil
établissement sans y employer des gens du
métier. Ainsi celles qui existent actuellement
pourront subsister, parce que les Ouvriers
qui y sont, n'iront pas se faire inscrire sur la

liste, et qu'ils formeront des élèves; mais en éteignant ou diminuant beaucoup celles qui existent, et en se procurant par la suite un état exact des Ouvriers, on empêchera qu'il ne s'en forme de nouvelles à l'avenir, ou au moins on y mettra de grands obstacles. Or, cette formalité à laquelle je propose d'assujettir les Garçons imprimeurs n'est pas fort gênante, puisqu'elle consiste à se présenter une fois par an à un bureau qui leur sera indiqué, et à garder par-devers eux le morceau de papier ou de parchemin qui leur sera donné. De la part des Maîtres Imprimeurs, il n'y aura d'autre peine que d'exiger des Garçons qui viendront demander de l'ouvrage, de montrer leurs permissions, et de la part du Syndic ou des Officiers de Police tout se réduira à faire, dans le mois de janvier, un registre contenant au plus six cents noms avec les signalemens, et à transcrire chaque nom et chaque signalement sur un papier tout imprimé, qui contiendra l'énoncé de la permission, et qu'ils signeront. Au reste, sur ce réglement, comme sur celui des registres pour les Imprimeurs des petites villes, il faudrait consulter le Lieutenant de Police de Paris et les principaux Imprimeurs pour savoir s'ils ne rencontrent pas trop de difficultés dans l'exécution.

Ce n'est ici qu'un projet que je donne, et qui mérite d'être discuté ; il peut seulement servir à faire connaître qu'il y a encore des précautions de police à prendre contre les imprimeries clandestines.

Il est inutile d'observer que si ce réglement-ci peut avoir lieu pour Paris, il sera, à plus forte raison, très-aisé de l'exécuter dans les villes où il y aura un Intendant ou un Inspecteur de *Librairie*, qui feront à cet égard les fonctions du Lieutenant de Police de Paris.

Comme l'objet de ce Mémoire n'est pas seulement de proposer de nouveaux réglemens, mais aussi de faire connaître ceux qui existent, et en général d'exposer ce qu'il peut être utile de savoir sur cette matière, il n'est pas hors de propos de remarquer ici qu'il y a d'autres précautions très-sages établies par les réglemens, dont plusieurs sont exécutées : telle est la règle de ne tenir une imprimerie que dans un seul endroit qui est connu des Officiers de la Chambre syndicale et de ceux de la Police, et qui doit être annoncé au public par un écriteau mis sur la porte. (Voyez le *Réglement de* 1723, *art.* 14, et la *Déclaration de* 1728, *art.* 7.) Cette imprimerie est sujète à la visite des Syndic et Adjoints ou des

Officiers de Police, et on ne peut, dans aucun cas, leur en refuser l'entrée (voyez le *Réglement de* 1723, *articles* 85 *et* 86); et pour faciliter la découverte de la fraude, il est ordonné que, pendant le tems du travail, l'imprimerie ne sera fermée qu'à un simple loquet. (Voyez la *Déclaration de* 1728, *art.* 7.) Il est aussi défendu d'avoir dans les lieux où se tiennent les imprimeries, aucune porte de derrière, par laquelle on puisse faire sortir clandestinement aucun imprimé. (Voyez la *Déclaration de* 1728, *art.* 7.) De plus, les presses et autres ustensiles d'imprimerie ne peuvent être vendus qu'à un Imprimeur, et qu'en présence des Syndic et Adjoints, qui en font mention sur un registre; et en cas de mort d'un Imprimeur, les Syndic et Adjoints s'emparent des presses, ou s'en assurent en faisant porter les vis à la Chambre syndicale. (Voyez l'*Édit de* 1686, *art.* 9, et le *Réglement de* 1723, *art.* 122 *et* 123.) Il est pareillement défendu aux Maîtres Imprimeurs de donner, prêter ou se dessaisir en aucune façon de ces presses et instrumens, et à cet effet il leur est ordonné de mettre leur nom sur les presses et casses. (Voyez le *Réglement de* 1723, *art.* 102.) Il faut observer que ces articles de réglemens concernant les presses et

outils d'imprimerie ne s'exécutent que dans
Paris, parce que l'exécution en est remise aux
Chambres syndicales, et qu'il n'y en a que
dans peu de villes ; mais on pourra les faire
exécuter dans les grandes villes, en en char-
geant les Intendans et Inspecteurs de *Librairie*, et dans les petites villes la nécessité du
registre, où le nombre des presses sera men-
tionné, donnera à l'Intendant une grande facilité pour y veiller, soit par son Subdélégué,
soit par telle autre personne qu'il choisira.

Enfin, il est défendu par l'article 8 de la
Déclaration de 1728, d'employer dans l'imprimerie des rouleaux au lieu de presses. La
raison de cette prohibition est que l'imprimerie avec des rouleaux se fait sans bruit, et
par-là facilite la fraude. D'ailleurs, cette précaution ne gêne point le commerce légitime,
attendu qu'il est plus facile, plus court et
moins dispendieux d'imprimer à la presse ;
ainsi le rouleau ne peut servir qu'à ceux qui
ont intention de frauder.

A ces précautions il faut joindre celle que
nous avons d'abord annoncée, qui est de ne
faire remplir les places d'Imprimeur que par
ceux qui sont nommés par Arrêt du Conseil. On n'admet à cette règle qu'une seule
exception, et c'est en faveur des veuves qui

succèdent de droit à leurs maris. Pour les fils, sans succéder de droit, on leur donne presque toujours la place de leurs pères, et il serait injuste que cela fût autrement. Mais la nécessité pour le fils d'obtenir un Arrêt du Conseil sert toujours à le contenir; et si c'était un mauvais sujet, on ne le nommerait pas.

On n'aurait peut-être pas dû donner ce privilége à la veuve comme un droit, et je pense qu'il aurait suffi de déclarer les veuves propres, malgré leur sexe, à occuper une place d'Imprimeur. D'après cela le Conseil aurait donné à une veuve la place de son mari quand réellement elle a conduit sa boutique ou qu'elle est capable de la conduire ; mais, le droit qui est donné aux veuves de succéder sans aucune formalité, est le plus souvent très-abusif. L'intention des réglemens est de n'avoir pour Imprimeurs que des gens connus, solvables, et retenus continuellement par la crainte de perdre leur état. Or, le droit des veuves y est absolument contraire, parce qu'une femme, entièrement incapable de diriger par elle-même une imprimerie, loue son droit à un aventurier ou à un mauvais sujet, qui exerce sous son nom sans qu'on puisse l'en empêcher.

Ce privilége des veuves a été établi en considération

sidération de celles qui réellement tiennent la
boutique, et qu'il serait fâcheux de priver de
leur état. D'ailleurs, comme on ne donne
point ordinairement de place d'Imprimeur aux
femmes, on n'a pas imaginé de les admettre
à concourir, comme le fils, pour obtenir la
place vacante. Cependant cela aurait été plus
simple; et de ce que quelques veuves sont
propres à remplir la place de leurs maris, et
y ont plus de droit que des étrangers, on n'aurait pas dû conclure que toutes les veuves
indistinctement seront pourvues d'une place
que le Gouvernement ne veut donner qu'à
ceux qu'il croit dignes de confiance. Après
tout, le droit de la veuve ne me paraît pas
plus sacré que celui du fils. Si un fils est depuis vingt ans dans la boutique de son père,
et que, pendant tout ce tems, il ait dirigé son
commerce avec intelligence et sans reproche,
il ne peut cependant être admis à succéder à
son père que par un Arrêt du Conseil. Il est
vrai que, dans le cas que je viens de dire,
cet Arrêt ne lui est jamais refusé; mais il est
toujours obligé de l'obtenir. Il en serait de
même de la veuve, et je n'y vois pas d'inconvénient.

Il y a encore un réglement sur les Imprimeurs, qui servirait beaucoup à empêcher la

K

fraude s'il était bien exécuté, et s'il pouvait l'être ; c'est qu'ils sont obligés d'avoir un certain nombre de presses et d'autres ustensiles d'imprimerie, et que s'ils sont deux années sans avoir ce train d'imprimerie complet, ils sont tenus de renoncer à leur place. (Voyez le *Réglement de* 1723, *art.* 51, 53, 54 *et* 87.) L'intention a sûrement été, en rédigeant ces articles, de n'avoir pour Imprimeurs que des gens qui eussent un certain commerce et quelque chose à perdre. Mais pour remplir cet objet, il aurait fallu aller plus loin, et exiger non-seulement qu'ils eussent un certain nombre de presses et de caractères, mais encore qu'ils les employassent.

Au reste, ce réglement ne sera jamais exécuté que dans le cas où un Imprimeur aurait réellement et de fait renoncé à son état, auquel cas il serait bon d'exiger de lui une renonciation en forme pour qu'il ne puisse pas prêter son nom à un autre. Mais quand les presses d'un misérable Imprimeur auront été usées, cassées ou détruites par laps de tems, et qu'il ne sera pas assez riche pour en avoir d'autres, on n'aura jamais la dureté de lui ôter son état, qui est sa seule ressource pour subsister.

S'il est question de donner une place d'Imprimeur, il faut avoir grande attention de choisir des gens assez aisés pour qu'ils craignent de s'exposer à la peine de la contravention. Mais quand un homme a un état, on ne l'en dépouillera jamais par la seule raison de sa pauvreté. D'ailleurs, si on entrait dans ce détail, il se trouverait peut-être que les quatre presses qui sont exigées, forment un établissement beaucoup plus considérable que celui que peut avoir l'Imprimeur d'une petite ville.

SECTION III.

Sur le Débit.

1°. Il est défendu par tous les réglemens anciens et modernes, de faire le commerce de mauvais livres. (*Réglem. de* 1723, *art.* 119, et *Réglemens antérieurs.* Voyez *etiam Déclarations de* 1728 *et de* 1757.)

2°. Il est même défendu de vendre ni débiter ceux dont la permission n'a pas été accordée. (Voyez quelques articles épars dans le *Réglement de* 1723, qu'on pourrait rapprocher, et d'ailleurs les dispositions expresses des *Déclarations de* 1728 *et de* 1757.)

3°. Pour qu'on sache si elle est accordée ou

K 2

non, il est ordonné que cette permission sera imprimée au commencement ou à la fin des livres, et que le nom de l'Imprimeur et celui du Libraire y seront pareillement ; et il y a des peines contre ceux qui mettraient un nom supposé. (Voyez *Réglement de* 1723, *articles* 103, 104 *et* 105 ; voyez *même Réglement, articles* 9, 10 *et* 11.)

4°. Pour s'assurer de l'exécution des réglemens, il est défendu de faire le commerce de livres à tous autres qu'aux Libraires. (Voyez le *Réglem. de* 1723, *art.* 4.) Quant à celui de livrets ou feuilles imprimées, il n'est permis qu'avec des restrictions aux Merciers, Porte-Balles et Colporteurs. (Voyez sur les Porte-Balles, *art.* 5 ; sur les Colporteurs, *art.* 72.) Les Libraires forains sont aussi assujettis à des formalités, et ne doivent vendre leurs livres dans Paris qu'aux Libraires de Paris. (Voyez, sur les Libraires forains, *Réglem. de* 1723, *art.* 75, 76, 77.)

5°. Les Libraires et Colporteurs sont reçus suivant de certaines formalités, et après un examen. (Voyez, sur les Libraires, le *Régl. de* 1723, *art.* 43, 44, 45, 46, 47, 48, et les *Réglemens antérieurs* ; sur les Colporteurs, voyez le *même Réglement, art.* 69, 70, 71, 72, 73, 74.) Les Libraires doivent avoir été

Apprentis pendant un certain tems. (Voyez *art*. 43.) Il y a aussi des formalités sur l'apprentissage. (Voyez le *Réglem. de* 1723, *art.* 20, 21, 22, 23, 24, 25, 26, 27.) Enfin, pour diminuer le nombre des Libraires, il a été rendu des Arrêts du Conseil, qui défendent d'admettre personne à l'apprentissage dans la ville de Paris. Ces Arrêts ne sont que pour un certain tems; mais ils ont été renouvelés jusqu'à présent.

6°. Les Libraires ne doivent avoir qu'une boutique où ils vendent; ils doivent mettre un écriteau sur leurs portes, et il leur est défendu d'avoir aucun étalage ou boutique portative sur les quais et ailleurs. (Voyez le *Réglem. de* 1723, *art*. 15.) Il leur est seulement permis d'avoir des magasins, dans lesquels ils gardent des amas trop considérables de livres pour les tenir dans leurs boutiques; mais le magasin ne peut pas être le lieu où se fait le commerce. (Voyez le *Réglement de* 1723, *art*. 13.) Ces magasins, ainsi que les boutiques, doivent être déclarés aux Syndic et Adjoints de la *Librairie* et de la Police, qui y peuvent faire des visites à toutes les heures, même quand les magasins sont dans des colléges ou maisons religieuses, en remplissant quelques formalités. (Voyez le *Réglement de*

1723, *art.* 13, 85 *et* 86.) Et pour faciliter les visites, les Libraires de Paris doivent demeurer tous dans une certaine enceinte, qu'on appelle *le Quartier de l'Université.* (Voyez *le Réglement de* 1723, *art.* 12 *et* 13.)

Voilà à peu près quelle est la teneur des réglemens sur le commerce des livres. Il y en a d'exécutés; il y en a qui ne le sont pas, et il y en a qui ne peuvent pas l'être. Il faut les examiner séparément.

Mais avant de procéder à cet examen, il y a une observation générale à faire : c'est que le réglement de 1723, qu'on appelle le *Code de la Librairie,* et dans lequel réellement tous les anciens réglemens ont été réunis, ce réglement, dis-je, n'a été fait que pour la seule ville de Paris. On a senti depuis la nécessité d'en avoir un général pour le Royaume; on y a travaillé, et ce travail n'a pas été achevé; mais en attendant on a ordonné, par un Arrêt du Conseil du 24 mars 1744, que, par provision, le réglement de 1723 serait exécuté par tout le Royaume : on a enjoint aux Lieutenans de Police des différens ressorts de s'y conformer, et aux Intendans d'y tenir la main.

Or, ce réglement étant fait, dans son origine, pour Paris, ne peut à beaucoup d'é-

gards être exécuté que dans Paris ; c'est à quoi
on n'a pas fait assez d'attention.

Par exemple, presque toutes les précautions prises dans ce réglement dépendent des
Syndic et Adjoints de la *Librairie*, à qui la
manutention en est confiée. Or, il n'y a que
très-peu de villes dans lesquelles il y ait une
Chambre syndicale ; et dans lesquelles il puisse
y en avoir. Nous parlerons ailleurs de l'abus
de l'autorité confiée aux Officiers de ces Chambres : pour le présent, il nous suffit de faire
connaître, par cet exemple, que le réglement
de 1723 n'est le plus souvent aucunement applicable aux provinces, et que par-là presque
tout le Royaume manque de lois nécessaires
pour une police si importante. Entrons à présent dans le détail des articles de réglement
que nous avons annoncés.

La défense de débiter de mauvais livres ne
peut jamais être portée qu'en termes vagues,
parce qu'un Libraire peut raisonnablement
s'excuser sur son ignorance, et qu'il n'est pas
possible qu'il connaisse par lui-même les livres
qui sont l'objet de son commerce. Il ne peut
donc être condamné pour ce délit, qu'autant
qu'il paraîtra, par les circonstances, qu'il l'a
commis à son escient. C'est d'après ce principe
que nous avons rédigé l'article 4 du projet de

Déclaration que nous avons donné au commencement de ce Mémoire.

La défense de débiter les livres non revêtus de permission est sujète au même inconvénient, à moins qu'on n'exige des Libraires, de s'assurer que les livres qu'ils vendent ont été permis, et qu'ils n'exigent sur cela une déclaration de ceux de qui ils les ont achetés, ou à moins qu'on ne défende de vendre d'autres livres que ceux dont la permission est imprimée.

De ces deux partis, le premier est impossible dans l'exécution; le second est fondé sur les dispositions des Édits, Déclarations et Arrêts; mais ces dispositions sont tombées en désuétude, et il ne serait pas possible de les faire exécuter sans supprimer les permissions tacites, et sans interdire absolument le commerce des livres imprimés en pays étranger. Nous avons renvoyé à un Mémoire particulier ce qui regarde les permissions tacites. Quant aux livres étrangers, ce serait retarder le progrès de toutes les sciences, que d'interrompre la communication entre les gens de lettres des différens pays.

D'ailleurs, il ne suffirait pas d'établir cette règle pour l'avenir. Comme depuis trente ans l'usage des permissions tacites est devenu presque aussi commun que celui des permissions publiques, et que depuis le même tems il a été introduit un grand nombre de livres étrangers dans le Royaume, il faudrait proscrire les trois quarts de la *Librairie* actuellement existante si on voulait la restreindre aux seuls livres revêtus de permission imprimée.

La défense de faire le commerce de livres aux personnes sans qualité est la meilleure de toutes les précautions, en y ajoutant une explication sur ce qu'on entend par *gens sans qualité pour vendre des livres*, et en prescrivant quelques règles sur l'admission à l'état de Libraire.

Le droit exclusif réservé aux Libraires de vendre des livres souffre quelques restrictions introduites par les réglemens mêmes : l'une est en faveur des Merciers et Porte-Balles, à qui il est permis de vendre des almanachs et des livres d'heure seulement ; l'autre pour les Colporteurs. Mais à cet égard il faut expliquer que les Colporteurs ne sont établis par les réglemens que pour la seule ville de Paris, et qu'ils ne peuvent vendre que des brochures de huit feuilles seulement, et imprimées à Paris. Ces Colporteurs sont ces crieurs d'Arrêt, qui courent les rues avec une plaque. Quant aux Marchands de livres qui vont dans les maisons, et auxquels on donne, dans l'usage ordinaire, le nom de *Colporteurs*, ils n'existent que par tolérance de la Police ; et ne sont autorisés par aucune loi.

La tolérance de ces Colporteurs a été établie par nécessité. Le commerce de livres étant devenu, depuis quelques années, beaucoup plus considérable dans Paris, et les Libraires étant cantonnés dans un seul quartier, il n'a pas été possible d'empêcher que beaucoup de particuliers sans qualité ne se mêlassent de revendre les livres. Les Magistrats préposés à la Police ont pris le parti d'exiger seulement que ces Revendans ou Colporteurs fussent connus d'eux, et les ont autorisés tacitement.

Je crois qu'il y a toujours de l'inconvénient à laisser subsister une infraction publique et continuelle de la loi ; et puisque ces Colporteurs ont été jugés nécessaires, il aurait fallu décider, par une loi expresse, que le Lieutenant de Police de Paris pourra leur donner des permissions de faire ce commerce. Au reste, cette police se fait avec soin dans Paris; mais dans les provinces tout est rempli de Marchands vagabonds, qui étalent des livres dans les foires, les marchés, les rues des petites villes. Ils vendent sur les grands chemins ; ils arrivent dans les châteaux, et y étalent leurs marchandises ; en un mot, leur commerce est si public, qu'on a peine à croire qu'il ne soit pas autorisé.

Si on voulait remédier à cet abus en exécutant strictement la loi, il faudrait interdire tout-à-fait la vente des livres à ces Colporteurs ou Marchands forains. Or, par-là on gênerait beaucoup le commerce ; on nuirait à la littérature et aux progrès des connaissances, en ôtant le moyen d'avoir des livres à tous ceux qui habitent hors des villes ; enfin, on tomberait dans d'autres inconvéniens non prévus, et relatifs aux usages particuliers des lieux.

Par exemple, j'ai appris par hasard qu'il se fait un très-grand commerce de livres imprimés en France, avec l'Espagne, le Portugal et l'Italie. C'est peut-être même le seul commerce actif que fassent les Libraires français ; car en Allemagne, en Hollande, en Suisse et ailleurs, on aime mieux contrefaire nos livres que de nous les acheter, parce que nos Libraires les vendent trop cher. Ce commerce d'Italie et d'Espagne a pour objet des livres à l'usage de ces deux Nations, qui s'impriment à Lyon et dans d'autres villes méridionales, et ce sont des Marchands ambulans ou Colporteurs qu'on appelle *Bispards*, et qui habitent aux environs de Briançon, qui tous les ans descendent de leurs montagnes pour faire des pacotilles de livres à Lyon et ailleurs, et vont eux-mêmes les porter jusqu'à Cadix et jusqu'en Sicile. Je ne connais aucun réglement par lequel il paraisse que ces Marchands soient connus ni autorisés, et je n'ai su leur existence que parce qu'un Libraire de Paris étant allé, il y a deux ou trois ans, à la foire de Beaucaire pour saisir des livres contrefaits sur lui ou sur ses Confrères, imagina de demander aux Intendans de Languedoc, de Provence et de Dauphiné, des ordres pour empêcher ce commerce qu'il prétendait illicite. Ce Libraire était excité par un attachement sordide à son intérêt ; mais cependant il était fondé sur la loi, puisqu'il est défendu de faire le commerce de livres sans qualité, et que ces *Bisoards* n'ont réellement aucune qualité.

Cet usage du Dauphiné était inconnu à Paris : il y en a peut-être de pareils dans les autres provinces, et il en faut conclure qu'il serait très-dangereux et peut-être impossible de faire exécuter littéralement la défense de vendre des livres à d'autres qu'aux Libraires. D'un autre côté, il y a aussi un grand inconvénient à remettre ce commerce dans les mains de gens inconnus ; et ce que je proposerai sur cela, est de faire une loi plus douce et qui puisse être observée. Cette loi pourrait être de permettre le commerce des livres hors des villes où il y a des Libraires, à des Colporteurs autorisés par l'Intendant dans chaque Généralité. Ce Colporteur serait obligé de porter avec lui la permission de l'Intendant pour en justifier aux brigades de Maréchaussée par lesquelles il serait rencontré, et on pourrait prendre des arrangemens pour que cette permission lui servît dans le cas où il passerait d'une Généralité à une autre. Il faudrait aussi que ces Marchands eussent des lieux de magasin connus et sujets aux visites; que quand ils auraient un certain nombre d'exemplaires du même livre, ils fussent tenus d'avoir un certificat du Libraire qui les leur a vendus; en un mot, il y aurait différentes précautions à prendre, dans le détail desquelles il est inutile d'entrer ici, parce qu'on ne pourrait rien arrêter sur cela qu'en consultant chaque Intendant sur les inconvéniens particuliers à leurs provinces, qui peuvent se rencontrer. Il faut seulement s'en tenir à deux principes, l'un, qu'il faut établir et autoriser régulièrement des Colporteurs ou Marchands forains pour les villes où il n'y a point de Libraires, et pour les campagnes; l'autre, qu'il ne faut permettre ce commerce qu'à ceux qui seront connus et autorisés expressément, et qu'il faudra prendre, pour éclairer leur conduite, des précautions à peu près semblables à celles qu'on prend pour les Libraires.

Au reste, il est bon d'observer que ces Libraires forains paraissent avoir été connus lors du réglement de 1723, qui, comme nous avons dit, n'a été fait que pour Paris; car, par les articles 75 et 76 de ce réglement, il leur est défendu de séjourner plus d'un certain tems à Paris, et d'y vendre leurs livres à d'autres qu'à des Libraires de Paris. On a donc reconnu en 1723 l'existence de ces Libraires forains, comme gens autorisés à faire le commerce hors de Paris. Mais en 1744, le réglement de 1723 ayant été rendu commun pour tout le Royaume, la défense prononcée par l'article 4, de faire le commerce sans qualité est devenue une défense générale, et les Colporteurs, Marchands forains et autres qui n'ont aucune qualité proprement dite, puisqu'ils n'ont ni permission expresse ni réception, se seraient trouvés englobés dans cette défense si elle avait été exécutée.

Après avoir parlé des Colporteurs, parlons des Libraires eux-mêmes.

On ne peut être reçu Libraire qu'après un

examen subi devant les Syndic et Adjoints de
la *Librairie*, et avec un certificat du Recteur
de l'Université, portant que le candidat est
congru en langue latine et sait lire le grec.
Cette réception faite par les Syndic et Adjoints doit être suivie d'un serment prêté au
Lieutenant de Police, dont par-là le consentement devient nécessaire. Enfin, pour être
reçu, il faut avoir été Apprenti pendant quatre années au moins, et Compagnon pendant
trois. Il n'y a d'exempts de ce tems d'apprentissage que les fils et gendres de maîtres, et
ceux qui ont épousé des veuves. Il faut excepter encore les Professeurs émérites de l'U-
niversité, c'est-à-dire, ceux qui, après sept
années consécutives de régence dans l'Université, veulent prendre la profession de Libraire. Autrefois ils étaient tous Libraires de
droit ; mais par les derniers réglemens le
nombre de ceux qui peuvent jouir de ce privilége est fixé à trois.

Enfin, l'apprentissage étant devenu un
grade nécessaire pour parvenir à l'état de Libraire, il y a aussi des articles de réglement sur
les Apprentis, dont nous parlerons tout-à-
l'heure.

Il est encore visible que tous ces réglemens
n'ont été faits que pour Paris. La réception

d'un Libraire faite par les Syndic et Adjoints
ne peut avoir lieu que pour les villes où il y
a une Chambre syndicale, c'est-à-dire, dans
cinq ou six villes du Royaume. Pour les autres, je ne vois rien qui fixe à qui il appartient d'y faire recevoir les Libraires, et c'est
sur cela qu'il faudrait nécessairement faire un
réglement, puisque l'Arrêt qui a déclaré celui de 1723 commun pour tout le Royaume,
n'y a aucune application. Ce réglement doit
être, suivant moi, que les Libraires ne seront
reçus dans les villes que par ordre du Lieutenant de Police, et avec l'approbation de
l'Intendant. Je crois l'approbation de l'Intendant nécessaire, parce que j'ai déjà dit plusieurs fois que c'est à lui que doit être remis, dans chaque province, tout ce qui a rapport à l'*Administration*. Quant aux Lieutenans de Police, outre qu'ils ont pour eux la
possession, je crois que leur concours est
encore nécessaire pour une autre raison. Elle
est tirée de la Déclaration dont nous avons
donné le projet au commencement de ce Mémoire, et dont l'exécution doit être confiée
au Parlement. Par cette Déclaration il est
défendu de faire le commerce de *Librairie* à
d'autres qu'aux Libraires. Il faut donc que le
Parlement connaisse juridiquement quels sont

ceux

ceux qui sont Libraires. Or, il ne peut le connaître que par l'Ordonnance du Lieutenant de Police, qui est un Officier de son ressort, et par celle de l'Intendant, dont il ne reconnaît pas l'autorité.

Ayant établi par qui la réception doit être faite, passons à l'examen. Je crois qu'il doit être subi devant les Chambres syndicales dans les villes où il y en a, en présence d'une personne commise par l'Intendant à cet effet; et dans les villes où il n'y a point de Chambre syndicale, devant celui qui sera nommé par l'Intendant.

L'examen doit porter, disent les réglemens, sur la conduite et la capacité du récipiendaire.

Pour ce qui regarde sa conduite, il est trèsutile de s'en informer, et je crois aussi qu'il faudrait s'informer de l'état de sa fortune, et ne recevoir jamais Libraire un homme toutà-fait pauvre, parce que celui qui n'a rien à perdre est toujours enclin à la fraude.

Pour ce qui est de la capacité qu'on exige du Libraire, si c'est la connaissance des réglemens auxquels il doit se conformer, la précaution est très-sage. Je voudrais seulement qu'on ne l'interrogeât pas sur un Code entier qu'il est inutile et impossible qu'il con-

L

naisse, et qu'on réduisît à un petit nombre
d'articles ceux dont il est nécessaire qu'un
Libraire soit instruit ; que ce fût sur cela seulement qu'on fît rouler l'examen, et que cet
examen fût sérieux.

Quant aux autres connaissances dont on
veut que les Libraires soient pourvus, je crois
que c'est là un de ces soins que les Législateurs
se donnent très-inutilement : c'est à chaque
Marchand à savoir quelles sont les connaissances qui lui sont nécessaires, et son intérêt
les lui apprendra. S'il entreprend un commerce sans les connaissances suffisantes, il y
échouera : c'est un malheur personnel dont
la loi ne doit point le garantir. Le Législateur
n'est point le tuteur de tous les citoyens ; et
toutes les fois qu'il voudra descendre dans de
pareils détails, il imposera beaucoup de gênes
très-déplacées, parce qu'il ne peut pas connaître les ressources de l'industrie de chaque particulier. Dans cette espèce-ci, par
exemple, on a jugé que les Libraires, pour
être reçus Maîtres et même Apprentis, devaient prouver *qu'ils sont congrus en langue
latine, et qu'ils savent lire le grec*. Ce réglement a été fait dans le tems qu'on n'imprimait presque que des livres grecs ou latins,
dans le tems que les Libraires étaient eux-

mêmes des savans du premier ordre; dans
le tems que la *Librairie* était intimement unie
à l'Université, union dont il reste encore des
vestiges dans le droit des Professeurs émérites,
qui s'est conservé jusqu'à nos jours, et dont
nous avons parlé plus haut.

C'est par toutes ces raisons que le réglement n'avait, dans son institution, aucun inconvénient sensible. Cependant dès ce tems-
là il était vicieux, parce qu'on aurait dû prévoir qu'il viendrait un tems où on écrirait
beaucoup plus en français, que dans les langues savantes.

Quoi qu'il en soit, ce réglement n'est plus
exécuté aujourd'hui. Je ne sais comment les
Libraires se tirent d'affaire avec le Recteur de l'Université, dont ils doivent avoir
le certificat; mais je sais qu'il y en a un
grand nombre qui à peine savent lire le français.

Quelques savans pensent que c'est un abus,
et voudraient que le réglement s'exécutât à
la rigueur. Mais s'ils avaient quelque idée des
vrais principes du commerce, ils sauraient que
ce sont toujours les consommateurs qui font
la loi aux Marchands; que tant que le public
n'achètera pas les livres grecs ou latins, on
n'en imprimera pas, quand même les Librai-

res seraient tous des Robert Étienne, et que,
si le goût du grec et du latin revient à la
mode, il se trouvera bientôt des Libraires assez instruits par eux ou par leurs amis pour
imprimer dans ces deux langues.

Au reste, je ne propose pas de faire sur
cela aucun changement pour Paris : il n'en
résulte aucun inconvénient réel, surtout à
cause des facilités qu'on a pour éluder l'exécution; mais je voudrais qu'on ne répétât pas
cette clause dans le réglement qu'on fera pour
les provinces. J'y insiste d'autant plus, que
j'ose assurer qu'inutilement l'ordonnera-t-on,
et que cette loi sera encore moins exécutée
dans les provinces qu'à Paris.

C'est sans doute aussi dans la vue de n'a-
voir pour Libraires que des gens instruits,
qu'on a défendu d'admettre personne à la maîtrise avant d'avoir été quatre ans Apprenti,
et trois ans Compagnon. Je pourrais encore
soutenir, d'après les mêmes principes, que
cette précaution est inutile; que c'est à chaque Aspirant à la *Librairie* de savoir s'il est
capable du métier qu'il veut faire; que d'ailleurs la formalité de l'examen est suffisante;
que par cet examen on peut s'assurer si un
homme a les connaissances nécessaires, et que
dès-lors il est inutile de s'informer si c'est par

quatre années d'apprentissage qu'il les a acquises, ou par d'autres voies.

Cela est si vrai, qu'on dispense de l'apprentissage les fils et gendres de Maître, et ceux
qui ont épousé les veuves. On dit qu'un fils
élevé chez son père est réellement un Apprenti. Cela peut arriver, mais cela peut aussi
ne pas arriver. Si un fils de Libraire est élevé
ailleurs que sous les yeux de son père, si c'est
un libertin qui se soit évadé de la maison
paternelle pour courir le monde, être soldat
ou fainéant, et qu'après dix ans il revienne ;
il est reçu Libraire de droit, pourvu qu'il soit
en état de subir l'examen. Cependant s'il y a
des connaissances qu'on ne puisse acquérir
que par l'apprentissage, il ne les a sûrement
pas. De cela je ne conclurai pas qu'il faille
exclure les fils de Maître de la profession de
leur père, mais seulement que la formalité de
l'apprentissage est inutile, et qu'elle n'a été
proposée par les Libraires que pour leur intérêt personnel, c'est-à-dire, pour faciliter à
leur famille l'entrée dans leur profession, et
en rendre l'accès difficile aux autres. C'est ce
qu'on verra encore plus clairement dans ce
qui nous reste à dire sur les Apprentis.

En effet, je crois bien qu'il y a des métiers
qui exigent un apprentissage ; je crois que

celui d'Imprimeur est du nombre, et en général presque tous les arts mécaniques demandent une habitude corporelle de la part de ceux qui les exercent ; mais les professions qui n'ont pour objet qu'un commerce, n'ont besoin que de la connaissance des marchandises, et cette connaissance peut s'acquérir par le consommateur comme par le Marchand. En *Librairie* nommément, il y a quantité d'amateurs de la littérature ; il y a des brocanteurs de livres, il y a des Moines qui connaissent bien mieux les livres que tous ceux qui sont du métier. Si on permettait de recevoir Libraires des gens de tout état, il suffirait qu'ils apprissent les réglemens ; ce qui est très-aisé. D'ailleurs, on pourrait s'en assurer par l'examen, et je crois qu'on aurait par-là des Libraires plus instruits que tous les fils de Maître, et tous ceux qui ont été Apprentis.

D'un autre côté, il faut convenir que ces nouveaux Libraires, plus propres que tous les autres à vendre les anciens livres parce qu'ils les connaîtraient mieux, auraient du désavantage dans le commerce des nouveaux livres vis-à-vis des fils de Maître, qui ont des correspondances toutes montées par leurs pères. Ainsi il y aurait deux sortes de Librai-

res; des gens instruits et livrés à la connaissance des livres, et des Marchands ignorans
qui ne s'occuperaient que de vendre le courant, et d'en trafiquer en gros et en détail.

Il est bon d'observer à ce sujet, qu'en rap-
prochant les articles qu'on vient de citer, on
trouve que le desir injuste de s'attribuer des
facultés exclusives a toujours été bien naturel
aux hommes.

Autrefois les Libraires étaient plus savans
que Marchands; c'étaient de véritables *sup-
ports de l'Université*, qualité de laquelle ils
n'ont conservé que le titre, dont ils se parent
encore aujourd'hui.

Dans ce tems-là ils ont voulu exclure de
leur commerce quiconque ne serait que Marchand; ce qui ne valait rien, parce que la
plus grande partie du commerce se fait mieux
par des Marchands que par des savans. C'est
cependant dans cette vue qu'on a introduit la
nécessité d'être *congru en langue latine, et
de savoir lire le grec;* ce qui a été répété dans
les nouveaux réglemens sans trop savoir pourquoi, et ce qui ne s'exécute pas.

Aujourd'hui les Libraires sont devenus de
purs Marchands, et par la formalité d'un long
apprentissage, qui est une espèce de servitude,
sous un Maître Libraire, ils ont absolument

fermé la porte de leur Communauté aux gens de lettres.

Au reste, tout ce que je viens de dire ne tend point à changer la forme de la Communauté des Libraires de Paris. Il ne faut faire de grands changemens que quand ils sont indispensables, et il est surtout dangereux, et souvent injuste, de toucher aux abus des Communautés, parce qu'elles subsistent, dans l'état où elles sont, à l'abri des grosses finances qu'elles ont payées au Roi en différens tems, et qu'on n'a pas envie de les rembourser.

D'ailleurs, il est établi que, dans des cas très-favorables, M. le Chancelier dispense quelques sujets du tems d'apprentissage. Cette faveur pourrait être employée dans le cas où un homme connu, solvable, de bonnes mœurs et très-versé dans la connaissance des livres, voudrait être reçu Libraire, quoiqu'il fût d'un âge et d'un état qui ne lui permissent pas de passer par un apprentissage de sept ans.

Mes observations n'ont donc pour objet que le réglement qu'il faut faire pour la réception des Libraires de province. J'ai déjà dit que celui de 1723 ne peut pas s'y appliquer, puisque, suivant ce réglement, la réception et l'examen se font par les Officiers de la Chambre syndicale, et que le certificat de capacité se donne par le Recteur de l'Université.

Or, en prescrivant de nouvelles règles sur cet objet, je crois qu'il faut bien se garder d'exiger un apprentissage, et qu'il faut se contenter des informations que prendront l'Intendant et le Lieutenant de Police des qualités personnelles du sujet, et de l'examen qu'on lui fera subir sur les réglemens de *Librairie*.

Pour ce qui est des Libraires de Paris, je ne prétends point qu'on les dispense du tems d'apprentissage, puisque le contraire est établi; je ne propose point non plus de changer l'article 23 du réglement de 1723, par lequel il est défendu à chaque Maître d'avoir plus d'un Apprenti; mais il y a un article 24, que je trouve contraire à la justice, au bien public et, j'ose le dire, à la raison.

C'est celui par lequel il est défendu d'avoir aucun Apprenti marié. Je ne peux pas concevoir quel motif plausible a pu donner lieu à cet article. Je comprends qu'un Maître Libraire, pour l'ordre et l'économie de sa maison, ne veuille point avoir d'Apprenti marié, comme bien des gens ne veulent pas de domestiques mariés; mais il me semble que c'est l'affaire de chaque particulier, et qu'il est

absurde que le Législateur prononce impéra-
tivement sur un pareil objet (1).

On voit clairement que cet article de réglement n'a été fait que dans la vue d'exclure
de la maîtrise un grand nombre de préten-
dans, pour la réserver aux familles qui en
sont en possession. Cependant je crois que les
Libraires de Paris, sur les Mémoires de qui le
réglement a été rédigé, ont trouvé le moyen
de déguiser leur intention au Conseil, et je
suis persuadé qu'on leur a passé cet article 24

_____

(1) Il y a eu depuis peu un exemple frappant de l'inconvénient d'exclure les gens mariés de l'apprentissage.

Un fondeur de caractères, homme de cinquante ans
ou environ, fit des découvertes dans l'art de l'*Imprimerie*, et donna quelques dissertations dans les journaux
pour perfectionner cet art.

Il demanda d'être reçu Imprimeur, et, selon moi,
rien n'était plus juste, puisqu'il savait mieux ce métier
que tous ceux qui le faisaient. D'ailleurs, il avait trouvé
un moyen inconnu aux autres Imprimeurs pour imprimer
la Musique de façon à pouvoir se passer de la gravure;
enfin, rien n'était plus propre à exciter l'émulation, que
de lui accorder cette grace.

Les Imprimeurs lui ont fait toutes sortes de difficultés,
et entre autres ils lui ont objecté que, pour être reçu
Imprimeur, il fallait avoir passé par l'apprentissage, et
qu'il ne pouvait pas être reçu Apprenti parce qu'il était
marié.

comme un arrangement économique desiré
par leur Communauté, et indifférent au public, et qu'on n'a pas songé à le rapprocher
de l'article 43, par lequel il est défendu de
recevoir Maîtres qu'après un long apprentissage.

Ce n'est pas encore tout. L'avidité des Libraires de Paris ne s'est pas bornée à prolón-
ger le tems nécessaire pour parvenir à la maîtrise, et à y mettre toutes les difficultés possibles. En 1730 ils se sont mis à découvert. Ils
ont obtenu un Arrêt du Conseil, qui défend
aux Maîtres de recevoir aucun Apprenti pendant six ans, et cet Arrêt a été successivement
renouvelé jusqu'à ce jour.

Ainsi il est bien décidé aujourd'hui qu'on
ne peut aspirer à être reçu Libraire à Paris,
à moins d'être d'une des familles qui sont en
possession de cet état, ou d'avoir contracté
une alliance avec elles, et par-là toute émulation est éteinte. Les fils de Libraires, sûrs
de leur fortune par ce monopole odieux, propriétaires d'ailleurs du privilége exclusif de
la plupart des livres qui s'impriment, jouissent de leur maîtrise sans soin et sans travail, comme on jouit d'une terre qui rapporte un gros revenu; et il n'y a plus de ces
sujets actifs et intelligens qui, ayant à tra-

vailler pour fonder leur fortune , cherchent tous les moyens de se rendre utiles au public.

Aussi les Libraires, honteux de cette manœuvre , conviennent-ils que l'Arrêt serait injuste s'il était entiérement exécuté. Ils prétendent qu'il n'a été rendu que pour y admettre de fréquentes exceptions. Cet Arrêt, disent-ils, était nécessaire pour empêcher la multitude de nouveaux Libraires qu'on était tous les jours obligé de recevoir; mais M. le Chancelier s'est réservé la faculté d'accorder des dispenses, et eux - mêmes en sollicitent tous les jours en faveur des sujets les plus distingués.

A cela je réponds qu'il est bien vrai qu'ils sont les premiers à demander quelquefois des dispenses ; mais j'ai observé que ce n'était ordinairement que pour leurs plus proches parens. Le réglement général dispense de l'apprentissage les fils et gendres de Maîtres, et ceux qui épousent les veuves. On n'a pas pu absolument aller jusqu'aux neveux , et ils trouvent le moyen de les y admettre encore, à l'exclusion des étrangers, par les dispenses particulières qu'ils obtiennent.

Au fond, ce n'est point de diminuer le nombre des Libraires qu'on doit s'occuper ; c'est de les bien choisir et d'éclairer leur conduite.

Ces fixations de nombre sont le plus souvent
très-injustes, parce que le nombre des marchands doit dépendre de l'étendue de leur
commerce ; qu'en *Librairie* on n'en a point
d'évaluation fixe, et qu'il y a toujours en dix
ans un changement notable.

D'ailleurs, si on avait voulu diminuer le
nombre des Libraires, je pense qu'il aurait
fallu plutôt attaquer le privilége des fils de
Maîtres qui y parviennent sans aucun talent
et sans aucun travail, par le seul droit de leur
naissance, et qui me paraissent bien moins
favorables que des gens qui ont travaillé sept
ans en qualité d'Apprentis et de Compagnons :
au moins si on n'avait pas voulu détruire ni
restreindre leur privilége, on aurait pu se
rendre plus difficile sur l'examen ; ce qui en
aurait écarté un grand nombre. Enfin, il me
paraît très-douteux que cette exclusion ait
porté une diminution bien réelle dans le tableau des Libraires de Paris. Il est vrai que
beaucoup de sujets en ont été éloignés ; mais,
d'un autre côté, quelque nombre d'enfans
qu'ait aujourd'hui un Libraire, ils prennent
tous l'état de leur père, parce que le droit
exclusif qu'ils y ont, est regardé par eux
comme un héritage auquel ils ne veulent pas
renoncer. Si au contraire on pouvait parvenir

à la maîtrise par l'apprentissage, les fils de Libraire qui n'ont point de goût ou de talent pour cette profession, craindraient la concurrence, et choisiraient quelque autre métier.

Par toutes ces considérations, je crois qu'il faudra bien se garder de renouveler l'Arrêt qui défend de recevoir des Apprentis, et je vais même plus loin, car je pense qu'il faudrait le révoquer dès à présent.

Avant de terminer l'article de l'apprentissage, il est bon de parler de l'article 48 du réglement de 1723, par lequel il est dit que les Maîtres de Paris pourront exercer, dans tout le Royaume, sans nouvel apprentissage et sans nouveau serment. Je ne prétends pas que la réciprocité dût être tout-à-fait établie en faveur de ceux des provinces qui viendraient s'établir à Paris; mais au moins aurait-on pu faire quelque arrangement en leur faveur. Par exemple, on aurait pu statuer que le tems qu'ils auraient exercé la maîtrise en province, valût au moins le même nombre d'années d'apprentissage à Paris.

C'est à quoi on n'a pas pourvu par le réglement, et cela n'est pas surprenant, parce qu'il a été rédigé sur les Mémoires des Libraires de Paris, qui se sont décelés en mille endroits.

On peut faire à cette occasion une remarque qui a bien des applications dans ce Mémoire : c'est que les Libraires en général, et ceux de Paris en particulier, ont eu un avantage énorme dans la rédaction des réglemens, parce qu'ils étaient fort instruits de leurs intérêts, et fort attentifs à les ménager ; qu'ils parlaient à des Magistrats distraits par un grand nombre d'autres affaires, et qu'ils n'avaient aucun contradicteur, puisque c'est le public seul dont l'intérêt est contraire au leur.

Cette observation sur la conduite des Libraires nous mène à parler d'une autre sorte de personnes qui, suivant moi, devraient bien être exceptées de la prohibition générale de vendre les livres. Ce sont les Auteurs, qui, suivant le droit naturel, devraient tirer tout le profit de leurs ouvrages, en ayant la faculté de les vendre eux-mêmes. Le droit civil ne s'y oppose point ; et malgré le droit exclusif de vendre de certaines marchandises, qui est réservé aux Communautés de Paris et des autres villes, chacun a la liberté de vendre les fruits de sa terre. Ne doit-on pas regarder les ouvrages d'un Auteur, qui sont les fruits de son génie, comme lui appartenant encore à plus juste titre, et comme le bien dont il serait le plus convenable qu'il eût la libre disposition?

Cependant les Libraires les en ont fait exclure, et ils se vantent d'un Arrêt du Conseil du 11 juin 1708, qui fait défenses au célèbre Lulli de vendre ou faire vendre ses *Opéras* par autre que par un Imprimeur ou Libraire.

Le prétexte de cette rigueur a été sans doute que les Auteurs abuseraient de cette permission pour vendre d'autres ouvrages que les leurs, et que, leurs maisons n'étant pas connues des Syndic et Adjoints, ni sujètes à la visite comme les boutiques des Libraires, on ne pourrait pas empêcher la fraude qui se pratiquerait par ce moyen. Si c'était de bonne foi qu'on eût voulu parer à ce prétendu inconvénient, on se serait contenté d'exiger que les Auteurs qui veulent vendre leurs livres eux-mêmes, en fissent déclaration et se soumissent à la visite, et qu'ils ne pussent vendre que ceux de leurs ouvrages auxquels ils auraient mis leur nom, et pour lesquels ils auraient obtenu permission.

Mais on n'a pas recouru à ces précautions, parce qu'on n'a cherché qu'un moyen de mettre les Auteurs dans la dépendance des Libraires, et qu'au fond les Libraires savaient bien

bien que la crainte de cette prétendue fraude
était frivole. Effectivement, il y a des cas où
un commerce légitime peut servir de prétexte
à une fraude ; mais ce ne peut être que quand
l'établissement du commerce légitime ôte les
moyens de découvrir la fraude. Or, cela ne
peut pas avoir lieu dans l'espèce présente. En
effet, il n'y a que deux moyens de découvrir
qu'un homme vend des livres sans qualité : l'un
est de le surprendre dans l'instant de la vente ;
l'autre, de trouver son magasin. Or, dans l'un
et l'autre cas il est aussi aisé de prouver qu'un
homme vend ou emmagasine d'autres livres
que ceux dont il est Auteur , qu'il est aisé de
prouver qu'il vend ou emmagasine en général
des livres ; et tout ce qu'on pourrait exiger ,
serait qu'il fît sa déclaration à la Chambre
syndicale, qu'il est Auteur d'un tel livre, dans
le cas où il n'y a pas mis son nom (1).

---

(1) Peut-être trouvera-t-on que je me suis écarté de
mon sujet, tant à l'occasion des Auteurs qu'à l'occasion
des Apprentis, en proposant de faire aux réglemens des
changemens qui n'ont point pour objet d'empêcher le
débit des mauvais livres ; mais j'ai cru devoir traiter
toute la matière dans ces Mémoires. D'ailleurs, comme
j'ai proposé des réglemens rigoureux qui peuvent apporter quelque gêne au commerce et à la littérature, je
me suis cru obligé d'y joindre des observations sur les

M

Tout étant décidé sur les personnes qui seront réputées avoir qualité pour faire le commerce de livres, il reste à examiner les formalités auxquelles les Libraires sont assujettis pour prévenir la fraude. Ces précautions sont de les obliger à n'avoir qu'une boutique, à mettre écriteau, à ne point étaler, à n'avoir des magasins séparés de la boutique qu'en les déclarant, à souffrir les visites, à habiter dans un seul quartier, qu'on appelle *le Quartier de l'Université, etc.* Je les ai désignées plus haut, et il est inutile de les discuter, parce qu'elles sont très-sages, et que je n'ai rien à y ajouter.

Il y a seulement deux observations à faire.

L'une est sur la défense d'étaler les livres sur les quais et ailleurs. Je ne sais pas trop à quoi cette défense peut servir, et il me semble que cet étalage, étant encore plus public que la vente dans une boutique, est moins favorable à la fraude ; mais cet article de réglement n'est jamais exécuté, quoiqu'on le renouvelle à chaque changement de Lieutenant de Police : ainsi il est inutile d'en peser les avantages et les inconvéniens.

moyens de rédimer le public du monopole, et les gens de lettres de la vexation des Libraires.

L'autre observation tombe sur la nécessité d'habiter dans le quartier de l'Université. On sent très-bien que cela a été établi dans les tems anciens dont j'ai parlé, où les Libraires étaient réellement Membres de l'Université, et où l'Université avait la police de la *Librairie*. Depuis que cette police a passé dans d'autres mains, la règle a subsisté, parce qu'on a cru qu'il était plus convenable d'avoir tous les Libraires réunis dans le même quartier, pour pouvoir plus facilement y faire les visites.

Cependant le commerce de *Librairie* étant devenu plus considérable, cette règle a été enfreinte, et c'est ce qui a donné lieu, non-seulement aux Colporteurs sans qualité qui vont dans les maisons, mais encore à tous ces Marchands de livres dont les lieux privilégiés, comme le Louvre, les Tuileries, le Palais-Royal, etc., sont remplis. Je crois qu'il aurait mieux valu autoriser expressément plusieurs Libraires à demeurer dans les quartiers éloignés de l'Université, et empêcher surtout qu'ils n'établissent leur habitation dans des lieux d'asyle où il leur est plus aisé de commettre la fraude avec impunité.

Mais je ne crois pas qu'il faille entreprendre, dans le moment présent, de réformer cet abus, parce que, d'une part, l'Université s'en plaindrait, quoiqu'elle n'y ait plus aucun intérêt réel, et que, d'autre part, il faudrait traiter cette affaire avec les Princes et les Gouverneurs des maisons privilégiées. Tout cela ferait naître des difficultés, et quant à présent l'abus n'est pas bien grand, parce que ces Marchands sont connus de la Police, et qu'ils en reçoivent les ordres comme les Colporteurs non autorisés dont nous avons parlé.

Récapitulation des Réglemens à faire sur le débit des livres.

1°. Sur la défense de faire le commerce de livres sans qualité, ne rien changer à l'article 4 du réglement de 1723, et à l'article 3 du projet de Déclaration qui est au commencement de ce Mémoire.

2°. Sur la réception des Libraires de Paris, laisser subsister le réglement de 1723, à l'exception de l'article 24, qui défend de recevoir des Apprentis mariés ; révoquer l'Arrêt du Conseil, qui défend en général de recevoir aucun Apprenti, et concerter un réglement avec les Libraires de Paris pour faciliter l'entrée dans leur Communauté aux Libraires de province, en sorte que le tems de la maîtrise de ces Libraires leur serve au moins de tems d'apprentissage pour Paris.

3º. Sur la réception des Libraires de province, s'informer de ce qui se passe dans les villes où il y a Chambre syndicale ; et pour toutes les autres, ordonner qu'on n'y sera reçu Libraire que par Ordonnance du Lieutenant de Police, et avec approbation de l'Intendant ; ce qui n'aura lieu qu'après s'être informé des mœurs, de l'état et de la fortune du sujet qui se présente, et après lui avoir fait subir examen sur les articles des réglemens de *Librairie* qu'il faut qu'il sache, et qu'il ne pourrait enfreindre sans être en fraude.

4º. Autoriser dans Paris des Colporteurs qui pourront vendre indifféremment tous les livres dans les maisons, sans en tenir boutique chez eux, pourvu qu'ils aient une permission expresse du Lieutenant de Police, qui se renouvellera tous les ans, et que le lieu de leur magasin soit connu de la Police et sujet aux visites.

5º. Autoriser aussi des Colporteurs ou Marchands forains dans les provinces ; en les obligeant à avoir une permission de l'Intendant, et peut-être les assujettissant à quelques autres formalités ; et pour pouvoir se décider en connaissance de cause, écrire préalablement une lettre circulaire aux Intendans, pour leur demander par qui et comment se fait le commerce de *Librairie* dans leur Généralité.

6°. Permettre aux Auteurs de vendre leurs ouvrages quand ils y auront mis leur nom; et, dans le cas où leur nom n'y sera pas, leur permettre encore de les vendre, en déclarant à la Chambre syndicale qu'ils en sont Auteurs.

Il faut observer qu'en rédigeant l'article 3 du projet de Déclaration rapporté ci-dessus, nous avons prévu les arrangemens que nous proposons ici sur les Colporteurs et en faveur des Auteurs, et c'est pour cela que l'article est énoncé en ces termes : « Il est défendu de » faire le commerce de livres à tous autres » qu'aux Libraires, Imprimeurs, et à ceux » qui y sont *ou seront* autorisés. »

SECTION IV.

L'introduction des livres en France, et le transport dans l'intérieur du Royaume.

Cette section contient deux objets que nous allons traiter séparément.

PREMIER OBJET.

Introduction des livres étrangers.

Pour obvier aux abus qui peuvent se commettre à cet égard, on a pris deux précautions : l'une, de fixer le nombre des villes par lesquelles seules il est permis de laisser entrer des livres dans le Royaume ; l'autre, de prescrire les formalités avec lesquelles la visite doit être faite dans ces villes privilégiées.

La première précaution est consignée dans l'article 92 du réglement de 1723, et est énoncée en ces termes :

Veut que tous les livres et livrets qui viendront des pays étrangers ne puissent entrer dans le Royaume que par les villes de Paris, Rouen, Nantes, Bordeaux, Marseille, Lyon, Strasbourg, Metz, Amiens et Lille. Fait défenses à toutes sortes de personnes de les traduire par aucune autre ville ni par aucun autre Bureau ou passage, à peine de confiscation.

Il est aisé de voir que les villes dont on fait l'énumération dans cet article, ne sont point celles par lesquelles les livres entreront réellement dans le Royaume, puisque la plupart de ces villes ne sont point frontières. Ainsi, permettre de faire entrer des livres dans le Royaume par Paris, c'est permettre de faire entrer, par les frontières et les ports de France, les livres destinés à Paris, bien entendu qu'à l'entrée réelle on s'assurera qu'ils parviendront à leur destination. On aurait peut-être mieux fait, en rédigeant l'article, de prescrire les précautions qu'on doit prendre à cet égard ; mais il est clair qu'elles consistent à faire plomber les ballots, et à donner acquit à caution : c'est la seule forme usitée en France pour s'assurer de la destination des marchandises. D'ailleurs, le même article 92 prescrit cette formalité pour les livres, estampes, etc. destinés pour Paris. De plus, les Arrêts du 11 juin 1710 et du 19 juin 1717, d'après lesquels la disposition que nous venons de rapporter de l'article 92 a été rédigée, doivent avoir leur exécution, et on voit que, par l'Arrêt de 1710, les villes d'entrée pour les livres sont fixées, et qu'il est ordonné que les ballots de livres qui y arriveront, seront déposés dans une chambre destinée à cet usage, où ils seront visités par les Officiers de la Chambre syndicale s'il y en a une établie dans la ville, sinon par deux Libraires nommés à cet effet. On voit aussi que, par l'Arrêt du 19 juin 1717, il est expressément porté que *ceux qui seront chargés de la conduite des livres pour les faire entrer par les villes permises, seront tenus de prendre un acquit à caution au premier Bureau d'entrée du Royaume, et de faire leurs soumissions, par lesquelles ils s'obligent de représenter les-dits livres au Receveur du Bureau établi dans le lieu de la destination, et d'en rapporter dans deux mois certificat.*

Un autre Arrêt du 28 décembre 1717, qui a pour objet de mettre Lille au nombre des villes d'entrée, renouvelle les mêmes dispositions, et impose la même néçessité de faire plomber, et prendre acquit à caution pour Lille dans les Bureaux de Flandres, où il arrivera des ballots de livres des pays étrangers.

Les Arrêts du 8 mars 1721 et du 20 janvier 1723, rendus l'un et l'autre pour la ville de Rouen, contiennent d'autres dispositions dont nous parlerons ailleurs, mais supposent également que les mêmes formalités doivent être remplies, suivant les termes des Arrêts du 11 juin 1710 et du 19 juin 1717. C'est donc dans ce sens-là que doit être prise la disposition de l'article 92.

Ainsi le réglement devait paraître bien clair, et n'avoir besoin d'aucune interprétation ; et s'il y avait à en changer les dispositions, ce ne pouvait être qu'en augmentant ou diminuant le nombre des villes d'entrée.

Cependant on est étonné de trouver deux Arrêts du Conseil, l'un du 10 juin 1735, par lequel le Roi *permet de faire entrer, par la ville et port de Calais, les livres et livrets venant des pays étrangers, qui seront destinés pour la ville de Paris seulement, faisant défenses d'en laisser entrer pour d'autres destinations.*

Et l'autre, du 31 octobre 1738, par lequel la même permission est accordée pour les livres *destinés pour Paris seulement,* qui entreront en France par le Bureau des Rouges en Franche-Comté; le tout sous condition de faire plomber les ballots et prendre acquit à caution, tant au Bureau de Calais qu'à celui des Rouges.

Il est évident que, quand on a rédigé le premier de ces deux Arrêts, on avait perdu de vue la lettre et l'esprit des précédens réglemens, et il y a apparence que le second n'a été rendu que sur ce que les Directeurs ou Commis du Bureau des Rouges faisaient difficulté de laisser passer les livres destinés à Paris, même avec plomb et acquit à caution, et ces difficultés ne pouvaient être fondées que sur ce qu'ils avaient connaissance de l'Arrêt de Calais, Arrêt qui paraissait leur interdire ce qui était permis au seul Bureau de Calais.

En 1738, on était occupé d'une réforme totale des réglemens en ce qui regarde les

provinces, et l'Arrêt rendu pour le Bureau
des Rouges n'a été qu'un Arrêt provisoire,
devenu nécessaire par l'impossibilité où se
trouvaient les Libraires de Paris de faire venir
les livres d'Italie, de Suisse et de Genève.

Or, cet Arrêt de 1735, que j'appelle l'Arrêt
de Calais, a été visiblement surpris par les
Libraires de Paris, qui en tirent seuls un profit
illégitime, en interdisant aux villes de Picardie, de Flandres et de quelques autres provinces, le commerce direct avec l'Angleterre.

Cet Arrêt leur était inutile s'ils n'avaient
eu, comme ils l'exposèrent alors, d'autre
projet que de faciliter leur commerce. Pour
remplir cette vue, il leur aurait suffi de demander l'exécution de l'article 92, qui leur
aurait été même beaucoup plus avantageux
que le nouvel Arrêt, puisque sa disposition
s'étend, non-seulement à Calais, mais à toutes
les autres villes par lesquelles leurs livres pouvaient passer ; et comme il n'y a aucune apparence que les Employés des Fermes à Calais
leur fissent gratuitement, et sans aucun intérêt, une difficulté dans laquelle ils n'étaient
point fondés, il s'ensuit que c'est à mauvaise
intention que quelques Libraires de Paris ont
sollicité une permission inutile pour les livres
qui entreraient par Calais pour Paris, afin

d'y faire insérer furtivement une exclusion pour ceux qui seraient destinés pour toute autre ville que Paris. C'est cette exclusion qui est notoirement injuste et préjudiciable aux villes d'Amiens et de Lille, qui sont villes d'entrée comme Paris, et elle serait destructive du privilége de toutes les autres villes d'entrée, et en général du commerce de *Librairie*, si on en tirait l'induction que, dans tous les Bureaux des frontières qui ne sont point compris dans un Arrêt particulier, tel que celui de Calais et celui des Rouges, on doit arrêter les livres destinés même aux villes d'entrée.

J'ajouterai que les Rédacteurs de l'Arrêt de Calais n'ont point eu pour objet cette innovation, puisque l'Arrêt n'est fondé que sur la prétendue nécessité d'ajouter Calais à la liste des villes d'entrée, et que l'exécution des Arrêts des 11 juin 1710, 19 juin et 28 décembre 1717, qui ont fixé les villes d'entrée, y est ordonnée.

C'est dans le même esprit qu'il a été rendu un autre Arrêt, le 21 juin 1746, pour la ville de Lyon. Cet Arrêt est sans contredit beaucoup plus réfléchi, et mieux rédigé que ceux de Calais et du Bureau des Rouges. Cependant il n'a aucunement obvié à l'abus qu'on se proposait de réprimer, qui est l'entrée des livres de Genève et d'Avignon, et je crois qu'on y aurait pourvu bien plus efficacement en se contentant de rappeler la disposition générale de l'article 92 du réglement de 1723. En effet, examinons cet Arrêt de 1746.

L'article premier porte que les livres qui viendront de Genève à Lyon, ne passeront que par le Bureau de Seissel, et ceux qui viennent d'Avignon, que par celui de Villeneuve.

Cette formalité peut établir une gêne dans le commerce, et est totalement inutile pour la Police.

Il est important de fixer les villes dans lesquelles la visite et l'examen des livres doivent être faits, parce que cette visite ne doit être confiée qu'à des gens sûrs et capables; mais pour plomber les ballots et faire prendre des acquits à caution, tous les Bureaux des Fermes sont également bons.

On peut croire que les Fermiers-Généraux ont une attention suffisante à empêcher de frauder les droits dont la perception leur appartient; et en prenant à cet égard les mêmes précautions qu'eux, on a sûrement pris toutes les précautions possibles.

D'ailleurs, défendre de faire entrer les livres d'Avignon pour Lyon par d'autres Bureaux que celui de Villeneuve, c'est défendre aux Commis des autres Bureaux de les laisser passer. Or, dès qu'on a assez de confiance en eux pour compter qu'ils se conformeront à cette défense, on peut également leur confier le soin de faire apposer les plombs et prendre des acquits à caution, soit pour Lyon, soit pour quelque autre ville d'entrée que ce soit.

L'article 2 impose la nécessité de l'acquit à caution et du transport des livres de la Douane à la Chambre syndicale de Lyon.

C'est la répétition des anciens réglemens, et ils sont si nettement libellés, que je crois qu'on ne pourra rien faire de mieux que de répéter littéralement cette disposition pour en faire un réglement général si on juge à propos d'en faire un.

Il en est de même de l'article 3, en ce qu'il prescrit le transport des livres de la Douane à la Chambre syndicale; mais il y a une observation à faire sur cet article : c'est que l'examen de tous les ballots de livres qui passent par Lyon y est ordonné, à l'exception de ceux qui sont destinés pour Paris, et il n'y est fait aucune mention de ceux qui seraient destinés pour quelque autre ville d'entrée, comme si cet examen ne pouvait se faire qu'à Lyon ou à Paris; en sorte que si un Libraire ou un particulier de Rouen veut faire venir des livres de Genève ou d'Avignon, et qu'on les fasse passer par Lyon, ils y subissent une première visite, indépendamment de celle qui doit être faite à Rouen.

Il est visible que cette disposition est en contradiction avec celle des réglemens généraux sur les villes d'entrée, en vertu desquels les livres plombés à Seissel, Villeneuve ou tout autre Bureau, et munis d'acquit à caution pour Rouen, devraient passer debout à Lyon et dans toutes les autres villes.

Elle est d'ailleurs inutile, puisque la visite de Rouen étant regardée comme suffisante pour les livres qui arrivent à Rouen de Hollande, d'Angleterre ou de Hambourg, elle doit l'être également pour ceux qui y arrivent de Genève et d'Avignon.

Enfin, le vice radical de ce réglement, comme de tous ceux qui sont faits pour une ville en particulier, est qu'il gêne le commerce légitime en introduisant une espèce de monopole, et qu'en même tems il laisse la porte ouverte à la fraude. C'est ce que je vais expliquer.

On assujettit à des visites des livres qui passent à Lyon, fussent-ils destinés pour une autre ville d'entrée. Il s'ensuit une grande incommodité pour les Libraires des villes auxquelles on arrive par Lyon, parce qu'ils n'ont que l'alternative de faire venir leurs livres par une route indirecte, ce qui augmente les frais et leur donne de l'embarras, ou de consentir à ce que leurs ballots soient ouverts, en leur absence, par les Libraires de Lyon, c'est-à-dire, par des rivaux, à qui il est fâcheux d'être obligé de faire connaître son commerce.

Par-là les Libraires de Lyon ont un très-grand avantage sur les autres dans le commerce de Genève et d'Avignon, et se l'approprient exclusivement à tous autres que ceux de Paris, et c'est un véritable monopole.

Quant aux fraudeurs, ils ont un trop grand intérêt d'éviter la visite pour passer à Lyon. On peut aisément deviner que l'Arrêt du 21 juin 1746 n'a pu avoir tout au plus d'autre effet vis-à-vis d'eux, que de les empêcher d'y passer, et le bénéfice de cette contrebande est assez grand pour pouvoir supporter cette augmentation de frais.

Ce que je viens de dire ne concerne que les provinces septentrionales. Quant au Dauphiné,

phiné, à la Provence et au Languedoc, le réglement de 1746 n'obvie aucunement à la contrebande qui s'y fait d'Avignon, et les Libraires de ces provinces ont de plus la facilité de servir d'entrepôt pour le commerce frauduleux entre Avignon et Paris. C'est le moyen sûr d'éviter la visite de Lyon.

Si l'on me demande pourquoi tout cela n'a pas été prévu lors de la rédaction de l'Arrêt que nous examinons, je répondrai que l'Arrêt a été très-bien dressé par ceux qui ont pris la plume pour en rédiger les dispositions, mais que, selon les apparences, les précautions qui y sont prises, n'ont été proposées que par les Libraires de Paris et ceux de Lyon, qui agissaient pour leur intérêt en paraissant agir pour l'intérêt public.

L'article 4 prescrit les formalités pour les livres qui passent par Lyon pour arriver à Paris. Ces formalités consistent à reconnaître les plombs sains et entiers, en apposer de nouveaux, et viser l'acquit à caution.

C'est apparemment ce qui s'observe par les Commis des Fermes quand des marchandises, de quelque nature que ce soit, munies d'acquit à caution au lieu de leur départ pour celui de leur arrivée, passent dans les Bureaux où la visite se fait ordinairement.

N

Il y a apparence que cette reconnaissance, cette apposition de nouveaux plombs, etc. se font sans frais. Ainsi, en faisant le réglement général, ou plutôt en rétablissant l'ancien réglement dans toute son intégrité, je ne vois point d'inconvénient à ce qu'il soit ordonné que, toutes les fois que les livres munis d'acquit à caution passeront par quelque autre ville d'entrée et d'examen que celle à laquelle ils sont destinés, ou même quand ils passeront par quelqu'un des Bureaux où les Fermiers-Généraux font visiter les marchandises, les formalités de cet article y seront remplies, comme pour toutes les autres marchandises plombées.

L'article 5 ordonne la saisie des livres qui viendront à Lyon de Genève ou d'Avignon sans être plombés.

Après ce que nous avons dit sur l'article 3, il est aisé de juger quel a dû être l'effet de cet article 5. Des Libraires de bonne foi peuvent être dans le cas de la saisie ordonnée s'ils ignorent les réglemens ; mais les fraudeurs n'y seront jamais, parce qu'ils en seront quittes pour ne pas passer par Lyon (1).

_____

(1) Pour prouver qu'il faut en revenir à l'ancien ré-

D'ailleurs, il semble qu'en rédigeant cet Arrêt, ainsi que les autres réglemens particuliers dont nous avons eu occasion de parler, on ait perdu de vue le réglement général, qui ordónne que tous les ballots entrant dans le Royaume des pays étrangers seront plombés au premier Bureau pour être visités à la ville d'entrée, qui est le lieu de leur destination. Effectivement, Genève et Avignon sont des pays étrangers, et Lyon est une ville d'entrée. Il était donc inutile d'ordonner pour ces villes en particulier ce qui l'est en général pour toutes les autres, et même il était à craindre que cette règle particulière ne fît croire aux Employés de Seissel, de Villeneuve et des autres Bureaux, que le réglement général ne subsiste plus. Ainsi il aurait

glement, j'observerai que la contrebande n'a été ni arrêtée ni diminuée par l'Arrêt de 1746. Sur cela différentes personnes ont senti l'insuffisance des dispositions de cet Arrêt, et ont donné des Mémoires à M. le Chancelier. Or, toutes les précautions proposées par ces Mémoires, quand on voudra les discuter, se réduisent au rétablissement du réglement général. C'est ce que je peux faire connaître en examinant ces différens projets ; mais cet examen serait trop long pour le placer ici, et j'ai cru devoir le renvoyer à un Mémoire particulier ou à une addition à ce quatrième Mémoire.

mieux valu rétablir l'ancien réglement ét le faire exécuter (1).

. L'effet de toutes ces innovations est que le réglement.général est tombé en désuétude dans beaucoup d'endroits, et qu'on suit une loi différente dans les différentes provinces. ·

; Par, exemple, au Havre, qui est le plus grand abord dés livres étrangers, les réglemens soht exécutés suivant l'ancienne intention des Législateurs, et suivant leur signification la plus naturelle, c'est-à-dire, qu'on y arrête tous les bâllots de livres, et que quand ils sont destinés pour Rouen ou pour Paris, on les plombe, on fait prendre des acquits à caution, et on les laisse passer.

A Calais on exécute strictement l'Arrêt du 10 juillet 1735, et en conséquence il y a environ vingt disputes par semaine entre les Commis des Fermes et des passagers, qui consentent que les livres qu'ils apportent avec eux soient examinés, mais qui trouvent sou-

---

(1) L'article 6 ordonne qu'il sera fait à Lyon une visite des livres qui y passeront, lors même qu'ils viendront des provinces du Royaume, en exceptant toujours ceux qui sont destinés pour Paris. Cet article est relatif au commerce intérieur du Royaume, et nous en parlerons ailleurs.

verainement injuste qu'on les oblige de les
envoyer à Paris pour subir cet examen pendant qu'eux - mêmes restent en Picardie où
vont en Flandre, en Champagne ou ailleurs,
sans passer par Paris : de là beaucoup d'embarras dans le Bureau des Fermes; beaucoup
de petites injustices continuellement répé-
tées, et beaucoup de mauvais propos tenus
par des étrangers contre cette partie d'administration, qui est la première qui les frappe
en arrivant en France. Il n'y a aucun habitant de Calais qui ne soit frappé de cet abus;
et je crois que l'Intendant de la province
attestera volontiers qu'il est nécessaire d'y
remédier.

A Besançon, au contraire, on ne connaissait aucun réglement il y a quelques années,
Cette ville n'est point comprise dans les villes
d'entrée, comme nous dirons ci-après ; cependant les livres y entraient librement, et
n'y étaient sujets à aucun examen. Feu
M. l'Archevêque de Besançon en porta des
plaintes à M. le Chancelier. M. de Beaumont,
qui était alors Intendant, et M. de Boînes,
qui lui a succédé, ont depuis ce tems-là donné
des ordres sévères, et l'ancien abus n'existe
plus. Mais ce qui se passait à Besançon a sûrement lieu dans beaucoup d'autres villes;

et comme il y a des provinces entières dont depuis huit ans, je n'ai vu venir aucune affaire de *Librairie*, si ce n'est quand il est question de nommer à une place d'Imprimeur, j'ai lieu de croire que les réglemens y sont inconnus, ou au moins bon exécutés quant à l'entrée et à l'examen des livres.

Ce ne sera point par des réglemens particuliers et locaux qu'on remédiera à de pareils abus ; c'est la loi ancienne et générale qu'il faut rétablir et remettre en vigueur, et il faut détruire en même tems toutes les petites lois particulières qui y ont dérogé ; mais avant de prendre ce parti, il faut faire quelques observations sur le nombre et le choix des villes d'entrée, et je suivrai ici la maxime que j'ai déjà établie tant de fois dans le cours de ces Mémoires, qui est de diminuer la rigueur des lois pour en faciliter l'exécution.

Par le réglement de 1723, les villes d'entrée sont Paris, Rouen, Nantes, Bordeaux, Marseille, Lyon, Strasbourg, Metz, Amiens et Lille.

Par l'Arrêt du 11 juin 1710, Reims en était, et Lille n'en était pas. Lille y a été ajoutée par un Arrêt du 28 décembre 1717. Je ne sais si Reims a été exceptée par une disposition expresse, mais elle n'est pas mentionnée dans

le réglement ; cependant dans un Arrêt pos-
térieur, du 21 juin 1746, qui est celui de
Lyon, dont nous avons eu occasion de parler, et dans quelques autres, il est fait une
énumération des villes d'entrée, et Reims s'y
trouve ; ce qui donne lieu de croire qu'il y a
eu une omission de la part des Rédacteurs du
réglement de 1723, ou une faute d'impression dans l'édition que nous avons de ce réglement. C'est un fait à vérifier.

Besançon n'est nommé ici dans le réglement de 1723, ni dans les Arrêts postérieurs,
excepté dans le préambule de l'Arrêt rendu
pour le Bureau des Rouges en 1738, où on
déclare qu'on va prendre des précautions
pour que les livres qui arrivent à ce Bureau
avec destination pour Paris ne soient pas
obligés de passer par les villes de Besançon
et de Lyon. On a donc regardé Besançon
pour lors comme une ville d'entrée ; cependant dans ce même préambule d'Arrêts, il y
a une énumération des villes d'entrée, dont
Besançon ne fait pas partie. Ce qu'il y a de
certain, c'est que les livres y entraient librement, et même sans examen, lors des plaintes dont nous avons parlé ci-dessus, et que
la règle qui y est rétablie donne lieu à des
plaintes d'un autre genre. En effet, il est

trop dur d'exiger que, dans une ville aussi grande que Besançon, et aussi voisine de l'Allemagne et de la Suisse, on ne puisse faire venir de livres de ces deux pays qu'en prenant une voie détournée, et en passant par Lyon ou par Strasbourg. D'ailleurs, le Bureau des Rouges ou des Rousses, qui est la route naturelle, est aujourd'hui fermé pour les livres qui viennent à toute autre destination qu'à celle de Paris. Une pareille gêne ne peut pas se soutenir, et le seul moyen de la supprimer est de faire de Besançon une ville d'entrée, et d'y établir une visite conforme aux réglemens.

J'ai déjà dit que des plaintes particulières pour la Franche-Comté m'ont mis à portée de m'instruire de ce qui se passait dans cette province, et je ne doute pas que si on s'informait pareillement de ce qui se passe à Grenoble, à Aix, à Perpignan, à Montpellier, à Bayonne, etc. on ne trouvât que, dans plusieurs de ces villes, les réglemens sont aussi peu connus qu'à Besançon.

Pour faire à cet égard un réglement général, il paraît d'abord qu'il faudrait que M. le Chancelier se donnât la peine d'écrire une lettre circulaire dans chaque Généralité, à l'effet de s'assurer, par le témoignage des

Intendans, du plus ou moins d'exécution qu'y ont les réglemens, et des motifs qui pourraient engager à augmenter le nombre des villes d'entrée ; mais je crois que le parti que je vais proposer pourra applanir les difficultés.

C'est de déclarer villes d'entrée généralement toutes celles qui sont la résidence d'un Intendant.

Si on admet les principes que nous avons établis en plusieurs endroits sur l'administration de la *Librairie* et sur l'autorité qui doit y présider, on conviendra qu'il n'y a pas plus d'inconvénient à permettre l'entrée des livres à Rennes, où l'Intendant les fera examiner, qu'à Lyon ou à Bordeaux, qui sont villes d'entrée ; et, d'un autre côté, il me paraît injuste d'obliger les Libraires et les particuliers d'une ville telle que Rennes, de faire venir leurs livres par Nantes, au lieu de les faire venir par Saint-Malo si cela leur convient davantage ; encore plus injuste d'obliger les habitans de Caen, ville où il arrive d'assez gros navires, de faire venir des livres par Rouen ou par Paris, etc. pendant qu'il y a dans cette ville un Magistrat supérieur, à qui des administrations bien plus importantes sont confiées.

On me dira que cette règle, que je trouve

trop sévère, existe, et que personne ne s'en
plaint. Je répondrai que la règle existe, mais
que, selon les apparences, elle n'est pas exécutée dans une grande partie du Royaume :
ce que nous avons dit de Besançon le fait
connaître. Effectivement, cette police ne peut
être observée que par le ministère des Commis de la Ferme générale dans chaque port
et dans chaque frontière, puisque c'est à eux
à faire l'ouverture de tous les ballots de marchandises qui entrent en France, et à en sé-
parer les livres pour les envoyer au lieu où
ils doivent être examinés. Or, ce sont les
mêmes Fermiers-Généraux qui perçoivent les
droits d'entrée dans tout le Royaume ; et
puisque leurs Commis n'avaient pas d'ordre
précis de faire exécuter les réglemens de *Librairie* en Franche-Comté, il y a apparence
qu'ils n'en ont pas davantage dans les autres
provinces.

Si on veut remettre la loi en vigueur, il
faut préalablement en rendre l'exécution
praticable et même facile.

On peut encore m'objecter qu'au moins il
suffirait d'inscrire au nombre des villes d'entrée les capitales des Généralités qui bordent
le Royaume, et non celles des provinces du
dedans.

Mais je pense qu'en même tems qu'il faut prendre tous les moyens possibles pour prévenir la fraude, il ne faut aussi rien négliger de ce qui peut favoriser le commerce.

Or, il n'y a rien de plus destructif de tout commerce, que d'assujettir les Marchands à ne recevoir leurs ballots qu'après qu'ils ont été ouverts dans une autre ville, et soumis à l'examen d'autres Marchands leurs rivaux, qui peuvent leur faire mille difficultés par jalousie, et qui tout au moins s'instruisent à fond, par ce moyen, de la nature et de l'étendue de leur commerce.

D'ailleurs, il faut rendre, autant qu'on le peut, les lois uniformes; et si on prend le parti de charger les Intendans de cette inspection dans quelques Généralités, il me paraît convenable de la leur donner pareillement dans les autres : c'est même le moyen de leur faire sentir que c'est une de leurs principales fonctions.

Ce que nous disons des villes d'Intendance doit aussi s'entendre de celles où on établira des Inspecteurs ou Administrateurs de *Librairie*, si l'arrangement que nous avons proposé à ce sujet est adopté.

Je vois, par exemple, que Toulouse n'est point nommé parmi les villes d'entrée, quoi-

que ce soit une des principales villes du Royaume , la résidence du second Parlement de
France , et une ville célèbre depuis long-tems
par ses Académies , son Université, et en général par le grand nombre d'hommes illus-
tres qu'elle a produits dans la littérature.
C'est par toutes ces raisons que Toulouse est
une des villes du Royaume où il y a le plus
d'imprimeries , et que j'ai proposé d'y établir
un Inspecteur pour veiller à leur conduite.

Je crois que par la même raison on aurait
dû en faire une ville d'entrée ; et si on ne l'a
pas fait , c'est qu'on a considéré que les livres qui arrivent de l'étranger à Toulouse
doivent passer par quelqu'une des autres villes d'entrée, où ils seront examinés. Mais j'ai
exposé les inconvéniens qu'il y a à soumettre
inutilement les Libraires de Toulouse à une
visite faite dans une autre ville. Ainsi du moment qu'il y aura dans la ville de Toulouse
un Magistrat dépositaire de la confiance de
M. le Chancelier, sur la *Librairie* , il sera
convenable de le charger aussi de l'examen
des livres qui arriveront dans cette ville , et
d'ordonner que ces livres seront plombés au
premier Bureau d'entrée du Royaume, et munis d'un acquit à caution qui sera déchargé à
Toulouse.

Ce que j'ai dit de Toulouse pourra peut-être s'appliquer à Douay, qui est aussi une ville de Parlement ; et par les Mémoires qui seront renvoyés par les Intendans, à ce sujet, on reconnaîtra peut-être qu'il y a encore des villes dans lesquelles il faut établir un Inspecteur de *Librairie*, et dont on peut faire des villes d'entrée. C'est sur quoi on ne peut pas se décider quant à présent. De ce nombre seront sans doute Nantes, Marseille et Reims, que les réglemens actuels ont déjà constituées villes d'entrée. Il faudra savoir si le commerce de *Librairie* de ces villes est assez étendu pour qu'on ne puisse pas se dispenser de les regarder comme villes d'entrée, et comment, et sous les yeux de qui la visite s'y fait. Ce n'est qu'après avoir pris sur cela des informations suffisantes, qu'on pourra prendre un parti sur ce qui regarde ces trois villes.

Les villes d'entrée étant nommées, il reste encore deux difficultés auxquelles les Rédacteurs des réglemens ne paraissent pas avoir fait attention.

L'une concerne les acquits à caution. Quand il est question d'une marchandise qui doit des droits, on doit donner caution pour le quadruple des droits dus ; et ce quadruple est payé par la caution si, dans un certain tems ;

il n'est pas justifié par la décharge de l'acquit, que les marchandises sont parvenues à leur destination.

. Mais, en matière de *Librairie*, de quelle somme doit-on donner caution? Voilà ce qui me paraît n'avoir été décidé nulle part. Je pense qu'il faudrait avant tout s'informer de ce qui se passe, car ces acquits à caution se donnent dans l'usage journalier, et il faudrait savoir sur quel pied la caution est exigée.

Au fond, il faudra établir sur cela une règle quelconque : je sais bien qu'il en résultera toujours un inconvénient, en ce qu'un homme qui voudra distribuer un mauvais livre dans le Royaume par pure méchanceté, ou par un intérêt personnel, sera sûr d'en venir à bout en sacrifiant la somme à laquelle montera la caution; mais si un homme est disposé à sacrifier de l'argent pour faire entrer des livres, il aura bien d'autres moyens d'y réussir sans recourir à celui-là; et après tout, cette contrebande ne sera pas plus difficile à faire que celle du tabac, du sel et des étoffes prohibées.

. Ainsi ne nous flattons point : les réglemens que nous proposons sur l'entrée des livres, n'empêcheront jamais totalement la fraude; ils ne feront que la gêner, présenter des dif-

ficultés aux fraudeurs, et les faire quelquefois
découvrir et punir : c'est aussi pour cela que
j'ai dit tant de fois, dans les premiers Mémoires, qu'aux moyens de police, il en fallait
joindre un autre, qui serait de faire très-peu
de défenses pour ne pas exciter la cupidité des
fraudeurs. Et pour revenir à notre objet, lorsqu'un homme sera assez passionné pour vouloir dépenser beaucoup pour l'entrée d'un livre, il le pourra en sacrifiant le prix auquel
la caution aura été estimée, et il le pourra
également par mille autres moyens; mais,
comme le plus grand nombre des fraudeurs
ne sont excités que par l'appât du gain, ils
n'abuseront pas d'une voie qui leur deviendrait fort dispendieuse.

L'autre difficulté vient des livres qui entrent en petite quantité, soit dans Paris, soit
dans les Bureaux des frontières. Un voyageur
porte cinq ou six volumes avec lui pour s'a-
muser et s'occuper dans sa route : il n'est pas
possible de les saisir ni d'avoir dans chaque
Bureau un homme capable de les examiner.
Cependant il est certain que quand un livre
est desiré du public, comme était l'année passée le poëme scandaleux de *la Pucelle*, l'é-
dition entière entrera bientôt dans le Royaume,

en petites parties, sans qu'on puisse l'empêcher.

Je ne sais pas trop quel remède on peut
apporter à cet abus. J'ai reçu une fois de
grandes plaintes de ce qui se passait, à ce
sujet, au Bureau de Calais. Je pensai qu'il
faudrait trouver un homme assez actif, assez
fidèle et assez versé dans la connaissance des
livres, pour qu'on pût le charger de se trouver à l'arrivée de chaque bâtiment qui en-
trerait dans le Port, d'examiner ce qui se
trouve dans le ballot de chaque passager, et
de donner sur-le-champ des ordres pour ce
qu'il faudrait arrêter, et ce qu'il faudrait laisser passer. Il me parut que si on pouvait avoir
un homme sûr qui fût chargé de cette commission dans chaque ville où il y a un grand
abord d'étrangers, on préviendrait une grande
partie des abus, car l'objet de la fraude n'est
pas assez considérable pour engager un grand
nombre de particuliers à se détourner de leur
route. Ainsi la contrebande ne pourrait se
faire que dans les Bureaux les plus fréquentés.

J'en parlai à l'Intendant de Picardie, qui
effectivement trouva dans la ville de Calais
des sujets propres à cette fonction ; mais
comme elle demanderait beaucoup de peines

et

et d'assiduité, et qu'elle exposerait à un grand
nombre de tracasseries, personne ne voulut
s'en charger qu'autant qu'on leur ferait un
sort qui les dédommagerait de la peine et des
désagrémens. Ce refus ne m'a pas surpris: j'en
ai conclu au contraire qu'il fallait que M. l'Intendant de Picardie se fût adressé à de très-
honnêtes gens ; car ceux qui ont la conscience moins délicate ne refusent jamais de
se charger, même gratuitement, d'une administration où il y a beaucoup de petits plaisirs à faire, et dont on ne rend compte à personne.

Il faut donc compter qu'on ne pourrait établir de pareils Commis dans les Bureaux des
grandes routes, qu'en les payant fort cher,
et, comme j'ai déjà dit qu'il y a bien d'autres moyens plus courts de faire la contrebande, ce qu'on y gagnerait ne vaudrait pas
ce qu'il en coûterait.

Après s'être assuré, autant qu'on a pu,
qu'il n'arrivera d'autres livres dans le Royaume, que ceux qui sont destinés aux villes
d'entrée, il a fallu prescrire la forme de l'examen qui s'en ferait dans ces villes. Cette forme
est prescrite pour Paris par les articles 89,
90 et 91 du réglement de 1723.

O

Les Commis aux Barrières sont obligés d'envoyer tous les livres à la Douane; ceux de la Douane doivent les faire passer à la Chambre syndicale, et c'est là que la visite se fait par les Syndic et Adjoints à des heures marquées par le réglement. On a pris des précautions semblables pour Lyon dans l'Arrêt de 1746, dont nous avons parlé, et dont nous parlerons encore.

Par des dispositions si sages, tout paraît avoir été prévu, et tout le serait réellement si on pouvait se remettre entiérement d'une administration aussi délicate sur les Syndic et Adjoints de la *Librairie*.

Tous les Corps de Métiers élisent entre eux des Officiers, soit sous le nom de *Syndics* ou *Procureurs*, soit sous celui de *Maîtres* et *Gardes* pour la poursuite des affaires communes du Corps, pour veiller à l'exécution des réglemens faits entre eux, etc. S'ensuit-il que de pareils Officiers doivent être nécessairement ceux sur qui repose le soin d'examiner les livres qui entrent dans Paris, et celui même de s'assurer par des visites fréquentes dans les imprimeries et les boutiques des Libraires, qu'il ne s'y imprime ni ne s'y débite rien de contraire à la religion et aux bonnes mœurs? Est-il vraisemblable qu'il se trourera dans un Corps de Marchands des sujets capables de remplir de si importantes fonctions? Quand il s'en trouverait, ils ne pourraient être admis au Syndicat que pendant un tems limité, à moins de violer à cet égard les réglemens des Communautés; ce qui serait sujet à un autre inconvénient, parce qu'il importe à chaque Communauté, que chacun puisse passer à son tour par les charges, de peur que les Officiers ainsi perpétués ne finissent par usurper une autorité injuste, et ne s'en servent pour attirer à eux le commerce des autres. Enfin, quand on négligerait cette considération, et que, par des renouvellemens successifs, on établirait un Libraire-Syndic à perpétuité, il n'est pas possible qu'un Marchand ait l'autorité ni l'activité nécessaires pour toutes les opérations qu'exige l'inspection de la *Librairie* dans une grande ville. Son commerce, quelque peu étendu qu'il soit, ne lui laisse pas le tems d'y vaquer. En un mot, rien n'est plus opposé à la vie sédentaire d'un Marchand, que le mouvement indispensablement attaché à l'état de Syndic, si c'était dans la Chambre syndicale que résidât réellement toute l'autorité qui lui est donnée par les réglemens.

Ces mouvemens, qui n'ont pas été prévus dans la spéculation, se sont fait sentir dans la pratique. Aussi les visites faites dans Paris par les Commissaires du Châtelet et par les Exempts de Police suppléent-elles à l'insuffisance de celles des Syndic et Adjoints, et, pour revenir à l'objet actuel, il a été nommé par le Roi deux Inspecteurs de la Chambre syndicale, en présence desquels il doit être procédé à la visite et à l'examen des livres ; en sorte qu'au grand regret des Libraires, leurs Officiers n'ont plus que la représentation de l'autorité, et leurs fonctions se réduisent à celle d'Experts qui peuvent être consultés par les Inspecteurs sur la nature des livres, et à celle de stipuler les intérêts de leur Communauté et ceux de leurs confrères dans le cas où il se présente des contrefactions ou d'autres ouvrages qui préjudicient au droit de quelques Libraires.

Voilà ce qui se passe à Paris. Quant aux autres villes d'entrée, il y en a où il n'y a point de Chambre syndicale. Ce cas a été prévu à la vérité, et par les Arrêts des 11 juin 1710 et 19 juin 1717 il est porté *que les livres seront remis au Syndic de la Communauté des Libraires dans les villes où il y en a d'établis, ou aux deux Libraires nommés à cet effet dans celles où il n'y a point de Syndic.*

Mais s'il est dangereux de remettre cette police entre les mains des Libraires de Paris qui peuvent être choisis parmi un nombre considérable de membres de cette Communauté, et qui sont sous les yeux des premiers Magistrats, il y a encore plus d'inconvénient à la confier aux Chambres syndicales des provinces, qui doivent être beaucoup plus mal composées, et à la conduite desquelles on ne veille pas de si près.

La nomination de deux Libraires dans les villes où il n'y a point de Syndic entraîne une partie des mêmes abus, et d'ailleurs elle rend ces deux Libraires maîtres absolus du commerce de leurs confrères, et par-là introduit le monopole.

Pour établir une règle fixe à cet égard, je ne proposerai autre chose que ce qui s'observe déjà pour Paris, c'est-à-dire, d'ordonner que dans chaque ville d'entrée la visite sera faite en présence d'un Officier commis à cet effet, qui consultera les Syndic et Adjoints s'il y a une Chambre syndicale dans la ville, sinon des Libraires qu'il jugera à propos de choisir ou autres gens à ce connaissant.

Dans les villes où il n'y a point d'Intendant, ce sera l'Inspecteur commis par M. le Chancelier, qui fera cette fonction.

Pour les lieux de résidence des Intendans, il faut que la visite s'y fasse par leurs ordres et en présence d'un homme par eux préposé. C'est encore la suite de ce que j'ai dit ailleurs de l'autorité qu'on doit donner aux Intendans en cette matière.

En ordonnant que la visite sera faite en présence d'un Officier par eux commis, on les charge spécialement de cette administration qui pourrait leur être contestée par les Lieutenans de Police, comme faisant partie de l'attribution générale qui leur est donnée pour la *Librairie* par l'Arrêt du 24 mars 1744.

Mais, au fond, il est juste et nécessaire de conserver aux Intendans l'autorité sur la visite des livres. En effet, par le même Arrêt de 1744, qui commet les Lieutenans de Police à l'exécution du réglement de 1723, les Intendans sont chargés d'y tenir la main. D'ailleurs, par un Arrêt du 28 décembre 1717, qui ajoute la ville de Lille à la liste des villes d'entrée, il est porté qu'après la visite des livres faite par les Syndics, ils en dresseront un catalogue exact, qui sera par eux représenté à

l'Intendant avant d'en faire la délivrance?
Ainsi l'intention du Législateur á toujours été
que ce fussent les Intendans qui présidassent
à cette visite, et je ne crois pas que les Lieutenans de Police aient jamais voulu s'en mêler. Je croirais plutôt qu'il y a quelques villes
dans le Royaume, où personne ne s'en mêlé ;
et où les Syndic et Adjoints font ce qui leur
plaît sans en rendre compte à personne ; et
c'est à cela qu'il faut obvier.

Mais sans entrer dans toutes ces considérations, il faut s'arrêter à un principe de décision ; c'est qu'il ne serait pas raisonnable de
confier aux Lieutenans de Police de chaque
ville, et encore moins aux Maires et Échevins
qui, dans bien des villes, ont réuni ces charges
et en font les fonctions, il n'est pas raisonnable, dis-je, de les charger d'une administration difficile, qui doit être quelquefois dirigée
par des vues supérieures et par la connaissance des circonstances, et qui exige une ré-
lation continuelle avec M. le Chancelier.

Cette même administration est d'ailleurs du
nombre des matières dont les Intendans ou
toute autre personne peuvent être chargés,
sans que les Juges ordinaires puissent s'en
plaindre, attendu qu'il n'y a aucune juridiction contentieuse, que rien ne s'y décide par

Sentence ni avec aucune forme judiciaire, et que les principes d'après lesquels on doit s'y conduire, ne sont ni ne peuvent être puisés dans aucune loi écrite.

Avant de quitter cet objet, je crois nécessaire d'observer que, suivant l'Arrêt du 11 juin 1710, ceux qui sont chargés de la visite dans chaque ville devraient envoyer toutes les semaines à M. le Chancelier une copie certifiée de l'état des livres visités, pour y être par lui statué ce qu'il appartiendra. Par l'Arrêt du 28 décembre 1717, qui est celui de Lille, les livres ne doivent être délivrés que sur les ordres de l'Intendant; et en cas que les livres soient suspects, l'Intendant doit prendre ceux de M. le Chancelier.

La disposition de l'Arrêt de 1710 était impraticable, et n'a jamais été exécutée; celle de l'Arrêt de 1717 est très-bonne, et c'est précisément ce que nous proposons ici de faire pour tout le Royaume; mais il était superflu d'insérer dans l'Arrêt, qu'en cas de doute, les Intendans recourront à l'autorité de M. le Chancelier. C'est un arrangement d'administration, qui est une suite nécessaire de leur subordination à celui de qui ils tiennent leur autorité en cette matière.

SECOND OBJET.

Transport des Livres dans l'intérieur du Royaume.

Je ne connais aucun réglement général qui statue rien sur cet objet.

Par l'article 2 du réglement de 1723, confirmatif, à cet égard, de plusieurs anciens réglemens, il est dit que les livres et les ustensiles d'imprimerie sont exempts de droits ; mais il ne s'ensuit pas qu'ils soient exempts de visite, puisque la visite a lieu non-seulement pour faire payer les droits des marchandises qui en doivent, mais aussi pour saisir celles qui sont prohibées, et je ne vois point dans quel cas cette visite doit avoir lieu.

L'article 3 porte : *Afin que les marchandises de qualité ci-dessus exprimée jouissent desdites exemptions, veut, Sa Majesté, que sur chaque balle, ballot, tonne, tonneau, caisse, coffre, malle, banne ou paquet, il y ait une déclaration portant que ce sont des livres, fontes, caractères, lettres ou encre servant à l'imprimerie, en ces termes : Livres, Caractères d'imprimerie, Encre d'imprimerie.* J'avoue que je ne comprends pas le sens de cet article. L'inscription mise sur un ballot ne peut pas empêcher les Employés des Fermes de l'ouvrir, parce que cette déclaration peut être fausse, et que, sous le titre de livres, on pourrait faire entrer toutes sortes de marchandises. Or, quand le ballot est ouvert on voit assez si ce sont des livres, estampes, fontes ou caractères d'imprimerie, ou si ce sont d'autres marchandises. Ainsi cette inscription ne peut être utile que dans le moment où les ballots arrivent dans une ville destinée à la visite. Alors les Commis des Douanes doivent, d'après la seule inscription, les envoyer aux Chambres syndicales, et les Officiers de ces Chambres doivent renvoyer les ballots aux Douanes s'il s'y trouvait d'autres marchandises que de la *Librairie;* mais si c'est là le sens de l'article 3, il faut convenir qu'il en présente un autre, et au moins qu'il n'est pas énoncé clairement.

L'article 92, dont nous avons discuté la dernière disposition, en a une première qui paraît applicable à la question que nous agitons à présent; mais elle ne concerne que la ville de Paris.

Il est défendu aux Syndics et Adjoints de la *Librairie* de toutes les villes du Royaume, et à tous les Directeurs et Employés des Fermes, d'ouvrir ni visiter les ballots de *Librairie*

arrivant du pays étranger ou des provinces du
Royaume, et destinés pour Paris, et il leur est
ordonné de les laisser passer après avoir été
plombés, et avec acquit à caution que les con-
ducteurs de livres seront tenus de prendre, soit
au premier Bureau du Royaume pour les marchandises qui viennent des pays étrangers,
soit au premier Bureau de la route pour celles qui viennent des provinces.

Cet article suppose, 1°. qu'il y a des villes
dans lesquelles les Syndic et Adjoints visi-
tent tous les livres qui y entrent, même
ceux qui ne font qu'y passer et qui sont destinés pour d'autres villes ;

2°. Que les Employés des Fermes sont chargés d'arrêter et visiter les marchandises de
Librairie, autres que celles qui sont destinées
pour Paris.

On a jugé à propos d'exempter de ces deux
sortes de visites la *Librairie* destinée à Paris
en prenant acquit à caution. Je crois qu'il
était très-juste d'accorder cette faveur à la
ville de Paris ; mais je crois qu'il était également juste de l'accorder aux autres villes dans
lesquelles la visite peut être faite ; c'est-à-dire,
suivant la police générale dont nous avons
proposé le plan, toutes les villes dans lesquelles il y a un Intendant, en y ajoutant

celles dans lesquelles on jugera à propos d'établir un Inspecteur de *Librairie*.

D'ailleurs, il me semble que ces visites dont la *Librairie* de Paris est exemptée, ne sont pas suffisamment établies.

Celle des villes dans lesquelles il y a une Chambre syndicale, est très-utile quand elle est praticable. Nous avons observé que les précautions prises pour l'examen des livres à l'entrée du Royaume n'étaient point suffisantes, et qu'elles ne feraient que rendre la fraude plus difficile, mais jamais impossible. Cela posé, il est important de prendre encore d'autres mesures pour l'intérieur du Royaume, et la meilleure sans contredit est d'ordonner une autre visite et un autre examen dans des villes considérables comme Paris et Lyon, parce que ce n'est que dans ces grandes villes que le débit peut se faire avec une certaine rapidité.

Par ce moyen il y a deux sortes de visites:

L'une, qui se fait dans toutes les villes d'entrée des livres arrivés du pays étranger. On s'assure que cette visite sera faite par l'acquit à caution qu'on fait prendre à la frontière du Royaume.

L'autre visite est celle qui se fait dans quelques villes particulières, et qui a pour objet,

non-seulement les ballots plombés et chargés
d'acquit à caution, mais généralement toute
la *Librairie* qui arrive, même celle qui vient
de l'intérieur du Royaume.

Cette police est certainement très-bonne,
et il ne reste plus qu'à examiner dans quels
endroits elle doit être établie.

La première idée qui se présente est d'y
assujettir toutes les villes d'Intendans et d'Inspecteurs, et cela paraît être conséquent au
plan de police générale.

Mais le plus souvent cela serait impossible
dans l'exécution. Il y a plus d'un an que M. le
premier Président de Rouen, qui, comme j'ai
dit plus haut, est chargé de la police de la
Librairie dans la ville de sa résidence, écrivit
à M. le Chancelier pour se plaindre de ce que
la plus grande partie de la *Librairie* qui entre
dans Rouen n'est point visitée ni examinée,
et il demanda qu'on donnât des ordres à ce
sujet. Cette demande fut communiquée aux
Fermiers-Généraux qui ont le département
de la Normandie, et ils répondirent que cela
ne se pouvait pas. Cependant cela se pratique
à Paris et à Lyon ; mais la raison de la différence est qu'à Paris et à Lyon il y a des droits
dus pour presque toutes les marchandises,
dont le paiement se fait à un Bureau qu'on

appelle *la Douane*, et pour cela toutes les voitures publiques sont conduites à ce Bureau, où il y a un emplacement propre à les recevoir et des Gardes préposés pour la sûreté des effets qui y sont déposés. C'est dans ce Bureau qu'on sépare les livres des autres marchandises, et qu'on les envoie à la Chambre syndicale, qui est le lieu de l'examen. Mais il n'en est pas de même à Rouen. Cette ville n'est ville d'entrée dans le Royaume que pour les marchandises qui arrivent par mer et qui ont remonté la rivière. Ce n'est que pour celles-là qu'il est dû des droits, et c'est d'après cela que toute la Régie est montée.

Ainsi il n'y a point à Rouen de Douane comme à Paris et à Lyon. Le Bureau de visite des marchandises est sur le bord de la rivière : on les laisse en dépôt dans les vaisseaux ou bateaux, et elles y sont gardées jusqu'à ce que la visite en soit faite. Il n'y a point de cour fermée dans laquelle on puisse faire entrer des voitures, et tous les coches et autres voitures publiques qui viennent à Rouen par terre, arrivent au lieu de leur destination en droiture, sans visite et sans examen.

Si on voulait établir une police pour les livres, il faudrait changer entièrement cette Régie ; commencer par construire à grands frais une Douane telle que celles de Paris et de Lyon, et ensuite obliger les voitures chargées de toute espèce de marchandises d'y passer; car inutilement ferait-on la règle pour la *Librairie* seule, attendu que ce n'est que par la visite de tout ce qui est dans une voiture qu'on peut s'assurer s'il y a de la *Librairie*.

Ce qui est impossible à Rouen n'est pas, selon les apparences, plus aisé dans beaucoup d'autres villes. Ainsi avant de faire un réglement sur cette matière, il faudrait s'informer de ce qui se passe dans les autres villes d'Intendans et d'Inspecteurs. Dans celles où toutes les marchandises arrivantes sont visitées, comme à Paris et à Lyon, on pourra ordonner que les livres seront assujettis à la visite particulière des Officiers préposés pour cela; mais pour toutes les autres il y faut renoncer.

L'article 92 paraît supposer encore d'autres visites de livres, qui peuvent être faites par les Employés des Fermes. On pourrait croire d'abord qu'il n'est question que de la visite à l'entrée du Royaume, et de celle qui se fait sans doute, pour toute espèce de marchandises, dans les quatre lieues de la frontière.

Mais il paraît que ce n'est pas de celles-là seules qu'on a voulu parler, puisqu'on ordonne de faire prendre acquit à caution, pour les livres qui viendront des provinces, dans le premier Bureau de la route.

Aurait-on voulu ordonner que, dans tous les lieux où les Fermiers-Généraux ont établi des Bureaux, les livres fussent arrêtés ? Mais ce serait une grande gêne à ce commerce, imposée gratuitement. Ces Bureaux ne sont établis que pour faire payer, sur les marchandises, des droits de traite, de péage ou des droits locaux. Il n'y en a aucun sur la *Librairie* ; ainsi la visite à cet égard serait sans objet.

D'un autre côté, l'examen des livres ne peut être fait que par gens qui s'y connaissent, et on ne peut pas se reposer de ce soin sur les Commis des Fermes.

Il faudrait donc supposer que lorsque les livres arrivent à quelqu'une de ces lisières établies entre certaines provinces, et auxquelles les droits se paient, les Commis de cette barrière seraient chargés, comme ceux de la frontière du Royaume, de faire prendre acquit à caution pour quelqu'une des villes destinées à l'examen des livres.

Mais un pareil arrangement interrompt la circulation des marchandises. Le commerce qui y est assujetti en souffre un très-grand
préjudice,

préjudice, et cette gêne ne subsiste qu'à cause des droits qui en reviennent au Roi, et qui sont très-considérables.

Pour la *Librairie*, qui ne rapporte aucun droit, et qui est déjà sujète à d'autres gênes, il ne faut point lui imposer celle-là de plus. Elle serait même très-inutile, parce que la plus grande partie du Royaume, qui est ce qu'on appelle, en termes de finance, *le Pays des cinq grosses Fermes*, est assez peuplée pour consommer une édition de livres défendus, et que, dans toute cette étendue, il n'y a point de Bureau.

D'ailleurs, je ne connais aucun article de réglement ancien ni nouveau à ce sujet, et l'induction qu'on peut tirer de l'article 92 n'est pas suffisante. Enfin, avant de rien statuer, sur cet objet, il faudrait encore savoir des Fermiers-Généraux ce qui se pratique, et si leurs Commis ont d'autres ordres sur la *Librairie*, que celui de faire passer les livres qui entrent dans le Royaume par les villes d'entrée, en y joignant les réglemens particuliers pour Calais, pour le Bureau des Rousses et pour Lyon.

Avant de finir cet objet, il nous faut examiner deux dispositions particulières, l'une pour Lyon, et l'autre pour Rouen, contenues

P

dans des Arrêts du Conseil, postérieurs au réglement de 1723.

Par l'article 6 de l'Arrêt du 21 juin 1745, dont nous avons déjà parlé fort au long, et qui est celui dans lequel on a pris des précautions particulières pour l'entrée des livres de Genève et d'Avignon, par l'article 6 de cet Arrêt, disons-nous, il est porté que toute marchandise de *Librairie* qui passera à Lyon, *sous quelque destination que ce soit*, sera visitée à la Chambre syndicale de cette ville, excepté ce qui sera destiné pour Paris ; c'est-à-dire que voilà un article de réglement demandé par les Libraires de Lyon pour leur intérêt, et modifié par les Libraires de Paris pour le leur. En effet, pourquoi des livres qui viendront de Dauphiné en Bourgogne, ne seront-ils pas aussi bien visités à Dijon qu'à Lyon ? Ceux qui sollicitaient le réglement représentèrent sans doute qu'il était plus commode pour l'Administration de n'avoir à fixer son attention que sur une seule ville, et qu'on trouverait plus aisément à Lyon de bons Syndics de la *Librairie*, que dans des villes moins considérables.

Ce raisonnement était aisé à détruire : il aurait suffi d'observer que les fraudeurs en seront quittes pour ne pas passer par Lyon.

C'est effectivement ce qui arrive surtout pour les livres d'Avignon, que, depuis 1746, on fait passer par l'Auvergne. Ainsi le réglement gêne les Libraires de bonne foi, et ne nuit point aux contrebandiers ; et il n'a été sûrement rendu que parce que les Libraires de Lyon et ceux de Paris ont été les seuls consultés ; les uns, parce qu'il était question d'abus qui se commettaient par Lyon, et auxquels on voulait remédier ; et les autres, parce qu'ils sont le plus à portée de ceux qui font les réglemens, et que, par cette raison, ils ont toujours été consultés, et en ont toujours abusé.

Dans cette circonstance-ci, le réglement qu'ils ont obtenu détruit, en grande partie, le commerce de toute autre ville que Lyon et Paris ; et cela est si vrai, que les Libraires de Paris ont senti eux-mêmes le tort qui en résultait pour eux. Effectivement, ils ne firent pas attention, lors de la rédaction de l'article, que l'exception admise en leur faveur n'était pas entière. On a excepté les livres destinés à Paris, et non ceux qui viennent de Paris pour d'autres destinations. Quelques Libraires de Paris ont donné des Mémoires à ce sujet, dans lesquels ils articulent le tort que la visite de Lyon fait à leur commerce, comme si elle n'en faisait pas un bien plus grand aux autres villes, et comme s'ils n'avaient pas mille avantages qui les en dédommagent. Ils ont eu même la hardiesse de proposer qu'on ordonnât que les livres seraient exempts de la visite de Lyon avec le certificat d'un Maître Libraire de Paris. Cette plainte et cette demande ne méritent aucune attention en ce qui les regarde ; mais elle prouve combien cette visite de Lyon nuit aux autres villes du Royaume, qu'il serait aisé d'en libérer en ordonnant pour celles-là, comme pour Paris, que les livres qui y sont destinés, seraient plombés et munis d'acquit à caution à Lyon. Cette précaution suffirait au moins pour les villes que nous avons appelées villes d'Intendans et d'Inspecteurs.

Ce que nous avons dit de Lyon peut aussi se dire en partie de Rouen. Il y a long-tems qu'on s'est plaint des fraudes qui se pratiquent en cette ville ; et les Libraires de Paris surtout prétendent, non sans fondement, que les priviléges exclusifs dont ils sont propriétaires, n'y sont point respectés.

Ces plaintes ont donné lieu à beaucoup de réglemens particuliers à la ville de Rouen, et qui, par cette raison, ne peuvent pas, suivant moi, être des réglemens utiles, attendu que, s'ils étaient bons, il faudrait les rendre généraux pour les autres villes du Royaume. Ces réglemens sont contenus dans des Arrêts du Conseil du 8 mars 1721, du 20 janvier 1723, du 25 mai 1723, et du 14 septembre 1741.

Plusieurs articles de ces réglemens ne s'exécutent pas comme l'article premier de l'Arrêt du 20 janvier 1723, par lequel il est ordonné que toute la *Librairie* qui arrivera à Rouen, *soit de l'étranger, soit d'autres villes et lieux du Royaume, par mer ou par terre,* sera portée au Bureau de la Romaine pour être visitée. J'ai dit ailleurs les raisons par lesquelles cette disposition n'a jamais eu ni pu avoir d'exécution.

D'autres articles sont exécutés, mais ne remédient à rien, comme l'article 12 de l'Arrêt du 14 septembre 1741, par lequel il est ordonné que toute la *Librairie* ne viendra de Rouen à Paris que par eau, et il est défendu aux voituriers par terre de s'en charger. Cette disposition est si dure, que, dans de certains tems, il faut absolument en donner des dispenses, comme dans les tems où la rivière n'est pas marchande. Au fond, elle ne sert de rien, parce que les fraudeurs ne seront jamais embarrassés de l'éluder.

Il est vrai que les voitures publiques qui viennent par terre de Rouen à Paris ne se chargent plus de *Librairie*; mais ce n'est pas par cette voie que la *Librairie* de contrebande s'introduit, puisque les voitures publiques sont toujours menées à la Douane à leur arrivée à Paris, et de la Douane à la Chambre syndicale. Enfin, il faut employer les meilleurs moyens possibles pour empêcher qu'on n'imprime en fraude à Rouen. Nous les avons proposés. Il faut aussi prendre des mesures pour faire examiner ceux qui viendront de Paris. Ces mesures ne peuvent être autres que celles qui sont déjà prises. Pour ce qui est d'empêcher qu'on ne fasse sortir de Rouen les livres qui y ont été imprimés, et qu'on ne les conduise dans les endroits où on pourra attendre les occasions favorables de les introduire dans Paris, on n'y réussira jamais. Les soins qu'on se donnera sur cela seront inutiles, et toutes les formalités auxquelles on assujettira les Libraires seront éludées par les fraudeurs, et ne seront à charge qu'à ceux qui n'ont pas l'intention de frauder.

Récapitulation du quatrième article.

1°. Ordonner que, conformément aux anciens réglemens, les livres n'entreront dans le Royaume que par certaines villes; enjoindre aux Fermiers-Généraux de faire plomber tous les ballots de *Librairie* qu'on voudra introduire dans le Royaume, et exiger qu'on prenne des acquits à caution pour quelqu'une des villes d'entrée.

2°. Fixer la somme pour laquelle il faudra donner caution.

3°. Ordonner que, dans les quatre lieues de la frontière du Royaume, on arrêtera tous les ballots de livres non plombés et non munis d'acquits à caution. Sur cela il faudra se concerter avec les Fermiers-Généraux, et savoir à quelle distance ils arrêtent les autres marchandises prohibées ou celles qui leur doivent des droits. C'est certainement dans les quatre lieues pour les provinces qu'ils appellent *Pays de la Ferme ;* mais je ne sais pas s'ils n'ont pas une autre mesure pour celles qui sont réputées *Provinces étrangères.*

4°. Déterminer les villes d'entrée, et en augmenter beaucoup le nombre ; y comprendre toutes les villes qui sont la résidence d'un Intendant, et, sur les autres, se décider d'après les informations qu'on aura prises, et établir des Inspecteurs de *Librairie* dans les villes d'entrée où il n'y a point d'Intendant.

5°. Conserver l'usage et la forme de la visite qui se fait à Paris, et de celle qui se fait à

Lyon, mais en exempter tous les ballots qui passent de bout par ces deux villes, et qui sont destinés pour d'autres villes d'entrée, en exigeant seulement que la destination soit assurée par l'apposition des plombs et l'acquit à caution.

6°. Révoquer tous les réglemens particuliers, ou au moins les laisser tomber en désuétude.

Addition au quatrième Mémoire.

J'ai annoncé dans une note la discussion de quelques Mémoires envoyés à M. le Chancelier au sujet de la *Librairie* de Lyon, et de la contrebande d'Avignon. Je trouve que les plaintes contenues dans ces Mémoires se réduisent aux inconvéniens que la Déclaration de 1746 devait entraîner, et que les remèdes se trouvent dans les anciens réglemens.

En 1752, M. de Laporte, Intendant de Dauphiné, écrivit à M. le Chancelier pour l'avertir de la contrebande énorme de livres qui se faisait d'Avignon, et lui envoya un Mémoire de son Subdélégué de Vienne, qui proposait les moyens d'y remédier.

Ces moyens étaient, 1°. d'engager le Vice-Légat à faire examiner lui-même les livres à

Avignon par la Chambre apostolique, et à ordonner que les ballots y seraient plombés pour les villes de France où ils seraient destinés. M. de Laporte, en envoyant le Mémoire, prévit aisément que cet expédient ne serait point goûté, et le manda à M. le Chancelier.

Le second moyen proposé était d'ordonner aux Commis de Villeneuve d'y arrêter les ballots de livres, et de s'assurer, par l'acquit à caution, de leur destination pour Aix, Valence, Nîmes et Montpellier, dans lesquelles villes la visite sera faite par un Ecclésiastique nommé par l'Évêque du lieu, et par un Juge royal ou un Subdélégué choisi par l'Intendant.

Ce moyen est, dans son principe, celui qui doit être employé pour tout le Royaume. Dans l'application, il y a quatre observations à faire, que voici :

1°. La piété de l'Auteur de ce Mémoire lui a suggéré indiscrétement de mêler dans cette visite les Ecclésiastiques, qui n'y ont rien à faire.

2°. On restreint inutilement au seul Bureau de Villeneuve le passage des livres. Il me paraît au contraire qu'il est très-sage de fixer le nombre des villes dans lesquelles la visite doit être faite, mais que c'est une gêne superflue que de fixer les Bureaux par où les livres ne doivent que passer. Nous en avons détaillé les raisons.

Aussi le Subdélégué de Vienne ne propose-t-il d'imposer cette obligation que parce qu'il la croit nécessaire pour se conformer à l'esprit de l'Arrêt du 21 juin 1746.

Il observe même dans le reste de son Mémoire, que les abus viennent de ce que l'Arrêt de 1746 obligeant ceux qui font le commerce de livres venant d'Avignon, de les faire passer par Villeneuve et Lyon, cette formalité devient impraticable pour ceux qui sont destinés pour la Provence, le Dauphiné et le Languedoc. C'est pour cela qu'il propose de faciliter l'exécution du réglement, en permettant la visite dans d'autres villes que Lyon.

Les mêmes principes auraient dû le conduire à permettre le passage par d'autres Bureaux que celui de Villeneuve.

3°. On propose d'ordonner une visite à Aix, Valence, Nîmes et Montpellier, c'est-à-dire, de déclarer ces quatre villes, villes d'entrée.

Pour Aix et Montpellier, elles entrent dans le plan que nous avons proposé.

Quant à Nîmes, je ne vois aucun motif pour en faire une ville d'entrée. Nîmes est trop près de Montpellier pour qu'il y ait aucun inconvénient à faire de Montpellier le centre du commerce de livres qui se fait tant à Nîmes qu'aux environs. Si on prétendait que Nîmes est le lieu du passage des marchandises d'Avignon pour quelqu'autre province par une route dans laquelle Montpellier ne se trouve pas, il n'y a encore en cela aucune gêne trop forte, puisque cette route, quelle qu'elle soit, aboutira à une Généralité, dont le lieu principal sera ville d'entrée.

Reste Valence. Je ferai d'abord la même réponse, et je dirai que les livres qui se débitent dans le Dauphiné peuvent bien passer à Grenoble.

Il se pourrait cependant absolument que l'éloignement où cette ville est d'Avignon, la difficulté de la navigation de l'Isère ou d'autres circonstances obligeassent à mettre Valence au nombre des villes d'entrée, et cela n'est pas contraire à notre plan, puisque nous avons établi, en parlant du choix de ces villes, qu'il y a des cas où il est nécessaire d'en établir dans d'autres lieux que ceux de la résidence des Intendans.

4°. Le Subdélégué de Vienne met aussi au nombre des causes de la contrebande ce qui se passe au sujet des marchandises qui *sont transportées d'Avignon en* transit, *et pour le Haut-Comtat. Ces marchandises*, dit-il, *ne sont pas visitées, et il est facile de faire sortir des livres sous la dénomination d'autres marchandises, et de les faire passer ensuite en Dauphiné, en Provence et en Languedoc.*

Il est aussi facile de remédier à cette contrebande pour les livres, que pour les autres marchandises. Les Fermiers-Généraux n'accordent sûrement pas le transit sans s'assurer, soit par acquit à caution ou autrement, qu'on n'abuse pas de cette facilité pour introduire de la contrebande.

Il sera aisé de s'informer des précautions qu'ils prennent pour ce qui les regarde, et de faire prendre les mêmes pour les livres.

- La lettre de M. de Laporte, dont je viens de parler, est de 1752. Peu de tems après j'en reçus une des Syndic et Adjoints de la *Librairie* de Lyon, en réponse à un Mémoire des Libraires de Paris, qui se plaignent des fréquentes contrefactions des livres dont ils ont le privilége, et qui prétendaient que ces contrefactions se faisaient à Lyon; car il est bon d'observer que toutes les plaintes ne roulent que sur l'objet des contrefactions; que l'Arrêt de 1746, celui du Bureau de Calais et

celui des Rousses, dont il a été ci-devant
parlé, et en général la plupart des réglemens
de *Librairie*, n'ont été faits que sur la demande
des Libraires de Paris, et n'ont pour objet
que de remédier à ce seul abus : c'est ce qu'il
est aisé de voir quand on lit ces réglemens, et
encore plus quand on retrouve les Mémoires
sur lesquels ils ont été dressés.

Pour revenir à notre objet, les Libraires de
Lyon prétendirent que ce n'était point chez
eux, mais à Avignon, que s'étaient faites les
contrefactions dont on se plaignait. Ils nom-
mèrent même les Imprimeurs d'Avignon. Ainsi
on en vint à l'entrée des livres d'Avignon en
France, et sur cela ils observèrent que l'Arrêt
du 21 juin 1746 devenait insuffisant, parce
que les Directeurs des Fermes se donnaient la
liberté de remettre indistinctement des ballots
aux personnes qu'ils favorisaient, sans les envoyer à la Chambre syndicale.

A cet égard, il suffirait de leur demander
la preuve de ce fait, et d'en avertir les Fermiers-Généraux, ou tout simplement cet abus
n'arrivera plus lorsque la visite qu'on évite
par cette voie devra être faite sous les yeux
de l'Intendant. Ce sera à lui à obliger les Directeurs des Fermes à se conformer aux réglemens.

Un Français retiré à Avignon offrit, l'année passée, d'indiquer les moyens propres à empêcher cette fraude, et il me donna des avis assez importans sur la manière dont elle se commettait. Quand il fut question de voir par quelles précautions il croyait pouvoir l'empêcher, il proposa de créer un Inspecteur ambulant, qui fît continuellement le tour du Comtat, et qui saisît les ballots de livres qu'on introduirait en France. On se doutera aisément que l'Auteur du projet comptait être chargé de l'exécution.

La réponse à ce projet est que cet Inspecteur ambulant, quand il aurait toute la vigilance possible, ne pourrait jamais remplir sa fonction aussi bien que les Brigades des Fermiers-Généraux ou celles des Maréchaussées. Ainsi tout ce qu'on peut conclure de son Mémoire, est qu'il faut établir pour Avignon la police générale qui doit l'être pour toutes les autres frontières, c'est-à-dire, défendre de laisser entrer dans le Royaume les livres qu'avec acquit à caution pour une ville d'entrée.

Enfin, M. de Saint-Priest, Intendant de Languedoc, a envoyé, au mois de décembre dernier, un Mémoire par lequel il indique à M. le Chancelier les moyens les plus propres à faire cesser la contrebande d'Avignon, et il lui marque qu'une partie de ces moyens sont les mêmes qui ont été employés, et qui ont réussi pour prévenir l'introduction d'autres marchandises prohibées en Languedoc. Voici quels ils sont :

1°. Défendre aux sujets du Roi de faire imprimer hors du Royaume.

Cette défense est déjà portée dans l'article 107 du réglement de 1723.

2°. Défendre à toutes personnes de faire venir des livres d'Avignon sans une permission par écrit de l'Intendant.

La défense de laisser entrer les livres dans le Royaume pour tout autre lieu que les villes d'entrée, et l'ordre de les faire examiner dans ces villes par celui qui sera préposé à cet effet par l'Intendant, contient la défense que M. de Saint-Priest veut qui soit faite ; mais de ce qu'il juge cette défense particulière nécessaire, on doit conclure que la défense générale n'est point exécutée, et même est oubliée en Languedoc et dans les environs du Comtat.

3°. Enjoindre aux Employés des Fermes établis aux passages du Rhône et aux Brigades ambulantes, d'arrêter les balles de livres *qui ne seraient pas accompagnées d'un passe-port de l'Intendant pour ceux qui viennent d'Avignon, et des certificats des Cham-*

bres syndicales pour ceux qui viennent des provinces.

Cette injonction me paraît encore comprise dans l'Arrêt du 11 juin 1710, dans celui du 19 juin 1717, dans l'article 14 du réglement du 28 février 1723, et dans tous les Arrêts et réglemens qui fixent les villes d'entrée. La nécessité d'un passe-port de l'Intendant pour les livres venant d'Avignon ne serait point une rigueur nouvelle; ce serait au contraire une facilité qu'on accorderait au commerce d'Avignon, ou plutôt ce serait une dérogation au réglement général ou une exception; mais je ne crois pas qu'elle soit nécessaire, et il me paraît qu'il est plus simple d'ordonner que ces livres seront examinés au lieu de la destination, et que les Commis des Fermes obligeront seulement de prendre acquit à caution. La raison en est que le passe-port de l'Intendant peut donner lieu à la fraude, en faisant passer, à l'abri de ce passe-port, d'autres marchandises que celles qui en sont l'objet; au lieu que, par l'acquit à caution et l'apposition des plombs, on s'assurera que toute la marchandise qui passera sera visitée.

La formalité du certificat des Chambres syndicales pour la *Librairie* venant des provinces du Royaume a un objet différent, puisque,

que, suivant le droit commun, celle-là devrait être exempte de visite. Aussi M. l'Intendant de Languedoc ne propose-t-il cette formalité que par la crainte qu'on n'introduise la *Librairie* d'Avignon sous prétexte qu'elle vient des provinces du Royaume ; mais ce qu'il propose à cet égard serait sujet à bien des inconvéniens, à cause du petit nombre de villes dans lesquelles il y a une Chambre syndicale, et il me semble qu'il vaudrait encore mieux s'assurer du lieu de l'arrivée des livres par l'acquit à caution, que du lieu de leur départ par le certificat d'une Chambre syndicale ; ce qui rentre dans l'ancienne disposition des réglemens.

M. l'Intendant de Languedoc a encore un autre objet que d'empêcher la fraude ; c'est celui de favoriser le commerce des Français, et de diminuer celui des Avignonais. Mais cet objet sera également rempli si on le veut ; il suffira pour cela d'arrêter à l'examen les livres d'Avignon ; ce qui sera conforme aux réglemens, parce que la plupart des livres qui s'impriment dans le Comtat sont, ou des livres qui ne seraient pas permis en France, ou des livres contrefaits sur ceux dont il y a en France un privilége exclusif. Ainsi la précaution proposée par M. de Saint-Priest re-

Q

viendra encore au droit commun, en supposant que l'ordre d'arrêter les ballots de livres qu'il veut qui soit donné aux Commis, ne s'étendra plus au-delà d'une certaine distance de la frontière du Comtat. En effet, l'ordre de ne laisser entrer les livres que par de certaines villes, et de faire prendre acquit à caution, comprend implicitement celui d'arrêter toute la *Librairie* qui se trouvera sans acquit à caution à une certaine distance des frontières du Royaume : c'est aussi ce qui se pratique pour toutes les autres marchandises sujètes aux droits et à la visite.

4°. Obliger les Messagers et Voituriers de conduire aux Chambres syndicales des villes de leur arrivée, ou chez le Subdélégué de l'Intendant, les ballots de *Librairie* pour lesquels ils auront obtenu un passe-port. Cette précaution devient inutile en exigeant l'acquit à caution.

Tout ce qu'il faut observer à cet égard, c'est que la position du Comtat au milieu du Royaume obligera peut-être d'établir la visite juridique dans plusieurs autres villes que celles qui sont mentionnées dans les Arrêts et réglemens. C'est sur cela qu'il faudra se concerter avec les Intendans des provinces voisines. D'ailleurs, on sera obligé de prendre acquit à caution pour la *Librairie* qui traversera le Comtat ; c'est une formalité qui n'est point prescrite, et il est inutile qu'elle le soit ; elle dérive de l'obligation de faire visiter la *Librairie* qui arrive d'Avignon, comme celle qui arrive des autres pays étrangers.

Ainsi au lieu de l'Arrêt du Conseil que propose M. de Saint-Priest, je crois qu'il suffira de rappeler les réglemens généraux, de les faire exécuter, et seulement, pour les rendre exécutables, de multiplier les villes d'entrée.

D'ailleurs, les précautions particulières à chaque province, et relatives à des circonstances locales, pourront être prises, mais toujours conformément à l'esprit du réglement général, et chaque Intendant pourra rendre à ce sujet une ordonnance pour sa Généralité.

S'il y avait d'autres mesures à prendre pour les livres d'Avignon, ce ne pourrait être qu'en se concertant avec la Cour de Rome par voie de négociation ; mais je doute qu'on y trouvât de la facilité, parce que je crois que cette Cour tire beaucoup d'argent de la contrebande des livres. J'en citerai pour preuve une lettre que j'ai reçue depuis peu d'un habitant d'Avignon, qui me mande qu'il a sollicité la permission d'imprimer une nouvelle feuille périodique, différente de celle qui est connue sous le nom du *Courier d'Avignon;* qu'il a offert à la Chambre apostolique vingt mille francs par an, mais que le Pape est arrêté par le privilége qu'il a accordé au nommé Giroud, pour *le Courier d'Avignon, pour un tribut annuel de quatre mille livres.* Il est très-possible que les autres livres qui s'impriment à Avignon paient une pareille redevance.

CINQUIÈME MÉMOIRE

SUR LÁ LIBRAIRIE,

Contenant un éclaircissement sur ce qu'on appelle Permissions tacites.

Nous avons parlé plusieurs fois, dans ces Mémoires, des *permissions tacites*, et nous avons renvoyé à un éclaircissement particulier ce qui devait en être dit.

J'ai vu plusieurs personnes qui étaient persuadées que les abus de la *Librairie* venaient de l'usage de ces permissions tacites, et cependant aucun Administrateur de la *Librairie* n'a renoncé à en donner. La raison en est que, dans la pratique, il est absolument impossible de s'en passer, et tous ceux qui y sont le plus opposés, finiraient par y recourir s'ils avaient été chargés quelques mois du détail de la *Librairie*. D'ailleurs, ces permissions tacites qui sont contraires à la lettre des réglemens, ne sont cependant pas destituées de toute forme ; et c'est sur cela que tombe l'erreur de ceux qui s'en plaignent. On croit que les permissions tacites sont de pures per-

missions verbales ou de simples actes de tolérance, dont il ne reste aucun vestige. Si cela
était, elles seraient abusives par des raisons
que nous avons dites plusieurs fois, et surtout parce que ces voies détournées accoutu-
ment les Libraires à la fraude.

Les premières permissions tacites qui ont
été données, ont sans doute été de ce genre,
et il arrive encore quelquefois qu'on en donne
de pareilles à cause du défaut de principes
fixes en vertu desquels le Censeur puisse se
réputer à l'abri de tout reproche. Mais les
véritables permissions tacites sont bien différentes de ces actes de tolérance ou peut-être
de *connivence*.

Les permissions tacites étant devenues aussi
communes qu'elles le sont aujourd'hui, on a
senti la nécessité d'y mettre une forme, et
cette forme est qu'on les inscrit sur un registre
déposé à la Chambre syndicale, et entre les
mains du Lieutenant de Police. Cette forme
est moins authentique que celle des permissions publiques, mais n'est pas moins constante. Voilà l'éclaircissement qu'il est nécessaire de donner, et qui doit détruire les impressions défavorables attachées au nom de
permissions tacites.

Si on veut examiner à présent les motifs

qui les ont fait établir, et les raisons qui doivent les faire subsister, on les trouvera dans tout ce qui a été dit dans le second et le troisième Mémoires.

La loi qui défend d'imprimer sans une permission et une approbation écrite est une loi très-sage ; pourvu qu'on n'en use que pour un petit nombre d'objets. Je ne répéterai pas ce qui a été dit ailleurs à ce sujet ; mais la loi qui ordonne d'imprimer la permission et l'approbation, est impraticable et inutile.

Il importe au Magistrat chargé de l'administration, de savoir pour quels ouvrages la permission a été accordée, et par qui ils ont été approuvés. Son registre et le paraphe du Censeur mis au manuscrit ou à un exemplaire imprimé suffisent pour cela.

Il est aussi nécessaire que les Juges du délit puissent savoir si un livre est permis, afin de connaître si le Libraire est punissable ; mais pour cela il suffit que le Libraire ait sa permission scellée et enregistrée, et qu'il puisse la représenter pour sa décharge si on veut le traduire en justice. Il n'y a que les priviléges exclusifs qu'il faille absolument imprimer, parce qu'il est nécessaire que celui qui a acquis un droit exclusif sur un ouvrage, en avertisse, par la voie de l'impression, ceux qui voudraient l'entreprendre concurremment avec lui.

Il n'y avait donc aucune nécessité à ordonner qu'une simple permission et l'approbation du Censeur seraient imprimées, et il y avait beaucoup d'inconvéniens résultans de tout ce que nous avons dit dans le cours de ces Mémoires.

Celui qui a accordé une permission n'en doit point compte au public, et les Censeurs, qui sont des subalternes que M. le Chancelier consulte, seraient très-fâchés de voir publier leur avis par la voie de l'impression : il n'est pas juste qu'ils soient exposés au ressentiment de ceux à qui cet avis n'est pas favorable.

Si ces inconvéniens avaient été considérés dans un point de vue général, ils auraient peut-être porté le Législateur à changer la loi, et alors il n'y aurait plus qu'une sorte de permission ; ce qui serait le plus simple et le plus naturel. Mais l'inconvénient de la loi existante ne s'est jamais présenté que relativement à des circonstances particulières.

Dans l'origine il y avait peu de cas où les permissions ne pussent se donner publiquement, parce qu'on imprimait sur moins de matières, et qu'il n'y avait guère que deux sortes d'ouvrages ; les uns qui n'intéressaient que les gens de lettres, les autres directement contraires au Gouvernement et à l'autorité, et qui par-là n'étaient pas plus susceptibles de permission tacite, que de permission publique.

Depuis que le goût d'imprimer sur toutes sortes de sujets est devenu plus général, et que les particuliers, surtout les hommes puissans, sont aussi devenus plus délicats sur les allusions, il s'est trouvé des circonstances où on n'a pas osé autoriser publiquement un livre, et où cependant on a senti qu'il ne serait pas possible de le défendre. C'est ce qui a donné lieu aux premières permissions tacites; et comme on croyait qu'il y aurait très-peu de cas où elles seraient nécessaires, on n'a pas imaginé de remonter à la source, et de réformer un réglement devenu respectable par son ancienneté. Cependant elles se sont multipliées au point d'être devenues aujourd'hui aussi communes que les permissions publiques.

Il serait plus difficile à présent que jamais, de renverser ce réglement principal consigné dans les anciennes Ordonnances, et renouvelé dans toutes les lois postérieures : ainsi il faut nécessairement laisser subsister les permissions tacites. Cependant, d'après ce que j'ai dit, on peut y faire deux objections.

L'une est que les principes établis, dans les Mémoires précédens, sur le peu d'objets auxquels la fonction du Censeur doit s'étendre, doivent le mettre à l'abri des reproches du public, et lui donner plus de hardiesse pour publier son approbation.

Cela serait vrai si le public était juste, ou plutôt si les particuliers l'étaient dans ce qui intéresse leur amour-propre; mais comme il s'en faut beaucoup qu'ils ne le soient, un Censeur craindra toujours, avec raison, de se faire des ennemis, et dès-lors, quelque assuré qu'il soit de l'indulgence de celui dont il tient sa fonction, il refusera toujours de donner publiquement son approbation pour les mêmes livres pour lesquels il la donnerait tacitement; et si on l'oblige de mettre son nom au livre, il fera mille difficultés, dont l'effet sera de dégoûter les Auteurs, ou plutôt de les porter à recourir aux voies furtives, et à se passer de permission expresse.

L'autre objection est que, les permissions tacites étant consacrées à la teneur de la loi, les Juges doivent toujours les méconnaître, et condamner un Libraire qui n'a qu'une permission tacite avec la même rigueur que s'il n'en avait aucune.

Je conviens de la réalité et de la solidité de cet argument, et si on pouvait aujourd'hui s'assurer de tous les suffrages nécessaires pour faire une loi, je proposerais d'établir les permissions tacites par une Déclaration enregistrée, ou plutôt, comme j'ai dit plus haut, de permettre d'imprimer un livre sans imprimer la permission: Mais, comme il n'est pas possible de prendre un pareil parti dans les circonstances présentes, il faut au moins se tirer d'affaire par une voie oblique.

Cette difficulté a été agitée dans les conférences que j'ai eues l'année passée avec quelques-uns de MM. du Parlement, au sujet de la Déclaration dont nous avons donné le projet au commencement du quatrième Mémoire. Ils sentirent, comme moi, la nécessité des permissions tacites, et c'est pour les autoriser indirectement, qu'à l'article 2, où il est fait défenses d'imprimer sans permission, on a ajouté ces termes : *Conformément aux réglemens et usages de la Librairie*; ce terme, *usage*, a paru renfermer l'usage des permissions tacites.

Il n'est donc plus question que de rendre cet usage assez constant pour que le Libraire qui a obtenu une pareille permission, puisse la produire pour sa décharge, et que celui qui n'en a pas obtenu, ne puisse pas allégüer qu'il en a une.

Pour cela il faut établir une forme de permissions tacites. J'ai dit qu'il y en avait déjà une, mais je dois dire ici qu'elle ne vaut rien, et cela parce qu'on a senti que ces permissions n'étaient point régulières, et que l'on a voulu éviter que la justice réglée en pût prendre connaissance.

Les permissions tacites, comme nous avons déjà dit, sont consignées dans un registre qui reste chez M. le Chancelier, et dont il y a deux copies, l'une entre les mains des Syndic et Adjoints de la *Librairie*; l'autre remise au Lieutenant de Police de Paris.

De là il s'ensuit qu'il n'y a aucune forme pour les permissions tacites qu'on accorde dans les provinces; il s'ensuit aussi qu'un Libraire qui n'a pas en main cette pièce qui est son titre, est bien à plaindre si on le condamne faute d'une permission qu'il ne peut pas représenter, ou plutôt que le Libraire, accusé d'avoir imprimé sans permission, soutiendra toujours qu'il en a eu une tacite, et que ce n'est pas sa faute si elle n'a pas été mise sur le registre par négligence, ou si elle en a été ôtée par infidélité.

Dailleurs, le registre, comme j'ai déjà dit,

ne doit pas passer entre les mains de la Justice. Puisqu'elle connaît du délit d'imprimer sans permission, il faut bien que l'accusé puisse lui représenter sa permission ; mais les Administrateurs ne consentent point que le tableau général des permissions tacites soit exposé à la critique, et c'est pour cela que le registre envoyé à la Chambre syndicale n'est signé de personne ayant caractère, et est retiré à la volonté de M. le Chancelier ou de celui qui est par lui préposé à cet effet.

Les abus que j'annonce ici n'ont jamais existé; parce que jusqu'à présent tout s'est fait par administration, et que l'Administrateur savait bien s'il avait accordé ou non la permission ; mais aujourd'hui que l'Arrêt du Parlement oblige de se mettre en règle, il faut prévoir des abus qui doivent nécessairement arriver.

Pour y remédier, je proposerai donc une nouvelle forme, c'est qu'il soit adressé à la Chambre syndicale un ordre par lequel, *vu la nécessité où on est quelquefois de commencer l'impression des ouvrages avant l'expédition du privilége ou de la permission scellée, on déclare que les permissions particulières données à ce sujet n'auront lieu qu'autant que les Imprimeurs auront un*

exemplaire manuscrit du livre ou des feuil-
les d'épreuve paraphées par celui qui sera
préposé à cet effet par M. le Chancelier, et
qu'ils seront tenus de représenter lesdites
feuilles aux Syndic et Adjoints lors de la
visite par eux faite dans les imprimeries, et
de les garder encore un an après que l'im-
pression sera achevée et que le livre aura été
publié.

Cet ordre ne peut être ni un Arrêt du Conseil, ni même un ordre signé de M. le Chancelier, puisqu'il tend à établir les permissions
tacites qui sont contraires à la disposition de
la loi; mais il servira seulement à instruire
les Libraires du nouveau réglement, et à leur
donner un titre avec lequel ils puissent être à
l'abri de toutes recherches, et dont ils ne
puissent pas abuser en alléguant, comme ils
font tous les jours, une fausse permission ver-
bale.

Je sais que cet ordre ne pourra pas être
réputé une loi authentique; mais nous avons
dit que, par la Déclaration, les usages de la
Librairie doivent être conservés. Or, l'usage
ne peut être mieux constaté que par un pareil ordre. Il faudra seulement s'assurer que,
dans le moment que l'ordre sera publié, le
Procureur-Général du Parlement n'ira pas le

dénoncer comme contraire aux lois du Royaume. Je crois qu'on pourra s'arranger sur cela, parce que MM. du Parlement ne sont pas opposés aux permissions tacites. Or, si l'ordre est une fois connu dans la *Librairie*, et qu'il soit exécuté seulement pendant trois ou quatre ans, il devient au moins un de ces usages authentiques que l'article 2 de la Déclaration aura égalés aux réglemens.

Il reste deux doutes à éclaircir sur cette nouvelle forme : 1°. on me demandera pourquoi j'annonce les ouvrages permis tacitement comme des ouvrages pour lesquels on doit donner une permission du sceau, qui n'est pas encore expédiée. Je réponds que c'est pour ne pas attaquer de front la loi qui défend d'imprimer sans permission scellée. C'est par la même raison que, dans l'usage actuel, la liste des permissions tacites, qui est déposée à la Chambre syndicale, est intitulée : *Liste des ouvrages imprimés en pays étrangers, dont le débit est permis en France ;* mais cette forme n'est pas suffisante pour garantir l'Imprimeur dans le cas où on prouverait que c'est lui qui a imprimé l'ouvrage.

2°. Peut-être aussi sera-t-on étonné de ce que je n'oblige les Libraires à garder les feuilles paraphées par le Censeur que pendant un an.

Mais les raisons qui nous font desirer de substituer quelquefois des permissions tacites aux permissions publiques, doivent aussi faire retirer au bout d'un certain tems l'original de la permission, ou les feuilles paraphées qui la constatent. Au fond, si un livre est punissable, il ne sera pas un an sans faire son effet, et sans que les Juges en soient avertis. Et d'ailleurs, après l'année révolue, l'action du ministère public contre les Auteurs subsistera toujours, et c'est tout ce qui doit intéresser le Parlement.

Au reste, cette nouvelle forme de permissions tacites peut avoir encore d'autres inconvéniens que je n'ai pas prévus, et je ne la donne que comme plusieurs autres idées contenues dans le quatrième Mémoire, qui ont encore besoin d'être communiquées, examinées et approfondies.

MÉMOIRE

MÉMOIRE

SUR

LA LIBERTÉ DE LA PRESSE.

AVERTISSEMENT

DE L'ÉDITEUR.

Par ces expressions de *Liberté de la Presse*, M. de Malesherbes est bien loin d'entendre que les délits qui se commettent par l'Imprimerie sont indifférens, et que le bien y compense le mal. Un tel relâchement de principes ne pouvait entrer dans une ame aussi pure. M. de Malesherbes soutient au contraire qu'on ne peut jamais tolérer les écrits contre la Religion, la morale, les bonnes mœurs et les principes du Gouvernement. Il s'élève avec force contre les subterfuges dont se sert la Jurisprudence anglaise pour assurer l'impunité des diffamations personnelles.

Venant ensuite à l'application de ces principes éternels de tout ordre public, il dit positivement qu'il ne faut pas supprimer la censure (*page 324*). Il le ré-

R 2

pète plus affirmativement encore *(page 393)* ; il veut que les Écrivains aient le choix de s'y soumettre avant l'impression, à moins qu'ils ne veuillent se mettre à la discrétion des tribunaux. Mais comme il prouve fort bien que la censure par les Corps judiciaires est la plus dure, la plus capricieuse, la plus sujète à préjugés, son opinion en faveur de la censure préalable n'est pas équivoque. C'est aussi la mesure à laquelle tous les esprits sages sont revenus, et que les Écrivains demandent à grands cris pour leur propre tranquillité.

Ce dernier Mémoire de M. de Malesherbes offre beaucoup de faits curieux, intéressans pour l'histoire littéraire du dernier siècle. On y trouve un peu de cette exaltation particulière à l'époque où il a été écrit, et qui a pu influer, non sur les conclusions de son ouvrage éminemment sages, mais sur quelques détails de la discussion. Frappé des vices des réglemens, et de la licence avec laquelle ils étaient violés, il a critiqué des abus dont les causes ont disparu. Le lecteur distinguera facilement ce qui est dû aux circonstances, et ce qui n'appartient qu'à la conscience et aux lumières de ce grand magistrat.

AVERTISSEMENT

DE L'AUTEUR.

Ce Mémoire sur *la Liberté de la Presse* en général, et particuliérement sur le parti qu'il convient de prendre dans l'instant de la convocation prochaine des États-Généraux, m'a été demandé à la fin de l'année 1788. Je le diviserai en six chapitres, qui seront la discussion de six questions.

TABLE.

Dans la discussion de toutes ces questions, il y aura
deux objets à considérer, celui de donner à la Nation la
liberté d'écrire, qu'une grande partie du public croit
essentielle depuis qu'on s'occupe des Assemblées nationales qui vont se tenir, et celui d'empêcher la licence
des libelles, qu'une autre partie du public regarde comme
l'abus auquel il est le plus nécessaire de mettre un frein.

J'ignore entre les mains de qui tombera ce Mémoire.
Je prendrai le parti, en discutant chaque question, d'a-
dresser la parole successivement aux lecteurs qui sont
dans l'un et l'autre de ces principes, à ceux qui sont zélés
pour la liberté, et à ceux qui insistent pour arrêter la
licence.

MÉMOIRE

SUR

LA LIBERTÉ DE LA PRESSE.

(FIN DE 1788.)

CHAPITRE PREMIER.

QUESTION PREMIÈRE.

QUELS sont en général, pour une Nation, les avantages et les inconvéniens de la liberté d'imprimer, et quels seront-ils dans le moment où les Représentans de la Nation vont s'assembler ?

LA discussion publique des opinions est un moyen sûr de faire éclore la vérité, et c'est peut-être le seul.

Ainsi toutes les fois que le Gouvernement a sincérement le noble projet de faire connaître la vérité, il n'a d'autre parti à prendre que de permettre à tout le monde la discussion sans aucune réserve, par conséquent d'établir ce qu'on appelle *la Liberté de la Presse;* car depuis que l'*Art de l'Imprimerie* est inventé, ce n'est plus par des disputes verbales, même par des thèses, par des sermons, que la Nation sera instruite.

La parole se perd et s'oublie ; c'est l'écriture qui la fixe, et qui, comme ont dit les poètes, attache au papier la parole fugitive, et c'est l'impression qui donne à l'écriture une durée éternelle. C'est cet Art qui répand sur toute une Nation les lumières qui autrefois n'éclairaient qu'un petit nombre de sages.

Quand un Roi, quand une Nation voudront faire luire la vérité, ce n'est plus ces Conférences qui ont eu lieu dans les siècles passés, comme celles que fit tenir Philippe de Valois sur la juridiction ecclésiastique ; comme le Colloque de Poissy et les autres du même siècle, sur la Religion ; comme celles qui furent tenues pendant le dernier règne, entre les Prélats et les Magistrats, sur les disputes qui agitaient alors le Clergé et la Magistrature, ni même comme les Conférences ordonnées par Louis XIV, en 1667 et 1670, sur la réformation des ordonnances.

Il n'y a, dans de semblables Conférences, qu'un petit nombre d'Auteurs, un petit nom-

bre de Juges, et un tems limité, après lequel
il faut présumer que tout a été dit.

Mais l'impression offre un champ plus
vaste ; c'est une arêne où chaque Citoyen a
droit d'entrer ; c'est la Nation entière qui est
le Juge, et quand ce Juge suprême a été en-
traîné dans l'erreur, ce qui est souvent arrivé,
il est toujours tems de le rappeler à la vérité.
La lice n'est jamais fermée.

L'erreur triomphe quelquefois, pendant un
tems, par la supériorité des talens du défenseur de la mauvaise cause ; mais dans la suite
la vérité perce, et ses adversaires sont con-
fondus.

Il y a près de quarante ans que j'ai soutenu,
pour la première fois, cette maxime. J'étais
obligé alors de discuter la question, parce
qu'on m'avait chargé de l'inspection de la
Librairie.

Dans ce tems-là bien des personnes, et surtout la plupart des gens en place, étaient d'un
avis différent.

Ils paraissaient effrayés de toutes les erreurs
que pourrait répandre dans le public un Auteur téméraire, qui aurait le talent de se faire
lire. C'était alors M. de Voltaire qui les faisait trembler.

Je persistais dans mon sentiment, et je leur

soutenais toujours que les erreurs n'auraient qu'un tems, et que, pourvu qu'on laissât la liberté de la discussion, ce serait à la longue la vérité qui prévaudrait.

Mais aujourd'hui il n'y a plus si long-tems à attendre pour ce triomphe de la vérité, parce qu'il n'y a point, et qu'il n'y aura plus jamais d'Auteur qui ait assez d'ascendant sur la Nation entière pour lui faire illusion sur les objets qui l'intéressent.

La Nature ne produit pas souvent des Montesquieu et des J. J. Rousseau, et il est rare que des familles opprimées aient, comme celle des Calas, le bonheur de trouver un Voltaire pour défenseur.

Mais on peut se passer de ces talens supérieurs.

L'éducation et le goût de la littérature, dont les progrès sont depuis quelque tems si rapides, font naître tous les jours des talens suffisans pour défendre une bonne cause.

Un style pur, noble et clair suffit pour exposer une question, et mettre le public en état d'en juger. L'Auteur doué de ce talent intéressera même le public si la cause est par elle-même intéressante.

Si, sur une question qu'il faut agiter, celui qui a les connaissances n'a pas le talent d'écrire, il trouve aisément un ami qui lui prête sa plume. Il n'est pas nécessaire de recourir à ceux qui se sont fait un nom dans la littérature, et les gens de lettres ne sont plus, comme autrefois, un petit nombre d'hommes privilégiés qui avaient seuls le droit de parler au public.

Nous avons vu, depuis quelques années, des gens du monde, des Militaires, qui n'avaient jamais couru la carrière des lettres, et jamais étudié la science des lois, se charger eux-mêmes de la défense d'une cause qui les intéressait. Quelques-uns ont composé des Mémoires si bien faits, que les plus célèbres Avocats ont avoué qu'ils n'en auraient pas fait un meilleur. D'autres ont osé paraître dans l'arêne contre des Orateurs exercés dans les disputes du Barreau, et qui y avaient acquis beaucoup de réputation, et au jugement du public, ce Juge souverain des Juges de la Terre, l'homme du monde n'a pas été terrassé par le Jurisconsulte. Dans le peuple même, dans la classe des Artisans dont presqu'aucun ne savait lire dans le siècle passé, il s'est trouvé des talens littéraires dont on a été surpris.

Lorsque l'Académie des Sciences entreprit la description des Arts et Métiers, les Académiciens allèrent dans différens ateliers pour voir travailler les Ouvriers, et faire connaître au public leurs procédés.

On fut très-étonné de voir plusieurs de ces Artisans quitter le rabot et la lime pour prendre la plume, et composer eux-mêmes des traités raisonnés de leur Art, qu'on croirait l'ouvrage de Mathématiciens ou de Physiciens consommés.

J'ai vu jusqu'à un livre écrit dans la prison par un Braconnier, de qui on avait exigé de révéler ses ruses et celles de ses Camarades. Ce livre se lit avec plaisir, et il y a des traits qui ne dépareraient pas l'ouvrage d'un bel-esprit.

Ne regardons plus le peuple, dans notre siècle, du même œil qu'on le considérait dans les siècles passés.

Je ne prétends pas dire que tous les individus de la Nation soient des gens instruits; mais je dis qu'il n'y a pas une classe d'hommes ni un coin de province où il ne se trouve des gens qui ont une façon de penser à eux, et qui sont capables de l'exposer et de la soutenir contre qui que ce soit.

C'est l'heureux effet de l'*Art de l'Imprimerie*. Il n'y a que trois siècles et demi que cet Art existe; ce n'est pas trop de tems pour avoir fait acquérir, aux Nations entières, cette instruction dont il est tems de recueillir les fruits.

Je regarde donc comme un principe qui ne peut plus être contesté, que la liberté de la discussion est le moyen sûr de faire connaître à une Nation la vérité, et je pose cette maxime comme un des principes fondamentaux de ce Mémoire.

Mais il reste à savoir si d'autre part cette liberté d'écrire n'a pas de si grands inconvéniens, que, malgré les avantages qu'elle présente, il faille la limiter.

Les partisans zélés de la liberté diront sans doute que ceux qui sont si frappés de ces inconvéniens, sont ceux mêmes qui ont grand intérêt à ce que bien des vérités ne soient pas connues; par exemple, les Administrateurs de l'État, qui ont toujours eu une grande aversion pour les discussions qui pourraient soumettre leur conduite à la censure du public.

Mais n'allons pas trop loin.

Je conviens, moi qui suis un des plus anciens défenseurs de la liberté d'écrire, qu'on y fait des objections qui méritent d'être discutées, et il y a certainement des genres d'ouvrages qui ne devraient jamais voir le jour.

Comme, pendant plusieurs années, j'ai traité cette question contradictoirement avec les plus zélés partisans des gênes imposées à la littérature, je crois être en état d'exposer leurs objections, et je vais l'entreprendre.

On craint que cette liberté ne fasse paraître des ouvrages, 1°. contraires aux bonnes mœurs, 2°. contraires à la Religion, 3°. contraires aux principes du Gouvernement, 4°. contraires à l'honneur des Citoyens : ces derniers sont ce qu'on appelle *les libelles diffamatoires*.

Quant aux ouvrages contraires aux mœurs, ils sont défendus par la loi naturelle, qui est la loi commune de toutes les Nations, et on n'a pas besoin pour cela de réglement sur l'Imprimerie.

Celui qui cause un scandale public, celui qui, dans un lieu d'assemblée publique, comme dans les cafés, dans le parterre des spectacles, même dans la rue, tiendrait hautement des propos indécens, serait puni, dans tous les pays policés, par la Justice.

Celui qui, au lieu de parler, écrit et distribue des copies de ses écrits, est également punissable, et il l'était avant que l'*Art de l'Imprimerie* fût découvert.

Depuis que l'Art existe, l'Auteur qui imprime, donne à ses écrits la plus grande de

toutes

toutes les publicités, et, lorsque son ouvrage est contraire aux mœurs, il encourt plus que personne l'animadversion des lois.

Ainsi en rendant la presse libre, on n'assurera pas l'impunité aux Auteurs qui imprimeraient ce qu'il n'est pas même permis de dire en public. On a imprimé des livres obscènes en Angleterre, où la presse est libre; on en a imprimé au moins autant en France et en Italie, où elle ne l'est pas.

On pourrait dire la même chose des trois autres classes de livres répréhensibles.

La liberté de la presse n'assurera pas non plus l'impunité à ceux qui exhortent le peuple à la révolte, qui entreprennent de détruire la Religion ou qui insultent leurs Concitoyens. De tels Auteurs seraient punis comme rebelles, comme calomniateurs, s'ils n'étaient pas poursuivis pour le délit d'avoir imprimé sans permission.

Cependant il y a sur les livres de ces trois classes, d'autres observations à faire que sur ceux qui sont contraires aux mœurs. La Justice ne doit punir pour un délit que celui qui l'a commis à son escient : tels sont les Auteurs de tous les ouvrages contraires aux mœurs : ils ne peuvent pas ignorer qu'ils causent un scandale punissable suivant toutes les lois.

Mais il n'en est pas de même des Auteurs dont les livres sont répréhensibles à d'autres titres, comme les libelles diffamatoires.

Ne parlons pas encore de ceux-là : je réserve cet article pour le dernier. Parlons auparavant des ouvrages qu'on croit contraires à la Religion ou aux principes du Gouvernement.

Il y en a peu dans lesquels on attaque de front les grands principes. Le plus grand nombre contient des maximes qui paraissent dangereuses à ceux qui gouvernent l'État et l'Église ; mais l'Auteur pourrait soutenir qu'il n'a pas vu ce danger, et, quand on lui prouverait que ses propositions sont erronées, il soutiendrait également qu'il était de bonne foi, sans qu'on pût en Justice lui prouver le contraire.

C'est pour empêcher les ouvrages de ce genre et la publication des opinions dangereuses, que les Administrateurs de l'État et les Ministres de la Religion se sont réunis pour faire établir la règle de ne rien imprimer sans l'approbation expresse d'un Censeur.

Si on leur avait opposé notre grand principe, que les opinions erronées seront un jour détruites par la liberté même de la discussion ; si on avait dit aux Théologiens, que les portes de l'Enfer ne prévaudront jamais contre la doctrine de l'Église, et aux Ministres ou aux Magistrats que l'examen des maximes du Gouvernement fera connaître quelles sont les meilleures, ce que tout Souverain doit desirer, ils auraient répondu qu'en attendant que les vérités soient éclaircies, la discussion peut causer de grands troubles dans l'État et dans l'Église.

Je crois que les craintes des uns et des autres doivent être moindres aujourd'hui, que dans le tems que j'avais cette dispute à soutenir. La chaleur des discussions théologiques est bien appaisée depuis que le Gouvernement ne donne plus de lettres-de-cachet aux Jansénistes, et que le Parlement ne décrète plus les Molinistes. La tolérance civile des non-catholiques, qui sûrement, dans peu d'années, sera généralement adoptée et mieux expliquée qu'elle ne l'est jusqu'à présent, contribuera encore à calmer les esprits, et diminuera le danger des livres sur la Religion.

Quant à l'Administration, nous sommes parvenus au moment heureux où le Roi lui-même demande les lumières de tous ses sujets : ainsi l'inquiétude que les Auteurs causaient autrefois au Gouvernement, est à présent dissipée.

Je pense donc que les craintes qu'on avait de *la liberté de la presse* pour la Religion et le Gouvernement, ont été souvent exagérées, et je ferai voir dans la suite qu'elles ont servi de prétexte à ceux qui voulaient exercer la singulière tyrannie de dominer sur les opinions de la Nation.

Je pense aussi que ces craintes doivent être moins fortes aujourd'hui qu'autrefois.

Cependant il faut convenir que, même à présent, elles ne sont pas sans réalité ; qu'il peut y avoir des livres dangereux sans que leurs Auteurs soient punissables par la loi, et que, pour l'intérêt de la Religion ainsi que pour la tranquillité de l'État, il faudrait empêcher de tels livres de paraître si cela se pouvait, sans tomber dans de plus grands inconvéniens.

Venons à présent à la quatrième classe de livres répréhensibles, qui sont les libelles diffamatoires et toutes les satyres personnelles.

Mon grand principe, que la liberté fait éclore la vérité, n'a aucune application à ces libelles, parce que, sur cet objet, il n'y a point de vérité dont il faille instruire le public.

Le Citoyen insulté n'a presque jamais de moyens d'administrer la preuve de la calomnie, parce que les faits négatifs ne se prouvent point, et la satyre est une blessure cruelle dont la cicatrice ne s'efface jamais.

D'ailleurs, quand les injures seraient des vérités, c'est toujours un crime de les publier. Il est cruel de révéler au public les fautes et les faiblesses particulières, et il n'y a aucun motif de bien public pour autoriser cette cruauté.

Il serait donc bien desirable de pouvoir opposer des obstacles insurmontables à la licence des satyres; mais par la nature des choses, cela est impossible.

Il n'y a nulle puissance sur la Terre qui puisse empêcher les chansons, les épigrammes ni même les pamflets assez courts pour qu'il soit aisé d'en tirer des copies.

Louis XIV a été le plus respecté de tous les Monarques, et le cardinal de Richelieu plus redouté que la plupart des Monarques. La satyre s'est exercée contre eux malgré la rigueur des lois, et a été impunie malgré la vigilance de la Police.

Ce genre de satyres courtes est le plus redoutable, parce que, non-seulement elles sont connues dans les tems, mais qu'on les retient.

Les libelles plus longs, qui ont besoin de l'impression pour être commodément distribués, ne s'impriment pas chez la Puissance contre qui ils sont dirigés; mais lorsqu'ils sont assez intéressans pour mériter l'attention du public, on ne les évite pas. Ils s'impriment en pays étranger, et entrent dans le Royaume comme toute espèce de contrebande.

Voyons donc quel serait, sur la licence des satyres personnelles, l'effet de ce qu'on appelle *la liberté de la presse*, c'est-à-dire, de la suppression de la loi qui soumet les livres à l'examen d'un Censeur.

Il semble que, pour en juger, il suffit de s'informer de ce qui se passe dans les pays où il n'y a pas de censure.

La calomnie, et même la diffamation qui n'est pas calomnieuse, n'est pas plus permise en Angleterre qu'en France; mais les livres n'y sont pas censurés.

Ceux qui prétendent bien connaître l'Angleterre, nous disent qu'un Auteur satyrique peut s'y permettre des diffamations sanglantes; que, pourvu qu'il ne nomme pas celui qui en est l'objet, il peut le désigner si clairement que personne ne s'y méprenne, et qu'il ne craint pas l'animadversion de la Justice, parce qu'on ne peut pas lui prouver légalement qu'il a eu quelqu'un en vue.

Il serait certainement fâcheux que *la liberté de la presse* introduisît le même abus en France; cependant ce malheur serait peut-être moins grand qu'on ne croit.

Ceci demande à être expliqué.

Si nos réglemens sur la presse empêchaient réellement la satyre, je conviens qu'il serait cruel pour les particuliers de s'y voir exposés par la suppression de ces réglemens.

Mais, dans la vérité, si les traits de la satyre sont lancés en France, c'est dans un libelle vendu sous le manteau, au lieu qu'en Angleterre le Citoyen insulté voit le trait qui le concerne dans un livre débité publiquement, où on a seulement supprimé les syllabes de son nom.

Pourquoi cette licence anglaise paraît-elle si affreuse à presque tous les Français, pendant qu'ils ne trouvent pas surprenant, et même qu'ils aiment assez que chez eux les personnages les plus respectables soient tympanisés dans une chanson ? C'est que nous sommes accoutumés à l'un, et que nous ne le sommes pas à l'autre.

On regarde comme un affront pour un homme qui mérite de la considération, de se voir désigné dans une brochure, parce que cela fait croire qu'il n'a pas eu le crédit de l'empêcher (1).

_____

(1) J'ai cependant vu M. de Maurepas, jouissant de toute la puissance de premier Ministre, non-seulement

Mais si c'était le sort de tout le monde, ce ne serait plus un affront pour personne, comme ce n'en est pas un en Angleterre.

J'entends dire qu'il n'y a pas un seul Anglais fait pour attirer l'attention, qui n'ait été plusieurs fois attaqué dans les pamflets, et ces libelles sont si communs et si décriés, qu'on n'y fait plus d'attention; c'est ce qui arriverait aussi en France.

Je réitère ma profession de foi sur la satyre personnelle; je l'ai en horreur, excepté dans le seul cas où l'intérêt de l'État exige que l'homme criminel soit démasqué.

Dans ce cas, qui est fort rare, ce n'est plus une satyre; c'est en quelque sorte une accusation publique, qui, dans quelques anciennes Républiques, était déférée à tous les Citoyens.

Mais la véritable satyre me paraît un crime,

---

ne se pas venger d'un Auteur qui l'avait insulté, mais ne pas même faire retrancher de l'ouvrage, qui se débitait publiquement, une injure violente et grossière contre sa personne et contre toute sa famille. Je rapporte cette anecdote, parce qu'elle fait également honneur au caractère et au bon sens de M. de Maurepas. Il jugea très-bien que le public y ferait moins d'attention quand lui-même paraîtrait n'y en faire aucune, et j'en ai vu des effets qui auraient dû causer de cruels remords à leurs Auteurs, s'ils en étaient susceptibles. Je m'en suis expliqué souvent avec toute l'énergie dont je suis capable, et j'en ai fait des reproches amers à des hommes irréprochables sur tout le reste, peut-être aux plus grands génies de notre siècle, qui se la croyaient permise.

Je ne prétends donc pas dire qu'on dût la tolérer si on pouvait l'empêcher. Je dis seulement qu'on n'y a jamais complétement réussi en France malgré la rigueur des réglemens; que la satyre s'y est toujours exercée ainsi que dans les pays où la presse est libre, avec une légère différence; et il était nécessaire d'établir cette vérité pour que l'espérance illusoire de faire cesser les satyres ne soit pas un obstacle à la liberté générale d'écrire, qui est demandée aujourd'hui par une grande partie de la Nation.

Après avoir exposé les avantages et les inconvéniens de cette liberté, il faut faire l'application de ces principes au moment présent, à ce moment où la Nation va être assemblée pour délibérer sur ses plus grands intérêts.

Je crois que tout le monde conviendra aujourd'hui qu'il est nécessaire que la discussion de tous les objets qui seront traités dans cette grande Assemblée, soit faite avec une liberté entière, puisqu'il n'y a que cette liberté qui, sur chaque question, fasse connaître la vérité.

Dira-t-on qu'il faut limiter la liberté aux objets qui doivent être traités dans les Assemblées d'États? Mais quel est l'homme qui peut décider de ce qui est susceptible d'être traité dans ces Assemblées? Et a-t-on trouvé un moyen pour déterminer sur quels objets la liberté doit être accordée sans préposer des Censeurs qui, à l'occasion de chaque livre, traceront une ligne de démarcation? Si de tels Censeurs étaient établis, pourrait-on dire qu'il y eût liberté?

Je ne crois pas nécessaire d'insister plus long-tems sur la nécessité de cette liberté pour l'Assemblée qui va se tenir; je pense que ceux qui la composeront, et la Nation entière pour qui j'espère que l'Assemblée sera inspirée, le sentiront assez sans qu'on les en avertisse; mais je vais aller plus loin.

Ne croyons pas que les Membres de l'Assemblée des États soient les seuls à qui il faille procurer des lumières.

Ils ne sont que les Représentans de la Nation. C'est de la Nation entière qu'ils doivent recevoir des instructions. C'est à elle qu'ils doivent compte de leur mission ; c'est donc la Nation entière qu'il faut instruire.

Une Assemblée nationale, sans *la liberté de la presse,* ne sera jamais qu'une représentation infidelle, telles qu'ont été celles de nos anciens États-Généraux, spécialement de ceux qui furent tenus sous le roi Jean, sous Henri III, sous Louis XIII, Assemblées dont plusieurs résolutions furent désavouées, dans le tems même, par la plus grande partie de la Nation, et aujourd'hui le sont unanimement par leur postérité.

Dans le tems de ces États, la liberté d'écrire n'aurait servi à rien. Du tems du roi Jean l'Imprimerie n'était pas encore inventée, et sous Henri III et Louis XIII la plus grande partie de la Nation ne lisait point.

Si la Nation avait été instruite alors comme elle peut l'être aujourd'hui, elle n'aurait pas laissé, en 1355, un petit nombre de Bourgeois de Paris s'emparer, sous le nom des États, d'une autorité qui, étant en pareilles mains, devait nécessairement dégénérer en tyrannie; ce qui arriva réellement, et ce qui força cette

Nation à oublier tout ce qui avait été stipulé pour elle, pour ne songer qu'à se délivrer de ses faux Représentans, devenus les ennemis communs du Roi et du Peuple.

Si elle avait été instruite dans le tems de Henri III, elle n'aurait pas laissé les Ligueurs se rendre les maîtres de la représentation nationale, forcer le Roi, en 1576, à déclarer la guerre à une partie de ses sujets qu'on avait eu grand soin d'écarter de l'Assemblée contre laquelle ils avaient toujours protesté, et, en 1588, demander au Roi d'exclure de la succession à la Couronne l'héritier légitime.

Si elle avait été instruite sous Louis XIII, elle n'aurait pas permis aux Représentans des deux Ordres de s'opposer au vœu de déclarer la Couronne indépendante de la Tiare.

On attend tout de l'Assemblée qui va se tenir. Pour que les espérances de la Nation ne soient point déçues, il faut que ce soient ses véritables vœux qui soient portés, par ses Représentans, aux pieds du Trône. Il faut donc que cette Nation dispersée reçoive des lumières qui lui parviennent jusque dans ses foyers, et c'est là ce qu'elle ne peut espérer que lorsque l'impression sera libre.

Je suis convenu des inconvéniens de cette liberté : c'est au Législateur, et dans ce moment-ci c'est à la Nation, puisque le Roi l'appelle dans son Conseil, à peser, dans une juste balance, les avantages et les inconvéniens.

S'il y avait quelqu'expédient pour remédier aux inconvéniens sans nuire à la liberté nécessaire, il faudrait les adopter; mais je doute qu'il y en ait, et on va le voir par l'exemple de ce qui se pratique au Barreau.

La nécessité évidente fait souvent admettre par les hommes ce qui leur répugne le plus.

Dans le tems que j'avais des combats à soutenir pour *la liberté de la presse*, personne n'y était plus opposé que les Magistrats : quelques-uns même firent rendre dans ce tems-là des lois si déraisonnables, qu'elles ne peuvent avoir été dictées que par la passion.

Telle fut celle de 1757, accordée sur la demande des premiers Magistrats du Parlement de Paris pendant la dispersion des autres. J'ose aujourd'hui donner à cette loi la qualification qu'elle m'a toujours paru mériter, parce qu'il n'y a plus personne qui la soutienne, ni aucun Juge qui croie devoir la faire exécuter.

Depuis ce tems-là jusqu'au nôtre exclusivement, c'est-à-dire, jusqu'à ce moment où le Parlement de Paris vient de demander *la liberté de la presse*, les Magistrats n'ont cessé de foudroyer contre le scandale des livres et l'inexécution des réglemens ; et parmi les gens de lettres qui jouissent de la plus grande considération, et dont les ouvrages sont recherchés avec avidité, il y en a qui ont été frappés de ces sortes d'anathêmes qu'on prononce au Palais comme en Sorbonne.

Cependant les Magistrats eux-mêmes ont établi pour les Mémoires des Avocats une liberté qui n'existe pour aucun des autres ouvrages qu'on imprime. Pourquoi ? Parce qu'il y a des principes dont on est intérieurement convaincu, lors même qu'on les combat théoriquement, et d'après lesquels on se conduit dans la pratique.

Tel est notre principe, que la liberté de la discussion est nécessaire pour connaître la vérité des opinions. Or, dans la plaidoirie, c'est la vérité qu'on cherche. On a senti qu'il fallait absolument y admettre la liberté.

Les Avocats ne sont donc soumis à aucune censure ; ils sont répréhensibles quand ils abusent de la liberté que leur donne leur ministère ; mais on ne peut les condamner que quand il est prouvé qu'ils ont eu une autre intention que celle de défendre leur cause; ce qui ne se prouve presque jamais.

Ainsi les Avocats jouissent en France à peu près de la même liberté que les Auteurs en Angleterre (excepté dans les seules affaires où le Corps même de la Magistrature a pris parti, exception dont nous reparlerons ailleurs).

Mais dans les affaires ordinaires, ils sont libres : aussi se plaint-on souvent que cette liberté dégénère en licence, et ce reproche fait à quelques Avocats français est peut-être aussi fondé que celui qu'on fait en Angleterre à quelques Auteurs.

Il est très-vrai que, plus d'une fois, des Avocats ont pris le prétexte de défendre leurs cliens pour se livrer à des satyres personnelles : les Juges et le public en ont été indignés ; mais on a senti qu'il serait trop dangereux de porter la moindre atteinte à la liberté de la plaidoirie, et on a grande raison ; car jusqu'à ces derniers tems, cette liberté d'être défendu dans les tribunaux est la seule qui soit restée en France. Cette considération majeure a fait passer par-dessus les inconvéniens, et fermer les yeux sur l'abus.

Or, qu'est-ce que sera une Assemblée d'États ? Une grande et solennelle plaidoirie, où les intérêts de la Nation seront discutés.

Refusera-t-on à la Nation cette liberté que les Juges conviennent qu'il faut accorder à tous les particuliers? ou sera-t-on arrêté par la crainte des mêmes inconvéniens, qui jusqu'à présent n'ont pas semblé suffisans pour restreindre la liberté du Barreau?

Mais après avoir prouvé la nécessité de *la liberté de la presse*, il faut expliquer en quoi elle consiste, et quels réglemens il faut faire pour que l'impression soit réellement libre.

C'est ce qu'on verra dans la discussion des autres questions.

Bien des gens qui demandent la liberté n'ont peut-être pas encore porté leurs réflexions sur cet objet.

Nous verrons en même tems s'il y a des moyens pour arrêter la licence sans gêner la liberté; moyens qui n'ont été trouvés ni en Angleterre ni dans le Barreau de France.

CHAPITRE

CHAPITRE II.

QUESTION SECONDE.

Qu'est-ce qui doit résulter d'une tolérance contraire à la loi, c'est-à-dire, d'une administration où il y a des réglemens faits pour empêcher le débit des livres qui n'ont pas été permis, des lois pénales contre les délinquans, mais où la liberté et la licence sont établies, malgré les réglemens et les lois ?

Il est absolument nécessaire de discuter cette question, car bien des gens croient qu'il est inutile de s'occuper de *la liberté de la presse*, puisque, dans le fait, tout s'imprime librement et se vend publiquement.

Il y a des partisans de la liberté qui trouvent qu'on a toute celle qu'on peut desirer, et des partisans de la contrainte, qui trouvent qu'il n'y a que trop de liberté.

Je crois pouvoir prouver aux uns et aux

T

autres, que rien n'est plus mauvais qu'une tolérance contraire à la loi.

Il n'est pas vrai qu'on y ait la liberté néces-saire pour faire connaître à la Nation les vé-rités qui l'intéressent, parce qu'il n'y a qu'un petit nombre d'écrivains qui usent de cette tolérance; et pour que les questions soient éclaircies, il faut que tout le monde soit ad-mis à la discussion.

En France, dans l'état actuel, il y a beau-coup de matières sur lesquelles aucun Censeur ne donnerait publiquement son approbation à quelque ouvrage que ce soit. La loi entraîne donc la défense de rien écrire sur ces ma-tières.

Dans tous les tems et malgré toutes les lois, il y a eu des Auteurs qui ont eu la hardiesse d'écrire sur ces matières délicates : ce sont ceux qui se croient hommes de génie, et à qui un amour ardent de la gloire fait courir tous les risques.

Dans un tems de tolérance contraire à la loi, le nombre de ces Auteurs devient fort grand. Tous les étourdis, tous ceux qu'on nomme *têtes chaudes, têtes exaltées*, écri-vent et se permettent tout, en comptant sur l'inaction du Gouvernement et de la Justice.

Mais il est un grand nombre d'autres gens

très-capables d'écrire, qui n'impriment jamais quand il y a une loi qui le défend : ceux-là sont des Auteurs modestes et raisonnables, qui n'ont pas un amour de célébrité assez violent pour y sacrifier leur tranquillité.

La tolérance contraire à la loi nous prive des ouvrages des Auteurs de ce caractère, et ce sont quelquefois ceux qui seraient le plus utiles au public.

Ils sont nécessaires au moins pour révéler les erreurs dans lesquelles tombent quelquefois les génies ardens, soit parce que l'homme le plus savant ne sait pas tout, soit parce que souvent le génie est joint à une imagination vive, et que celui qui croit avoir enfanté une grande idée ne discute pas avec patience les objections qui pourraient détruire son chef-d'œuvre.

Je vais rendre cela sensible par l'exemple de ce qui s'est passé récemment au sujet des lois criminelles. Presque tout le monde pense, non-seulement en France, mais dans toute l'Europe, qu'il y aurait des changemens à faire dans cette partie de notre législation.

Il me semble qu'il n'y a aucune matière sur laquelle il dût être plus permis d'écrire, que sur les lois qui régissent les particuliers.

Celui qui critique la loi ne dit pas qu'il faille

y désobéir pendant qu'elle existe, et ses observations ne portent aucune atteinte à l'autorité du Législateur ni des Magistrats.

C'est au Souverain qu'on demande une loi nouvelle, et on demande aux Magistrats d'y concourir par leur enregistrement quand la loi sera envoyée par le Roi.

L'amour-propre de personne ne doit même être offensé dans cette discussion. Les lois dont on demande la réformation sont faites depuis plus de cent ans : ceux qui y ont eu part n'existent plus. Si quelqu'un s'intéressait à leur mémoire, il pourrait dire (et je crois qu'il dirait avec grande raison) que la loi qui a été bonne dans un siècle, peut avoir besoin d'être corrigée dans un autre.

Je pense que ce n'est que dans les livres exposés à l'examen de toute la Nation, que cette discussion peut être bien faite.

Le suffrage des Magistrats consommés dans l'exercice de leur profession doit être du plus grand poids ; cependant si on n'entendait qu'eux, je craindrais qu'on ne réformât jamais rien, 1°. parce que le plus souvent ces Magistrats sont trop occupés pour méditer sur ces importans objets avec toute l'attention qu'ils méritent ; 2°. parce qu'il n'est presque pas possible qu'on n'ait pas quelque préjugé en faveur d'une loi lorsqu'on a passé toute sa vie à l'étudier, à la commenter et à la faire exécuter.

Quand le frère Cosme, ce grand bienfaiteur de l'humanité, a proposé son *Litothome*, tous les Chirurgiens se sont récriés contre cette innovation.

La Faculté de Médecine a autrefois proscrit l'*antimoine*, parce que les anciens Docteurs n'étaient pas accoutumés à en faire usage.

Cette obstination pour ce qu'on a toujours fait, s'est manifestée même dans les sciences démontrées.

Lorsque le *calcul infinitésimal* a été inventé, il y a eu des Mathématiciens célèbres qui se sont refusés aux démonstrations pendant toute leur vie.

S'il y a eu des réformations à faire sur les lois qui intéressent la fortune, l'honneur et la vie de tous les Citoyens, il est juste que tous les Citoyens soient admis à proposer leurs vues; mais bien entendu qu'ensuite les Ministres de la loi seront consultés, et qu'ils pourront opposer de solides réflexions à des systèmes enfantés trop légèrement, et leur expérience aux spéculations de ceux qui entreprennent de réformer l'exercice de la Justice sans l'avoir jamais pratiqué, et l'ordre des tribunaux sans les connaître.

Il est difficile que de bonnes lois soient l'ouvrage d'un seul homme, parce que celui qui les propose, est presque toujours trop prévenu de ses premières idées, et ne considère les objets que sous une seule face.

Je crois qu'il est très-utile que les questions soient agitées par des gens de différens états, qui n'aient pas tous les mêmes préventions.

Il est souvent bien à desirer que ceux qui s'occupent d'objets si intéressans, cherchent à éclairer le public plutôt qu'à l'échauffer, et qu'ils ne se livrent pas à des invectives dont l'effet immanquable est d'irriter ceux qui ne pensent pas comme eux, et de faire dégénérer la discussion la plus intéressante pour l'humanité, dans une querelle de parti.

Il y a quelques années que je me flattais qu'il allait s'élever une discussion de ce genre sur la procédure criminelle.

Quelques Auteurs du nombre de ceux qui ne cherchent pas à enflammer le public par la chaleur de leur style, proposèrent modestement leurs doutes sur nos Ordonnances, et leurs vues sur les changemens qu'on pourrait y faire.

Ces écrits ne firent pas beaucoup de bruit :

c'étaient de premiers essais, où un petit nombre de questions seulement étaient traitées.
Je ne pensais pas qu'on dût adopter toutes
les idées de ces Auteurs; mais il y en avait
quelques-unes de très-sages.

· J'espérais que ces premières dissertations
en feraient paraître d'autres, et que, dans
quelque tems, toutes les questions se trouveraient éclaircies, ayant été discutées sans passion et sans enthousiasme.

Je ne sais quelle inquiétude ou quel esprit
prohibitif s'empara tout d'un coup du Gouvernement et de quelques Magistrats.

Ils craignaient peut-être que l'usage de critiquer les lois ne diminuât le respect dû à
leurs interprètes. On craignit aussi que les
gens de lettres, à qui leurs amis et leurs ennemis donnent également le nom de *Philosophes*, ne se mêlassent dans cette dispute,
et n'y portassent une véhémence qu'ils ont
montrée dans quelques-uns de leurs ouvrages.

Ce qui est certain, c'est qu'on demanda et
on obtint une défense de ne rien imprimer
sur les changemens dont nos Ordonnances
seraient susceptibles, et cette défense a produit précisément l'effet qu'on voulait éviter.

· Ceux qui se piquent de philosophie n'ont

pas moins écrit. On a condamné leurs ouvrages ; ce qui n'a fait que rendre leur cause plus favorable aux yeux du public, et les principes qu'ils ont établis n'ont point été discutés par d'autres, parce que ceux qui étaient en état de les contredire sont des gens paisibles, qui n'écrivent point malgré les réglemens.

On entendait d'un côté des diatribes et des sarcasmes ; de l'autre, des Réquisitoires et des Arrêts. Les gens raisonnables, qui sont habitués à disserter de sang-froid et à chercher, entre les différentes opinions, le milieu, où se trouve ordinairement la vérité, n'ont pas voulu se mêler dans cette querelle.

Il en résulte que la Nation n'est instruite, jusqu'à présent, que par des Auteurs qui ont beaucoup d'esprit et d'éloquence, mais qui sont trop peu versés dans la matière qu'ils ont traitée.

Si la réformation de notre procédure civile et criminelle n'est pas proposée dans la première Assemblée des États-Généraux, elle le sera vraisemblablement dans les suivantes, et il est bien à desirer que d'ici là toutes les questions aient été traitées froidement, et pour ainsi dire le compas à la main ; en sorte que les Représentans de la Nation ne soient pas entraînés par les partisans d'une opinion qui n'aura point été assez débattue.

La réformation de l'abus de la Justice et la correction des Ordonnances ne seront pas les seuls objets dont on s'occupera dans les Assemblées nationales. Il faut que la Nation soit instruite d'avance sur tout ce qui l'intéresse, qu'elle le soit par des gens de différens états et de différens caractères. Il faut donc abolir les lois prohibitives, qui empêchent beaucoup de gens éclairés d'écrire ce qu'ils pensent, quoiqu'il y en ait d'autres qui ne sont point arrêtés par cet obstacle.

Je me suis engagé à prouver aussi à ceux qui regardent la licence des livres comme le plus grand danger, que rien n'est plus contraire à leurs intentions qu'une tolérance contraire à la loi.

Cela résulte évidemment de ce que nous venons de dire.

Les adversaires de *la liberté de la presse* craignent que des Auteurs téméraires n'en profitent pour présenter au public des nouveautés dangereuses.

Il est vrai que, dans un tems comme celui-ci, il y a des Auteurs qui profitent de la tolérance établie pour écrire très-hardiment, et qui attaquent sans ménagement les maximes que leur ancienneté faisait respecter; mais ce qui est encore plus fâcheux, c'est que la défense de la loi imposant silence à ceux qui pourraient les contredire, le champ de bataille leur reste, et que le public s'accoutume à regarder les nouvelles opinions comme des vérités qui ne sont pas contestées.

CHAPITRE III.

QUESTION TROISIÈME.

Comment et pourquoi la tolérance contraire à la loi s'est-elle établie au point où elle l'est en France depuis quelques années?

La raison en est toute simple : c'est qu'il n'y a point de loi qui soit exécutée lorsqu'une Nation entière cherche à favoriser la fraude, et que le Gouvernement lui-même reconnaît qu'il faut souvent fermer les yeux ; et c'est ce qui est arrivé en France dans le commerce de la *Librairie*.

La loi est qu'on ne doit imprimer ni vendre aucun livre sans une permission expresse du Gouvernement, et le Gouvernement a refusé la permission expresse à un très-grand nombre de livres, qui sont ceux que le public desire avec le plus d'ardeur.

Il l'a refusée non-seulement à ceux qu'on desire pour l'amusement ou par une sorte de libertinage d'esprit qui est à présent très-commun en France, mais encore à ceux qui sont reconnus nécessaires pour l'instruction ; en sorte qu'un homme qui n'aurait jamais lu que les livres qui, dans leur origine, ont paru avec l'attache expresse du Gouvernement, comme la loi le prescrit, serait en arrière de ses contemporains presque d'un siècle.

Il s'ensuit que ceux qui se récrient le plus contre la licence des livres, font eux-mêmes leur lecture principale de ceux que la loi a défendus.

La plupart de ces livres, devenus nécessaires, sont permis aujourd'hui. La permission a été accordée par le laps de tems, lorsqu'on a vu qu'ils étaient dans les mains de tout le monde, malgré les défenses.

Mais il est toujours vrai que, dans l'origine, le Gouvernement n'a osé leur donner le consentement exprès, qui, suivant les lois, est nécessaire pour la publication.

Il y en a quelques-uns pour lesquels il n'y a pas même aujourd'hui de permission expresse, que cependant on laisse vendre dans les boutiques, étaler dans les rues, annoncer dans les catalogues imprimés de vente de livres, parce qu'on sait qu'il serait inutile et même ridicule de vouloir s'y opposer.

Veut-on que j'en donne des exemples ? Beaucoup d'ouvrages attribués à M. de Voltaire scandalisent les gens de bien. Ce ne sont pas certainement ceux-là dont je dis que la lecture est nécessaire ; mais personne ne peut nier qu'une grande partie des ouvrages de cet Auteur célèbre ne soient pour les Français des livres classiques, qu'il n'est pas permis à un homme qui a eu de l'éducation de ne pas connaître.

La Henriade est de ce nombre. Tous les jours une mère pieuse la fait lire à sa fille, lui en fait même apprendre par cœur quelques morceaux.

Eh bien ! *la Henriade*, dans l'origine, n'a été revêtue en France d'aucune permission. Toutes les premières éditions ont été faites, ou en pays étranger, ou frauduleusement en France. Ce n'est que lorsque ce poème a été entre les mains de tout le monde, qu'on a osé donner une permission expresse.

L'Histoire du siècle de Louis XIV, du même Auteur, est encore un livre qu'il est nécessaire de lire. Il n'y a aucun Censeur qui eût osé y donner son approbation dans l'origine.

Celui qui aurait eu cette imprudence se serait fait des querelles avec toutes les Puissances.

Ce n'est que depuis que ce livre a paru, qu'il a fait son effet et que tout le monde l'a lu, qu'on l'a permis expressément.

Télémaque est aujourd'hui celui de tous les ouvrages profanes dont les gens de bien recommandent le plus la lecture; ils le regardent comme un des livres les plus propres à inspirer à la Jeunesse les principes de la plus saine morale.

Tant que Louis XIV a vécu, ceux qui avaient ce manuscrit n'auraient osé se permettre de le communiquer.

On dira que ce pouvait être alors l'effet de la disgrace personnelle de l'Auteur; mais les premières éditions faites sous le règne suivant ne l'ont été qu'en pays étranger : il n'y avait pas encore de Censeur qui osât l'approuver en France.

L'Esprit des Lois est d'un genre différent. Je ne dirai pas de ce livre, qu'il soit fait pour être mis entre les mains des enfans; mais on peut bien dire, depuis deux ans, qu'il n'y a point de Magistrat ni de Citoyen aspirant à être admis dans les Assemblées nationales, qui ne doive le lire et en faire l'objet de ses méditations, sans cependant se croire obligé d'en adopter les principes.

Je sais que les Magistrats, c'est-à-dire, seulement ceux de France, ont été long-tems sans permettre qu'on citât cet Auteur au nombre des Jurisconsultes, quoique dans le même tems son autorité fût d'un grand poids chez les Jurisconsultes étrangers.

Mais à présent il a été souvent cité dans l'Assemblée des Notables, et quelquefois son nom seul a semblé donner de l'autorité à ses opinions.

Il sera sûrement aussi très-souvent nommé, et sa doctrine sur bien des points approuvée ou contredite, mais certainement discutée dans les Assemblées nationales. *L'Esprit des Lois* est donc un livre nécessaire.

Quand ce livre parut, on n'imagina seulement pas d'en demander la permission, et ce qui s'est passé à ce sujet mérite d'être rapporté pour faire voir comment on évite la rigueur des réglemens de la *Librairie*.

Le Président de Montesquieu n'avait pas, comme quelques autres grands génies, la manie d'ajouter à sa célébrité celle que donne la persécution.

Il prit le parti de travailler en secret pendant vingt années, et n'eut pas la puérile vanité d'aller recueillir des applaudissemens dans des lectures de société.

Quand l'ouvrage fut fait, il donna son manuscrit à quelqu'un qui demeurait à Genève, et ne se mêla point de l'édition.

L'ouvrage parut dans ce pays de liberté, sans que M. de Montesquieu contrevînt aux lois de son pays. C'est ainsi qu'il assura sa tranquillité sans perdre rien pour sa gloire.

Son nom ne fut pas mis au frontispice; mais son caractère était imprimé à chaque page. Personne ne put méconnaître l'Auteur des *Considérations sur la grandeur et la décadence des Romains.*

Cet ouvrage fut desiré avec ardeur en France, et il y pénétra. Tout homme capable de penser le lut avec avidité. Les lecteurs les plus frivoles voulurent l'avoir pour faire croire qu'ils l'avaient lu.

Quand toutes les bibliothèques en furent fournies, on prit le parti de permettre des éditions de tous les ouvrages de l'Auteur, dont celui-là et les *Lettres persanes,* aussi défendues dans l'origine, font partie.

On se souvient que quand le Président de Montesquieu fut de l'Académie, il n'avait pas encore fait les *Considérations sur les Romains.* Son seul titre était *les Lettres persanes,* qu'il n'avouait pas, et qui étaient pour les gens pieux un sujet de scandale; cependant les Évêques et les Magistrats académiciens,

ciens, qui avaient fait proscrire le livre, donnèrent leur suffrage à l'Auteur.

Au reste, ce n'est pas une chose nouvelle en France, de voir un ouvrage condamné, être cependant un ouvrage nécessaire aux Magistrats, puisque ceux de Dumoulin, le plus grand de nos Jurisconsultes, ont été long-tems le livre le plus sévérement défendu par l'Église, aux décisions de qui la Cour de France a été souvent très-docile.

La nécessité a cependant fait permettre en France des éditions de toutes les œuvres de Dumoulin, malgré l'*Index* de Rome et les censures du Clergé. Dumoulin personnellement a été souvent persécuté, même en France, pour les mêmes ouvrages que nous regardons à présent comme le fondement de notre doctrine.

Revenons au tems présent.

L'*Encyclopédie*, si sévérement proscrite quand elle a paru, et dont plusieurs articles sont encore fort désapprouvés par des personnes d'un grand poids, est cependant un livre nécessaire. On discute tous les jours des questions intéressantes de beaucoup de genres, pour lesquelles il faut recourir au témoignage de l'*Encyclopédie*.

Quelques ouvrages de J. J. Rousseau ont

V

été condamnés, et l'Auteur décrété de prise-de-corps. Il a reparu depuis à Paris sans s'assurer du consentement de personne, et une sorte de pudeur a empêché de mettre le décret à exécution. Je crois qu'il n'aurait pas été fâché de subir un procès criminel, où son interrogatoire aurait été une thèse.

Je l'ai connu personnellement, et tout le monde le connaît depuis qu'il s'est peint lui-même. Il se sentait le courage du martyre; il voulait en avoir la gloire. Je suis persuadé que la plupart des Juges qui l'ont condamné, seraient bien fâchés d'être privés de la lecture de ses ouvrages.

M. Humes est regardé assez généralement en France comme le modèle des Historiens sages et impartiaux, et depuis que toute la Nation française parle de la *Constitution*, et a été même invitée par le Roi à s'en occuper, il faut s'instruire dans cet Auteur de celle de son pays, soit pour en prendre ce qui peut nous être utile, soit pour rejeter ce qui ne s'accorde pas avec nos mœurs et nos lois.

M. Humes avait des préjugés contre la Religion catholique et en faveur des lois de son pays; mais sa religion et sa patrie étant connues, on est en garde contre son témoignage sur ces deux objets, et cela suffit.

On nous fait bien lire, dès notre enfance, des Auteurs anciens grecs et latins, tous païens, et dont plusieurs sont passionnés pour les maximes les plus contraires aux Gouvernemens monarchiques.

Cependant la traduction des ouvrages de Humes n'a pu paraître en France qu'avec des permissions tacites, ainsi contre la disposition des lois du Royaume.

Une partie des ouvrages du vertueux abbé de Mably et de son frère l'abbé de Condillac, un des plus grands philosophes de notre siècle, et philosophe choisi, comme Aristote et Fénélon, pour présider à l'éducation d'un Prince, n'ont aussi paru qu'avec des permissions tacites.

Je ne parlerai pas des Auteurs vivans ni de beaucoup d'autres : on ne finirait pas si on voulait donner l'énumération des livres que personne ne se fait scrupule de lire, que personne ne peut se dispenser de lire, et qui cependant n'ont jamais été permis légalement.

Il n'était pas possible que cela ne produisît pas ce que nous voyons aujourd'hui.

La loi défendant les livres dont le public ne peut pas se passer, il a bien fallu que le commerce de la *Librairie* se fît en fraude de la loi.

La plupart des Imprimeurs et Libraires sont

fraudeurs, parce que sans cela ils ne vendraient rien. La plupart des particuliers qui aiment les livres, favorisent la fraude, parce que sans cela ils ne pourraient pas lire les livres qu'ils recherchent, ou qu'ils ne les liraient que dix ans trop tard.

C'est à la faveur de cette fraude établie pour des livres qui, suivant la loi de la raison, ne devraient pas être défendus, qu'on débite avec impunité ceux qui, suivant les lois de la morale, ne devraient pas être permis.

Voilà en peu de mots ce qui a dû arriver, et ce qui est réellement arrivé.

Si ce peu de mots ne suffisent pas, si on n'est pas assez convaincu que c'est là l'unique cause de l'inexécution des réglemens, il faut mettre sous les yeux de ceux qui liront ce Mémoire, le tableau de ce qui s'est passé depuis long-tems dans la *Librairie*, et s'y passait encore de mon tems. Je ne sais pas ce qui s'est fait depuis.

Ce tableau sera peut-être fastidieux pour ceux qui n'en ont pas besoin, parce qu'ils sont d'accord de la vérité de ma proposition ; mais il faut le donner pour ceux qui en doutent.

Il y a un petit nombre d'Imprimeurs et de Libraires dont le commerce est restreint à de certaines matières : tels sont ceux qui four-

nissent le Palais, n'impriment et ne vendent
que des Arrêts, des *Factum*, quelques Traités
de Jurisprudence pratique ; tels sont aussi ceux
qui n'impriment que des Almanachs, des livres d'Heures, etc. ; ceux qui impriment pour
les Colléges, les ouvrages classiques à l'usage
des Maîtres et des Écoliers.

Il y en a encore quelques autres qui sont
adonnés uniquement à quelque branche du
commerce de la *Librairie*.

Enfin, il y a des Libraires, riches propriétaires des priviléges des anciens livres, qui
n'emploient leurs presses qu'à en faire de nouvelles éditions. Je conviens que tous ceux-là
ne font pas de fraude ; ils n'ont pas besoin
d'en faire.

Mais il n'en est pas de même des autres Libraires, qui sont le plus grand nombre. Leurs
spéculations sont d'acquérir le manuscrit d'un
Auteur, en tâchant de prévoir le débit qu'il
aura, et leur fortune est d'en trouver qui aient
une grande vogue. Quand ils ont vu que, depuis long-tems, ceux qui ont bien fait leurs
affaires le doivent à des ouvrages pour lesquels il n'a pas été donné de permission, il
n'est pas étonnant que tous aient voulu prendre le même parti.

Ceux qui craignaient de se compromettre,

n'ont rien voulu faire à l'insu du Chef de la
Justice ou de celui qui est préposé par lui,
que les Libraires nomment *le Magistrat de
la Librairie*.

On ne voulait pas leur donner la permission
prescrite par la loi, qui doit être scellée et
imprimée avec le livre, ainsi que l'approbation du Censeur.

Cependant il y avait beaucoup de ces ouvrages qu'il fallait absolument qui parussent
en France. Il n'était pas juste que le Libraire
de bonne foi, qui venait de faire sa confession
au Magistrat, fût privé du gain qu'un fraudeur ferait sur le même livre, et l'intérêt du
commerce ne permettait pas non plus qu'on
laissât tous les jours les Libraires étrangers
s'enrichir, par le débit de ces livres, au préjudice des Libraires français.

C'est ce qui a fait imaginer les *permissions
tacites*. Comme tout le monde ne sait pas bien
ce que ce sont que ces permissions tacites, il
faut l'expliquer.

Je ne sais pas avec certitude dans quel tems
l'usage s'en est établi ; il l'était depuis long-
tems quand je fus chargé de la *Librairie*. J'en
parlai à M. d'Argenson, qui avait eu la même
fonction dont on venait de me charger, et
qui avait été presque depuis sa naissance dans

tous les secrets de l'Administration, puisqu'il avait été Lieutenant de Police dès le tems de la Régence.

Il me dit qu'il en avait toujours vu donner. Ainsi je crois qu'elles ont commencé à peu près dans le tems de la mort de Louis XIV.

Les permissions tacites, ainsi que les permissions publiques, ne sont données que sur le rapport d'un Censeur, qui signe son approbation et paraphe le manuscrit ou un exemplaire imprimé, et la liste en est déposée à la Chambre syndicale des Libraires de Paris.

Il n'y a donc de différence entre ces permissions illégales et les autres, qu'en ce qu'elles ne passent pas au sceau, et que le public ne voit pas le nom du Censeur.

Je crois que cette forme a été introduite pour que, d'une part, le Libraire et l'Auteur eussent leur décharge, et que, d'autre part, les Censeurs fussent à l'abri des plaintes importunes et souvent très-déraisonnables de tous les particuliers qui croient avoir à se plaindre d'un livre.

Par ces permissions, dont il y a un registre, le Censeur qui a eu tort n'est pas soustrait à la répréhension du Gouvernement qui lui a donné sa mission ; mais quand les plaintes sont ridicules, ce qui arrive souvent parce que personne n'est raisonnable sur l'intérêt de son amour-propre, le Censeur n'a pas de querelle personnelle.

Si ces permissions n'ont pas été en usage du tems de Louis XIV, comme je le crois, c'est peut-être parce qu'alors les particuliers n'auraient pas pris à partie ceux qui avaient la confiance du Gouvernement.

Ce sont là des conjectures ; car je n'ai aucun Mémoire précis sur ce qui a donné lieu aux premières permissions tacites.

Si ce sont là les motifs, j'aurais cru qu'il valait mieux rendre ces permissions légales en retranchant des réglemens de la *Librairie* la clause qui ordonne que la permission et l'approbation soient imprimées.

Mon premier mouvement fut de le demander quand je fus chargé de cette administration.

Mais souvent en France on a pour les lois un respect d'un genre fort singulier. Quand on y voit des inconvéniens, on ne veut pas les changer, et on aime mieux permettre qu'elles ne soient pas exécutées.

On me répondit que la nécessité des permissions tacites était reconnue par le Gouvernement ; qu'elle l'était même par les Parlemens, contradicteurs habituels de l'Administration; qu'ils savaient qu'elles existaient; que cependant ils ne poursuivaient jamais comme imprimés en fraude les livres permis dans cette forme; mais qu'ils ne consentiraient point à enregistrer la loi que je leur proposais.

Quoi qu'il en soit, on voit que ce fut le Gouvernement qui apprit lui-même aux Libraires et Imprimeurs qu'ils pouvaient contrevenir à une loi précise.

Mais on ne s'en tint pas à ces permissions inscrites sur un registre.

Nous avons observé, dans le commencement de ce Chapitre, que le changement dans les opinions du public est tel, que le même livre qui dans un tems a paru, à presque tout le public, un ouvrage condamnable, est regardé, dix ans après, comme un livre excellent et nécessaire.

J'ai osé dire aujourd'hui cette vérité, parce qu'elle est démontrée par cinquante ans d'expérience; mais autrefois tout le public en aurait été effarouché.

Elle n'avait cependant pas échappé à plusieurs Magistrats éclairés qui avaient été chargés de la *Librairie*, comme M. d'Argenson du tems de M. le chancelier d'Aguesseau, et M. de Chauvelin, que nous avons vu depuis

Intendant des Finances du tems du Garde-des-Sceaux son parent.

Souvent on sentait la nécessité de tolérer un livre, et cependant on ne voulait pas avouer qu'on le tolérait ; ainsi on ne voulait donner aucune permission expresse : par exemple, c'est ce qui arrivait lorsqu'il avait été fait, en pays étranger, une édition de quelques livres qui déplaisaient au Clergé, et par conséquent à un Cardinal Ministre, et que cette édition s'était répandue en France malgré les obstacles qu'on y avait opposés.

Dans ce cas, et dans beaucoup d'autres, on prenait le parti de dire à un Libraire, qu'il pouvait entreprendre son édition, mais secrétement ; que la Police ferait semblant de l'ignorer, et ne le ferait pas saisir ; et comme on ne pouvait pas prévoir jusqu'à quel point le Clergé et la Justice s'en fâcheraient, on lui recommandait de se tenir toujours prêt à faire disparaître son édition dans le moment qu'on l'en avertirait, et on lui promettait de lui faire parvenir cet avis avant qu'il ne fût fait des recherches chez lui.

Je ne sais pas bien quel nom donner à ce genre de permission, dont l'usage est devenu commun. Ce ne sont proprement que des assurances d'impunité.

Ce n'est pas le Magistrat de la *Librairie* qui donne cette assurance au Libraire, c'est le Lieutenant de Police.

C'est entre les mains de ce Magistrat que sont à Paris tous les moyens d'exécution, et Paris est le centre du commerce de la *Librairie française;* ainsi il n'y a que lui qui puisse promettre à un Libraire de le mettre à l'abri des recherches.

Il y a encore une autre raison pour que ce soit lui. On demande quelquefois des permissions sur lesquelles on ne peut se déterminer sans savoir les intentions personnelles du Roi ou de ceux en qui il a mis sa principale confiance, et c'est ordinairement le Lieutenant de Police qui est dans toutes les confidences.

J'aime toujours à rendre ce que je dis sensible par des exemples.

On a voulu que les *Lettres de madame de Maintenon* fussent imprimées. J'assure qu'on le voulait quoique je n'aie pas été dans le secret; car si on ne l'eût pas voulu, les personnes les plus attachées à la Cour n'auraient pas fourni des matériaux à l'Éditeur. J'en ai encore eu d'autres preuves qui ne m'ont pas permis d'en douter.

Ce fut en pays étranger qu'on fit l'édition; mais pour la faire vendre en France, on promit impunité aux Libraires et à l'Auteur. On laissa réellement vendre le livre, mais on ne tint pas parole à l'Auteur. Je n'ai pas su pourquoi ; je sais seulement que cet Auteur avait des affaires de plus d'un genre à démêler avec la Police, et que les punitions de la Police ont quelquefois une cause réelle, différente de la cause ostensible.

Or, il fallait être admis dans les secrets pour s'assurer que le Roi ne trouverait pas mauvais qu'on laissât paraître cet ouvrage, où le mariage secret de Louis XIV, dont on avait douté jusqu'alors, est articulé avec toutes ses circonstances.

C'est donc au Magistrat seul de la Police qu'on s'adresse en pareil cas, et dans beaucoup d'autres.

Lorsque ce Magistrat n'a pas confiance dans la discrétion du Libraire, il ne lui parle pas lui-même ; c'est par des subalternes qu'il lui fait assurer l'impunité.

Il y a eu quelquefois des Libraires à qui il est arrivé malheur pour avoir trop compté sur ces tolérances présumées.

Il est aisé de voir ce qui a dû arriver de cette administration clandestine.

Nous avons déjà remarqué que les Magistrats de la *Librairie* avaient autorisé les Li-

braires à contrevenir aux réglemens : on voit
à présent que le Magistrat de la Police les en-
courageait à prendre des mesures pour échapper aux recherches de la Justice.

En effet, les assurances d'impunité ne sont
inscrites snr aucun registre des Officiers de la
Chambre syndicale, comme les *permissions
tacites*. Il faut donc que le Libraire trouve
le moyen de se mettre à l'abri de l'inspection
de ces officiers.

Suivant les réglemens, les Libraires ne doivent avoir le dépôt de leurs livres que dans
leurs boutiques ou dans des magasins connus
des Syndic et Adjoints qui ont droit d'y faire
des visites.

Les livres imprimés hors de Paris ne doivent y entrer qu'avec des *acquits-à-caution*,
par lesquels on s'oblige à les faire porter à la
Chambre syndicale, où ils sont examinés.

Il faut donc, lorsqu'on n'a point de permission expresse, avoir des magasins secrets
qui ne soient connus de personne. Il faut aussi
avoir pour complices des gens qui sachent
faire entrer des livres en fraude, comme toute
autre espèce de contrebande.

De plus, ceux par qui se fait ce débit en
détail dans Paris, sont les Colporteurs qui
vont dans les maisons, et les petits Marchands
qui vendent dans les rues, dans les passages

fréquentés, dans les Maisons royales ; tous ces gens-là sont obligés d'user des mêmes moyens que le Libraire qui a fait l'entreprise.

Or, ces distributeurs subalternes ne sont pas dans le secret de la Police : ce n'est que par la confiance qu'ils ont dans le Libraire qui leur a donné des livres à vendre, qu'ils se croient sûrs de la tolérance.

Il y en a quelquefois qui sont pris pour avoir débité les livres que le Gouvernement voulait sérieusement défendre. On les met en prison, on les ruine eux et leur famille, et ces malheureux sont bien dignes de pitié ; car ils ne peuvent pas juger par eux-mêmes si une brochure mérite l'animadversion de la Police. Ils sont punis pour avoir fait une fois ce qu'ils faisaient tous les jours, et ce que leurs camarades font comme eux, sans que la Police l'ignore.

Observons que ce ne peut pas être pour un seul livre qu'on loue à l'année des magasins secrets, qu'on établit des correspondances avec les Marchands de province, avec des Voituriers, avec les distributeurs subalternes de Paris.

Ce n'est que pour un commerce illicite habituel qu'on a un établissement de fraude tout monté, et la Police n'ignore pas que ceux à qui elle donne des assurances d'impunité, ont cet établissement de fraude puisqu'ils ne peuvent pas s'en passer.

La Police le tolère en faveur du grand nombre de livres qu'elle n'ose pas permettre, et que cependant un Administrateur éclairé sait bien qu'on ne peut empêcher.

Mais lorsqu'un Libraire ou un Colporteur a de tels moyens entre les mains, et est dans l'habitude de s'en servir, croit-on qu'il n'en fera pas usage lorsqu'il croira faire une bonne affaire par le débit de quelqu'un des livres qu'on ne voudrait pas tolérer, de ceux même qui, dans tous les pays du Monde, sont regardés comme des livres infâmes, et punissables ?

Je ne connais pas l'Angleterre, mais je ne crains pas d'assurer que, malgré *la liberté de la presse* qui y est établie, un libelle véritablement scandaleux n'y serait ni permis ni impuni (1).

Il en a cependant paru quelques-uns, car la fraude se fait partout.

Je ne sais pas comment les fraudeurs s'y prennent en Angleterre, mais je suis persuadé qu'ils y trouvent plus de difficultés qu'on n'en trouve en France depuis dix ans, parce que

_____

(1) Cette assertion, à l'époque à laquelle M. de Malesherbes écrivait, et surtout aujourd'hui, nous paraît complétement démentie par les faits. (*Note de l'Éditeur.*)

les Libraires anglais, accoutumés à un commerce pour lequel ils ne craignent pas d'être inquiétés par la Justice, ne se sont pas, à ce que j'imagine, préparé des moyens de fraude comme en France.

J'ai dit aussi qu'en France le commerce illicite de livres est favorisé par le public entier ; je peux ajouter qu'il est quelquefois protégé par les personnes les plus considérables.

Cela n'est pas étonnant. La lecture est l'aliment de l'esprit, et la lecture d'un grand nombre de livres qu'on ne permet pas, est devenue, pour la plupart des lecteurs français, un aliment nécessaire.

Les Libraires et Colporteurs qui ont souvent des affaires fâcheuses à craindre, cherchent à se faire des protecteurs pour l'occasion. Cela leur est aisé en procurant aux amateurs les livres qui sont encore rares. Ils mettent quelquefois dans leurs intérêts ceux mêmes dont ils craignent la rigueur.

Les Ministres d'État, les Évêques qui donnent des Mandemens contre les livres, les Magistrats qui les dénoncent, ont souvent eux-mêmes la fantaisie d'avoir les premiers un livre qui n'est pas permis. Ils ont leurs Libraires ou Colporteurs affidés, qui sûrement les servent avec beaucoup de zèle. Quelquefois

quefois même un Libraire, qui fait une entreprise secrète, en fait confidence à ses protecteurs, et prend la liberté de leur faire présent d'un exemplaire plusieurs jours avant que le public ait entendu parler du livre.

Il n'y a guère d'amateurs de livres qui ne soient sensibles à cette attention.

C'est un petit hommage que presque personne ne refuse, et qui donne de la bienveillance pour celui de qui on l'a reçu.

Il y a eu un tems où quelques Auteurs imaginèrent de ne pas faire vendre leurs livres par des Marchands ou Colporteurs; ils en remettaient un certain nombre aux personnes de leur société, qui les distribuaient au public. C'étaient surtout des Dames, protectrices de la littérature, qui rendaient ce service aux Auteurs de leurs amis.

Mais à présent on n'a plus recours à ces petits moyens. Depuis quelques années, et surtout depuis un tems de trouble pendant lequel une grande partie de la Nation desirait ardemment la lecture des livres le plus sévèrement défendus, il s'est établi des magasins dans des asyles où la Justice même n'ose pénétrer.

Il y en a aujourd'hui dans tous les environs de Paris, à Versailles plus qu'ailleurs;

et ce n'est plus par des voituriers habitués à faire la contrebande, qu'on les introduit. Ils arrivent dans des carrosses respectés, sur lesquels les Commis des barrières n'oseraient porter leur curiosité.

Enfin, il s'est découvert un art nouveau, car les arts qui servent à la fraude sont ceux dont les progrès sont le plus rapides : celui dont je parle est l'art des *petites presses portatives* qu'on peut enfermer dans une armoire, avec lesquelles chaque particulier peut imprimer lui-même et sans bruit. On m'a assuré qu'il y en a à présent plus de cent dans Paris. Il y en aurait bientôt davantage si elles étaient nécessaires pour le débit des livres qu'on ne permet pas.

Ceux qui se plaignent de la licence, diront sans doute que si l'infraction des réglemens et les abus qui en résultent, ne viennent que de ce qu'on se rend trop difficile pour les livres que le public desire, et dont il a besoin, il est bien aisé d'y remédier.

Il paraît en effet que l'Administration n'aurait qu'à renoncer au projet déraisonnable de gêner les Auteurs dans ce qu'ils écrivent sur toutes sortes de matières, et s'en tenir à défendre les livres contraires à la Religion ou à la morale, ceux qui troubleraient la tranquillité de l'État, ceux que la pudeur ne permet pas de lire, et les libelles diffamatoires.

Il semble qu'en se restreignant à ce petit nombre de défenses, on pourra y tenir la main ; que lorsque la *Librairie* sera administrée dans ce principe, les Libraires auront un champ assez vaste pour leur commerce légitime, sans s'adonner à la fraude, et que la plus grande partie du public, composée de gens raisonnables, et qui pensent qu'il faut respecter la Religion et les mœurs, ne favoriseront plus le commerce illicite.

Ce plan est très-plausible dans la spéculation, mais j'ose assurer qu'il offrira toujours de grandes difficultés dans l'exécution.

Je soutiens que tant qu'il y aura une loi qui défendra d'imprimer sans une permission expresse, tant qu'on exigera dans tous les cas une censure préalable avant de laisser paraître un livre, l'Administration, par quelques mains qu' 2 soit dirigée, renoncera difficilement à l'espérance d'assujettir à sa façon de penser celle de chaque Auteur ; qu'elle imposera presque toujours des gênes dont la plupart des gens de lettres seront mécontens, et chercheront à s'affranchir ; que les gens de lettres seront secondés par le public, qui souffre toujours avec impatience qu'on veuille soumettre la République des Lettres à une dictature ; enfin qu'on finira par retomber dans tous les inconvéniens exposés dans ce chapitre et dans le précédent.

J'établis donc, comme une proposition certaine, que la loi qui exige la permission expresse, et par conséquent la censure préalable, nous conduira toujours à cet état de lois existantes et non exécutées, dans lequel la licence règne sans que la Nation ait la liberté qu'elle est en droit de demander, et j'en conclus qu'il est nécessaire d'abroger cette loi (1).

Je prévois que cette proposition ne sera pas approuvée par quelques-uns de ceux qui liront ce Mémoire, mais c'est pour moi une vérité démontrée ; elle est évidente à mes yeux ; elle ne le sera peut-être pas pour ceux qui n'ont pas vu aussi souvent que moi les

_____

(1) Je ne dis pas qu'il faille supprimer la censure, mais seulement la loi qui l'exige pour tous les ouvrages qui seront imprimés, ou, ce qui est la même chose, qui exige pour chaque ouvrage une permission expresse.

Il faut faire attention à cette distinction, dont on verra l'explication dans le chapitre VI.

tracasseries interminables auxquelles la censure donne lieu.

Je regarde cette proposition comme un principe fondamental, d'après lequel il faudra se décider sur la question que nous traitons. Ainsi, puisqu'on veut savoir mon avis, je demande qu'on suive avec attention les preuves que je vais tâcher d'en donner.

Il ne suffit pas d'établir la règle qu'il ne faut défendre que les livres contraires à la Religion, à la morale et à la tranquillité de l'État, il faut faire l'application de cette règle à chaque livre. C'est là ce qui est absolument arbitraire ; et dès que ce sera par des règles arbitraires qu'on permettra ou défendra les livres, tout ce qui est arrivé, arrivera encore.

On me dira qu'il y a bien d'autres pays que la France, où l'on exige la censure préalable ; qu'en France même cette loi est ancienne, et n'a produit que depuis peu d'années les effets que je lui attribue.

Je n'ai que des notions très-imparfaites de ce qui se passe en Espagne, en Portugal et dans les autres pays où on dit que la *licence* des livres n'a pas encore pénétré.

Cependant je crois pouvoir dire, d'après l'aveu de ceux qui connaissent ces différens pays, que la contrainte qu'on y exerce, a privé ces Nations de beaucoup de bons livres, et de bien des lumières qui leur seraient fort utiles. Ainsi ce n'est pas un exemple que l'on puisse citer en France dans ce moment-ci.

D'ailleurs, s'il est vrai que l'excès de la contrainte n'y a pas produit, comme en France, l'excès de la licence, c'est que ces Nations ne sont pas *affamées* de livres nouveaux, comme la Nation française, et il en était de même en France dans les siècles passés.

Presque tous les Législateurs font une bien grande faute, qui est de ne pas songer que la loi, bonne dans un siècle, ne l'est pas dans un autre.

Le siècle où l'*Imprimerie* a été inventée, est précisément celui de la renaissance des lettres, ce siècle où ce qui restait de littérature chez les Grecs, fut porté par eux en Italie après la prise de Constantinople, et fut bientôt répandu dans tout l'Occident, où ce germe précieux a bien fructifié; mais il a fallu un tems considérable pour qu'il se développât.

Dans les premiers tems, les *presses* ne furent employées qu'à donner des éditions des Saintes-Écritures, des Pères de l'Église et

des plus célèbres Auteurs profanes de l'anti-
quité, et les savans ne s'occupèrent que de
vérifier les textes sur les meilleurs manuscrits,
et les éclaircir par leurs commentaires.

La littérature profane n'était pas alors une
matière sur laquelle la censure eût à s'exercer. Les savans de ce tems se disaient quelquefois des injures fort grossières qu'on ne permettrait pas à présent, parce que la délicatesse
du corps entier de nos gens de lettres en serait blessée; mais alors ces injures, dites en
grec et en latin, n'étaient pas un objet dont
le Gouvernement crût devoir s'occuper.

Ce fut pour les livres de controverse et
de théologie qu'on imagina la loi de la censure préalable, comme un moyen d'empêcher
d'introduire les opinions erronées.

On n'aurait pas osé dire des livres de ce
genre ce que nous venons de dire des autres,
que les règles de la censure sont arbitraires.
On pensait alors, en France et dans toute
l'Europe, que toute erreur en théologie est
un crime punissable par les lois civiles; et
dans un pays catholique une décision de l'É-
glise est une vérité qui ne peut pas être contestée. Ainsi un théologien instruit, ortho-
doxe et bien sûr de ses principes, se croyait

en état de prononcer avec certitude sur toutes les propositions du livre déféré à son jugement.

Ce fut l'Université qui, dans l'origine, fut chargée en France de la censure des livres.

Les professeurs de ce Corps célèbre sont aujourd'hui les Instituteurs de la Jeunesse; ils furent regardés alors comme les Précepteurs de la Nation entiere. C'est une prétention qu'on ne leur passerait pas aujourd'hui; mais ils l'étaient réellement avant l'invention de l'*Imprimerie*.

La difficulté de se procurer des manuscrits, dont le prix excédait les facultés de beaucoup de particuliers, obligeait ceux qui voulaient acquérir de l'instruction, à assister réguliérement aux leçons publiques.

Mais tout a bien changé de face : chacun peut aujourd'hui faire ses études en particulier, et les Bibliothèques publiques, établies dans la plupart des grandes villes, sont la ressource de ceux qui n'ont pas tous les livres qui leur sont nécessaires.

D'ailleurs, l'empire de la littérature, si j'ose me servir de ce terme, a fait, depuis l'Art de l'*Imprimerie*, des conquêtes immenses, et plus, depuis cinquante ans, que dans

tous les âges qui nous ont précédés. Aujour-
d'hui il n'y a presqu'aucun objet de la pen-
sée qui ne soit la matière d'un livre.

Des Docteurs en théologie, en droit, en
médecine, et des gradués dans la Faculté des
Arts, qui enseignent le latin, un peu de grec
et les premiers élémens de la Philosophie,
n'ont point acquis, par leurs études, le droit
de dicter des lois à toute la Nation sur l'instruction qu'elle veut acquérir en toutes sortes
de matières.

Le Gouvernement a donc pris un parti sage
en retirant des mains de la Sorbonne et de
l'Université la fonction de censurer les livres.

Si le système d'exiger une censure préalable
était praticable, je crois qu'il vaudrait mieux
qu'elle fût entre les mains de quelques gens
de lettres de différens états, à chacun desquels
on distribuerait les livres de sa compétence,
qu'entre celles d'un seul corps; et si le Gouvernement persistait dans le projet de conserver une inspection sur les opinions de tous
genres qu'on répand dans le public, on devrait charger le Chef de la Justice, ou un
autre Ministre, de nommer le Censeur pour
chaque livre, et lui donner des instructions.

Or, le Gouvernement a été attaché pendant

très-long-tems à conserver cette inspection, à laquelle je crois qu'il doit renoncer aujourd'hui. Ainsi, l'établissement des *Censeurs royaux* sous l'autorité du Chef de la Justice ou du Magistrat préposé par lui, a dû paraître autrefois très-raisonnable ; mais je soutiens qu'il pèche par le principe, parce qu'un homme ne peut pas être préposé aux pensées d'un autre homme, ni être garant de ses ouvrages, et que le Gouvernement, fait pour prescrire aux Citoyens des lois sur leurs actions, n'a point d'empire sur leurs pensées (1). Si cette domination avait pu s'établir, nous serions encore dans la barbarie, puisque la plupart des génies lumineux qui nous en ont tirés, ont été persécutés par les Puissances de l'Église ou de l'État ; mais elle est impossible, et je crois qu'on en sera convaincu si on veut réfléchir sur la fonction de ceux qui sont chargés de l'examen des livres.

. C'est l'Administration qui donne les per-

_____

(1) Dans cette discussion, le lecteur ne doit point perdre de vue, et la profession de foi de l'Auteur sur les livres dangereux, et ses conclusions sur la nécessité d'un moyen quelconque de répression à l'égard des livres répréhensibles. (*Voyez* pages 324, 393, 429, 430.)

missions ; mais les administrateurs de l'État, et même les Magistrats préposés par eux, ne peuvent pas faire cet examen par eux-mêmes.

Il est évident qu'ils n'y pourraient pas suffire. D'ailleurs, il serait très-fâcheux qu'ils voulussent s'en charger, parce que le même livre qui ne contient qu'une opinion hasardée, peut-être fausse, mais point dangereuse, aurait un danger réel si on croyait que l'homme en place lui eût donné son attache en connaissance de cause.

Prenons le moment présent pour exemple. Tout le monde propose ses idées sur les *États-Généraux.* Il est indifférent qu'un Auteur qui n'a aucun caractère public, débite ses rêveries ; mais s'il avait fallu que quelqu'un qui a autorité dans l'État eût donné un consentement exprès à cette brochure, personne ne douterait que le système de l'Auteur ne fût adopté par le Gouvernement ; ce qui pourrait avoir de grands inconvéniens.

J'ai trouvé ce principe bien établi quand je fus chargé de la *Librairie.* M. d'Argenson me conseilla de ne me charger jamais moi-même de l'examen d'aucun ouvrage, et j'ai suivi ce conseil.

C'est pour cela qu'on a établi les Censeurs, et on a cru qu'il suffirait de les bien choisir.

Mais quelque bon choix qu'on fasse, je soutiens, premiérement, que le Censeur pourrait avoir des façons de penser personnelles, et des affections particulières, auxquelles il voudrait que les Auteurs se prêtassent; secondement, que la crainte que ce Censeur aurait de se faire des ennemis, ne lui permettrait point de consentir à la publication de beaucoup d'ouvrages qu'aucune raison d'ordre public ne doit faire défendre; troisiémement, que le Censeur, quelque éclairé, quelque attentif, quelque impartial qu'il fût, serait très-souvent trompé dans l'examen des livres.

Il me serait difficile de rendre ces trois propositions aussi évidentes pour les autres, qu'elles le sont pour moi; car c'est par l'expérience de treize années que je m'en suis convaincu, et je ne peux pas rapporter tout ce qui se passait sous mes yeux chaque jour pendant ces treize années. Je vais tâcher d'y suppléer par quelques observations générales. 1°. La règle communément établie est de nommer à chaque Auteur, pour Censeur, un homme de lettres de son genre; un théologien pour un livre de théologie, un Jurisconsulte pour un livre de jurisprudence, un Littérateur vivant dans le monde pour la poésie, les romans, etc.

Cette règle est très-raisonnable; car pour les livres de science, il n'y a que l'homme de la science même qui puisse reconnaître des erreurs dangereuses; et pour ce qu'on appelle *la pure littérature*, il faut que le Censeur soit un homme répandu dans la société, sans quoi il ne pourrait apercevoir les satyres personnelles.

Cependant cette règle si sage a le plus grand de tous les inconvéniens, qui est que le Censeur est presque toujours, ou l'ami, ou le rival de l'Auteur.

Or, c'est un principe incontestable, que le Juge doit être absolument étranger à la partie; et si cela est vrai pour la justice des tribunaux, où on a la loi pour guide, cela l'est bien davantage pour la censure, dont tous les principes sont arbitraires.

Quand il est question, ou de permettre un livre, ou de le défendre, ou de ne donner qu'une permission conditionnelle en exigeant des corrections, peut-on espérer que le Censeur ne se laisse pas aller à l'indulgence pour l'Auteur qu'il aime, ou qui est du même parti que lui, et, à la rigueur, contre celui qui est du parti contraire (car à présent tout est parti en France, et particuliérement dans la littérature)?

N'oublions pas que la passion favorite de presque tous les Auteurs est l'amour de la gloire; ce qui leur donne un attachement excessif pour leurs productions.

Ceci n'est point un trait de satyre que je me permets contre les gens de lettres. Je dis ce qui est et ce qui doit être. Sans cette passion pour la gloire, nous n'aurions ni les héros qui défendent la patrie, ni les hommes de génie qui l'éclairent par leurs écrits.

J'ai presque toujours vu qu'un Auteur à qui on demande le sacrifice d'un trait de son ouvrage, est un homme qu'on blesse dans sa partie la plus sensible.

Le Censeur qui l'aime, finit par céder à ses instances.

Mais si le Censeur a contre lui quelque animosité, quelque esprit de parti, croit-on qu'il n'entrera jamais aucune mauvaise humeur dans les difficultés qu'il lui fera sur son ouvrage?

Le sort de l'Auteur dépend donc du hasard qui le fait tomber entre les mains d'un Censeur ou d'un autre. Or, c'est là ce qui ne peut se concilier avec la juste liberté qu'il faut donner aux lettres.

L'attachement aux opinions est pour bien des gens, et surtout pour beaucoup de gens de lettres, une passion aussi forte que les affections personnelles.

Qu'on ne dise point que ce sentiment n'influera pas sur la censure quand on donne pour règle aux Censeurs de permettre les opinions qui ne sont que fausses, et de ne s'opposer qu'à celles qui sont dangereuses.

Un Auteur prévenu avec force de son opinion, croit qu'on ne peut pas la contredire sans renverser la Religion et la morale.

J'en ai connu plusieurs qui étaient des gens très-éclairés, d'un jugement fort sain sur tous les autres objets, mais qui, du moment qu'on touchait à leur opinion favorite, portaient la déraison à un point incroyable.

Je ne peux pas rapporter ici tous les exemples que j'en ai vus; cependant il n'y a que par les exemples qu'on puisse rendre cette vérité sensible. En voici quelques-uns.

Le premier ouvrage du fameux Philosophe de Genève, qui ait fait du bruit dans le monde, est son discours sur cette question : *Si le rétablissement des sciences et des arts a contribué à épurer les mœurs.* Rien ne devait être plus indifférent au Gouvernement, que la discussion de cette opinion spéculative. Il n'était pas à craindre que cet Auteur engageât les hommes à renoncer à la société pour embrasser la vie sauvage.

Le Censeur à qui cette brochure fut envoyée était un savant, et passait pour un homme raisonnable.

Non-seulement il ne voulut pas donner son approbation à cet ouvrage d'iniquité, mais il vint me trouver avec un de ses amis et de ses confrères, qui était aussi un homme estimé pour la science et pour les mœurs, et tous deux me dirent « qu'ils seraient au désespoir » de faire le métier odieux de dénonciateurs, » mais que l'affaire dont ils avaient à me parler était si importante, qu'ils ne pouvaient » s'empêcher de m'en avertir; que j'avais » envoyé à l'un d'eux une brochure qui certainement n'était susceptible d'aucune approbation, mais qu'il ne fallait pas s'en » tenir là; que le Gouvernement devait prendre des mesures pour étouffer dans son » principe cette affreuse doctrine; que l'Auteur voulait nous réduire à l'état des hommes bruts, qui ne connaissent ni Religion ni morale, et que malheureusement » cet Auteur était doué d'une éloquence
» funeste,

» funeste, qui lui donnerait des secta-
» teurs. »

J. J. Rousseau, si célèbre depuis, n'a commencé à l'être qu'à l'époque de ce Discours.
Les deux savans n'avaient jamais entendu
parler de lui. Ainsi il n'y avait, dans leur jugement, aucune passion personnelle.

Voici un autre fait. Quand le Parlement
rend un Arrêt, il faut lui obéir ; mais quand
il disserte, il est permis de n'être pas de son
avis. Il n'y a que l'Église, à l'autorité de qui
on doive soumettre sa raison, et ce n'est même
que pour les dogmes.

Les *Remontrances* des Parlemens sont de
très-beaux Traités de droit, des monumens
respectables du zèle et des lumières des Magistrats : toutefois on ne peut pas prétendre
que toutes les propositions avancées dans cha-
cune de ces Remontrances soient des vérités
qu'il n'est plus permis de discuter.

Cependant j'ai vu des Censeurs exiger impitoyablement d'un Auteur de retrancher une
proposition de son ouvrage, par l'unique motif qu'elle se trouvait contraire à une phrase
de quelque Remontrance.

Ce Censeur, zélé parlementaire, mais homme de très-bonne foi, disait que l'on ne devait
pas permettre ce qui est contraire à la loi ; et

il lui semblait qu'un ouvrage auquel le Parlement a donné sa sanction, avait acquis le caractère de loi.

L'opinion d'une grande partie du public sur M. de Voltaire a subi une grande révolution pendant les treize années que j'ai eu un département littéraire; elle n'a pas varié sur l'hommage dû à son génie, mais beaucoup sur les égards dus à sa personne.

Quand je fus appelé à ce département, la plupart des Censeurs n'auraient pas permis un éloge donné à ce grand-homme en termes généraux, sans y joindre la restriction expresse que c'était sans approuver la doctrine pernicieuse de beaucoup de ses ouvrages.

Il y en eut qui me dirent pour raison, qu'on ne permettrait pas, dans un pays catholique, de faire un éloge pompeux de Luther, sans marquer qu'on déteste ses erreurs, et que l'Auteur qui attaque la Religion dans tous ses principes, est bien plus condamnable que celui qui n'a attaqué que quelques dogmes.

Dans la suite j'en ai vu d'autres qui n'auraient pas voulu approuver une critique littéraire de M. de Voltaire, disant qu'on ne devait la regarder que comme un libelle diffamatoire, parce qu'elle ne pouvait être que l'ouvrage de la passion, et que l'honneur de la Nation était intéressé à ne pas laisser insulter en France l'homme par qui la France est illustrée.

J'ai vu ce grand motif de l'honneur de la Nation employé quelquefois, d'une façon bien plaisante, par ceux qui le faisaient servir à leur passion.

Dans le tems qu'on écrivait beaucoup de brochures pour et contre la musique française et italienne, il y eut, non pas seulement des gens dont la musique fait le plaisir et l'occupation principale, mais des hommes d'État par leur place, qui me firent dire, par amitié, qu'on ne concevait pas que je tolérasse des libelles où on diffamait la musique française qu'ils appelaient la *musique nationale*, et ces personnages graves trouvaient aussi que l'honneur de la Nation y était intéressé.

Ces historiettes, auxquelles je pourrais en joindre beaucoup d'autres, m'ont démontré invinciblement la vérité que j'ai établie, et que je ne me lasserai pas de répéter, que les principes de la censure, d'après lesquels on permet ou défend les livres, sont et seront toujours arbitraires.

2°. Outre les cas où le Censeur est conduit, dans ses jugemens, par ses affections ou son attachement à son opinion, il y en a beaucoup où il n'est pas possible qu'il ne soit retenu par la crainte fort raisonnable de se faire des ennemis.

Il est vrai que j'ai vu plus d'une fois des Censeurs qui, par leur caractère, n'auraient jamais dû avoir de querelles avec personne, se trouver exposés au ressentiment implacable de gens avec qui ils n'avaient rien de personnel à démêler, uniquement pour avoir donné leur approbation à un livre qui leur déplaisait.

Ne disons pas que ce ressentiment ne sera point à craindre lorsqu'on saura que la fonction du Censeur se borne à empêcher ce qui est contraire à la Religion, aux lois, etc. L'homme irrité contre un livre ne se paie pas de cette raison parce qu'il est offensé dans son amour-propre, et que, sur ce chapitre, on ne connaît ni raison ni justice (1).

Il n'y a aucune idée nouvelle, aucun trait piquant dans un livre, qui ne déplaise beaucoup à quelqu'un.

La littérature ne fleurit, la raison ne fait des progrès que par des ouvrages dont les Auteurs se font des ennemis. L'Auteur s'y

---

(1) Qui méprise Cottin n'estime point son Roi,
Et n'a, selon Cottin, ni Dieu, ni foi, ni loi.

expose pour la gloire qui est sa récompense ; mais le Censeur, qui n'a point de part à la gloire, ne veut pas partager les haines; et la crainte de s'y exposer l'engage à faire à l'Auteur mille difficultés qui sont absolument contraires à la liberté d'écrire.

Cette crainte des Censeurs est souvent d'autant mieux fondée, que ce n'est pas seulement d'un homme de lettres qu'ils encourent la haine ; c'est quelquefois celle de gens très-puissans, et qui ont le pouvoir de les perdre.

Ceci, comme ce que j'ai dit dans les autres articles, ne pourrait être bien prouvé qu'en rapportant le grand nombre d'exemples que j'en ai vus ; mais pour en épargner le détail, qui serait fort ennuyeux, je vais employer quelques-uns de ceux que j'ai rapportés dans l'article précédent.

Si le Censeur qui, de bonne foi, regardait comme une hérésie une proposition contraire à un passage de Remontrance du Parlement, avait, au lieu de cela, dit tout naturellement au Magistrat de la *Librairie*, qu'il ne voulait pas s'exposer à être mandé par le Parlement pour une approbation ; si celui qui refusait d'approuver un Éloge de M. de Voltaire, sans une restriction odieuse, eût dit qu'il ne voulait pas irriter l'ancien évêque de Mirepoix, qui, outre les graces dont il était le dispensateur, avait souvent le crédit de faire prononcer des proscriptions, on n'aurait pas pu dire que ces deux Censeurs eussent tort.

M'objectera-t-on la grande maxime que le Censeur est un Juge, et qu'un Juge ne doit point être arrêté par des craintes personnelles ?

S'il faut remonter jusqu'à ces grands principes, je dirai qu'il est très-vrai qu'un Juge ne doit jamais céder à la crainte, et que c'est pour cette raison que, dans toute bonne Constitution, on ne doit donner la fonction de Juge qu'à ceux qui, par leur état, sont des gens indépendans.

C'est pourquoi en France la Nation a toujours réclamé, avec la plus grande force, quand il y a eu des actes d'autorité exercés contre ses Juges, et elle a obtenu, depuis trois siècles, qu'au moins ils fussent inamovibles dans leurs charges.

C'est aussi par cette raison qu'en Angleterre, où les places de Juges sont des faveurs accordées par la Cour, et où ils ne sont inamovibles que depuis peu de tems, la Nation est si attachée à ce que la fonction de juger, dans les matières les plus importantes, soit remplie par les Citoyens indépendans qu'on appelle *Jurés*.

Je suis si persuadé de cette maxime, que je pense que tout Magistrat qui, par la situation de ses affaires ou de celles de sa famille, se trouve dans la dépendance de quelque Puissance, devrait renoncer à la profession de Juge.

Or, les Censeurs sont choisis parmi les gens de lettres, et en France les gens de lettres sont une classe de Citoyens très-dépendante, parce que ce n'est point une profession utile par elle-même. La plupart de ceux qui l'ont embrassée, y ont été déterminés par un attrait vainqueur, ont sacrifié l'espérance de la fortune à leur satisfaction et à la gloire. Cependant comme la gloire ne fait pas vivre, c'est par des graces de la Cour ou des places auxquelles la Cour nomme, qu'ils ont espéré de subsister dans leur vieillesse, dans cet âge où l'aisance est devenue une nécessité.

Un homme de lettres est donc un homme dépendant de beaucoup de gens puissans, et qu'il ne faut point exposer à leur déplaire par l'approbation d'un livre.

On va voir que la grande dissertation à laquelle je viens de me livrer, n'est point étrangère au sujet que nous traitons en appliquant les principes que je viens de poser au moment présent.

Le Roi vient d'exhorter tous ses sujets à s'occuper de la Constitution des Assemblées nationales.

Quand ces Assemblées se tiendront, bien des Auteurs s'exerceront sur les objets qui y seront traités.

On ne peut discuter ces questions sans heurter des opinions qui ont eu de puissans partisans. Il faut du courage, et nous voyons, depuis quelques mois, qu'il se trouve en France des Auteurs à qui ce genre de courage ne manque pas.

Ils sont entraînés sans doute par un zèle ardent pour le bien de l'État ; mais on ne peut nier que ce zèle ne soit soutenu par leur enthousiasme pour le système qu'ils ont embrassé, et par l'espérance de la gloire qui sera le fruit de leurs travaux.

Est-il juste qu'un Censeur qui ne partage pas leur enthousiasme, et ne partagera pas leur gloire, partage le danger ? Et quand ce Censeur est un homme qui, à la fin de sa carrière, jouit tranquillement des graces qu'il a obtenues après les avoir méritées, mais dans lesquelles il n'est maintenu que par la faveur des gens en place, ne serait-il pas cruel de le mettre dans l'alternative de déplaire à ses protecteurs, ou de faire des difficultés à des Auteurs qui obtiendront peut-être le suffrage de la Nation?

Quand on pesera toutes ces considérations, je crois qu'on conviendra que la liberté demandée aujourd'hui pour les Auteurs qui écrivent sur les intérêts de la Nation, est incompatible avec aucune espèce de censure.

3°. Ma dernière proposition est que le Censeur le plus éclairé dans la matière du livre qui lui est déféré, peut être trompé, et l'est souvent.

J'atteste que, lorsque la censure s'exerçait dans toute sa rigueur, lorsque la Police veillait avec activité à empêcher l'impression et le débit des livres qui n'étaient pas permis, et qu'on n'avait pas encore renoncé à l'espérance de faire exécuter les réglemens, il arrivait souvent que le même livre dont le public était scandalisé quand il était imprimé, avait été approuvé par un Censeur, homme instruit, homme pieux, homme très-attentif.

C'est ce que je ne pouvais jamais faire concevoir à ceux qui se plaignaient du livre. Ils me disaient toujours que, puisque le public entier avait été indigné à la première lecture, le Censeur qui l'avait approuvé, ou ne l'avait pas lu, ou avait eu une instruction secrète du Magistrat protecteur des mauvais livres, ou était complice de l'Auteur, et que, dans ce dernier cas, il méritait une punition exemplaire.

Je leur aurais volontiers demandé s'ils étaient dans l'habitude d'assister à ces lectures où un Auteur assemble ses amis pour lui donner leurs conseils sur une pièce de théâtre ou un autre ouvrage qu'il veut faire paraître.

Ces amis que l'Auteur choisit pour ses Juges sont ordinairement des amateurs de la littérature, qui passent pour gens d'esprit et de goût. Cependant on sait que très-souvent le public siffle unanimement l'ouvrage que ce conseil littéraire a trouvé admirable.

Il en est de même de la censure, et la différence entre le jugement du Censeur et celui du public doit être encore plus fréquente, parce qu'il y a bien de différens rapports sous lesquels un livre peut être jugé répréhensible. Quelques-uns de ces motifs de censure échappent à celui qui lit en particulier, mais aucun n'échappe au public entier.

Cela est évident pour les satyres personnelles.

Un Censeur ne connaît pas tous les individus, ou ne les a pas assez présens à son

attention pour les reconnaître dans le portrait
qu'en fait un Auteur satyrique, lors même
que ce portrait est très-ressemblant ; mais dès
que le trait est imprimé, il y a quelqu'un dans
le public qui l'apperçoit, et dans le moment
tout le public en est averti.

On aura plus de peine à croire qu'un Censeur puisse être trompé sur des articles de doctrine et sur ceux qui intéressent le Gouvernement ; cependant cela arrive aussi très-
souvent.

Si l'ouvrage est très-volumineux, il n'est
pas possible qu'on n'ait pas eu des distractions
pendant la lecture ; mais, de plus, j'atteste,
d'après l'expérience, que souvent les Censeurs
se sont trompés sur ceux qui sont assez courts
pour qu'on puisse réfléchir sur chaque phrase ;
qu'ils se sont trompés sur des ouvrages où
c'est le système général, et non pas quelques
traits épars, qui a été un scandale pour les
gens de bien ; qu'ils se sont trompés lors même
qu'ils avaient été avertis qu'il fallait être en
garde contre l'Auteur, et lorsque le Censeur
avait le plus grand intérêt à ne pas se compromettre.

Dans les autres articles j'ai rapporté quelques histoires particulières pour lesquelles il
faut me croire sur ma parole ; mais ici je vais

en rapporter deux dont tout le public a eu connaissance dans le tems.

Nul ouvrage n'a excité plus de clameurs de la part du Clergé, des Magistrats et d'une grande partie du public, que l'*Encyclopédie*, que cependant aujourd'hui tout le monde veut avoir dans sa bibliothèque.

Le plan en fut concerté avec le plus vertueux et le plus éclairé des Magistrats, M. le chancelier d'Aguesseau. M. Diderot lui fut présenté comme celui des Auteurs qui aurait le plus de part à l'ouvrage.

Cet Auteur était déjà noté, chez beaucoup de dévots, pour la liberté de penser.

Cependant le pieux M. d'Aguesseau voulut conférer avec lui, et je sais qu'il fut enchanté de quelques traits de génie qui éclatèrent dans la conversation ; mais comme il affectionnait particulièrement cet ouvrage dont il avait prévu toute l'utilité, et dont quelques personnes lui dénonçaient l'Auteur comme suspect, il voulut nommer lui-même les Censeurs, et prit la précaution qu'on croyait la meilleure. Un Théologien fut chargé des articles de théologie et de métaphysique, un Avocat de ceux de jurisprudence, etc.

Le premier volume ne parut qu'après sa mort, et, malgré les précautions qu'il avait

prises pour la censure, il s'éleva un cri uni-
versel.

Le plus ardent ennemi de l'*Encyclopédie*
fut l'ancien Évêque de Mirepoix. Il porta ses
plaintes au Roi lui-même, et lui dit, les larmes
aux yeux, qu'on ne pouvait plus lui dissi-
muler que la Religion allait être perdue dans
son Royaume.

Le Chancelier successeur de M. d'Aguesseau, qui était un Magistrat aussi religieux
qu'aucun Évêque du Royaume et que l'Évêque de Mirepoix lui-même, jugea cependant
qu'il ne fallait pas ruiner quatre familles de
Libraires, manquer aux engagemens pris avec
les Souscripteurs pour des sommes considérables, et priver le public de l'ouvrage que
M. d'Aguesseau avait regardé comme le plus
utile qui pût paraître, parce qu'il y avait quelques propositions condamnables dans le premier volume; il pensa qu'il suffirait de prendre des mesures pour qu'il ne s'en trouvât plus
dans les tomes suivans.

On m'ordonna d'en conférer avec M. l'Évêque de Mirepoix.

Il me dit qu'on avait trompé les Censeurs
nommés par M. d'Aguesseau, en insérant dans
les articles de médecine, de physique ou d'autres sciences profanes, des erreurs qui ne pou-

vaient être apperçues que par un Théologien.

Je lui offris de faire censurer tous les articles sans exception, par des Théologiens qu'il choisirait lui-même.

Il accepta ma proposition avec joie, et me nomma les abbés Tamponnet, Millet et Cotterel, qui étaient ceux en qui il avait le plus de confiance.

Les tomes II, III, IV, V, VI et VII de l'*Encyclopédie* ont été censurés en entier par ces trois Docteurs. Il n'y a pas un seul article dont le manuscrit n'ait été paraphé par un des trois.

C'est cependant le livre qui a été regardé par tous les dévots, et nommément par les Confrères des trois Censeurs, comme un répertoire d'impiétés.

Quand leurs Confrères leur en faisaient des reproches, ils étaient confus, et ne savaient que répondre. Ils finissaient par avouer qu'ils ne comprenaient pas eux-mêmes comment ils avaient pu approuver les articles qu'on leur citait, et qu'ils en avaient jugé autrement sur le manuscrit que sur l'imprimé.

Pour l'Évêque de Mirepoix, il ne dit plus rien quand il vit que ses bons amis étaient compromis; et lorsque je lui en parlai, il me répondit avec douleur, que c'étaient de vertueux Ecclésiastiques, qui n'avaient sûrement pas eu mauvaise intention.

Mais le Parlement, qui ne se croyait pas obligé à aucun égard pour les Censeurs de l'Évêque de Mirepoix, prit alors connaissance de l'affaire.

Il supprima les sept volumes qui avaient paru; ce qui est un mot vide de sens, car tous les exemplaires étaient chez les Souscripteurs, et on n'espérait pas qu'ils les portassent au Greffe. Il nomma les Censeurs pour les examiner, et les chargea aussi de la censure des tomes suivans (1). L'Évêque de Mirepoix avait

---

(1) Je n'examine pas si le Parlement n'excéda pas son pouvoir, et ne profita pas de l'occasion pour s'attribuer un droit qu'il n'avait jamais eu. Il est Juge du délit commis ; par conséquent il peut nommer des Examinateurs du livre qui lui est dénoncé, comme des Experts pour constater le corps du délit ; mais je ne crois pas que jusqu'alors il eût nommé les Censeurs pour examiner le livre qui paraîtra. L'Université a eu cette fonction. Le Roi la fait remplir depuis par des Censeurs royaux, mais non par le Parlement, parce que cet acte est d'Administration, et non de Justice.

Au reste, cela est étranger à la question que nous traitons dans ce chapitre. Comme on prévoyait bien que ces Censeurs n'auraient rien à faire, on n'y songea pas.

choisi des *Molinistes*; on pense bien que le Parlement nomma des *Jansénistes*.

Ce choix fut indifférent ; car ils n'eurent rien à censurer. Les Libraires prirent un parti qu'ils auraient dû prendre plus tôt. Ils firent imprimer sans censure, ou en pays étranger, ou secrétement dans le Royaume (je n'ai pas cherché à pénétrer ce mystère), et ils firent imprimer tout l'ouvrage à la fois pour n'avoir plus de querelle à essuyer à chaque tome.

Quand l'ouvrage parut de cette façon, il n'y eut personne à qui on pût s'en prendre, et alors le zèle se refroidit. Personne ne s'opposa à l'entrée ni au débit, et chaque exemplaire parvint à sa destination chez le Souscripteur.

Le livre *de l'Esprit* a fait au moins autant de bruit que *l'Encyclopédie*. Le cri fut général (1). Le Censeur fut M. Tercier. On a dit

---

(1) Je ne parle qu'historiquement de l'effet que fit ce livre dans le public. Je n'examine point jusqu'à quel point il pouvait être répréhensible.

Je serais bien fâché d'insulter la cendre de deux morts estimés et regrettés de tous ceux qui les ont connus.

Je connaissais personnellement l'Auteur, et je l'aimais tendrement. Il avait autant de droit à l'estime des honnêtes gens par ses vertus morales, qu'aux applaudissemens du public par ses talens.

dans

dans le public, qu'il était ami de l'Auteur. Ce fait n'est pas vrai : il ne le connaissait point quand il fut nommé son Censeur. Ils firent connaissance, et sont peut-être devenus amis pendant l'examen de l'ouvrage.

M. Tercier était homme de lettres. On ne peut pas lui refuser cette qualité, puisqu'il était de l'Académie des Belles-Lettres. Il était donc assez instruit pour découvrir le danger d'un livre où tout le monde disait que les propositions dangereuses n'étaient pas même déguisées.

Il était premier Commis des Affaires étrangères, et avait passé toute sa vie dans la politique : ainsi il devait avoir la prudence nécessaire pour prévoir l'effet que ferait un pareil livre.

S'il n'en avait pas été le Censeur, je suis persuadé qu'il aurait dit comme tout le public : « Comment est-il possible qu'un Censeur ait » approuvé un pareil ouvrage ? »

J'ajoute un fait dont je suis très-certain : c'est qu'il fut averti plusieurs fois, et même de la part des amis de l'Auteur, de se tenir en garde, parce que la complaisance qu'il pourrait avoir leur serait funeste à tous les deux.

Ce Censeur du livre *de l'Esprit* était par-

Z

ticuliérement protégé par la feue Reine. Il
avait donné au roi de Pologne, dans les circonstances les plus dangereuses de sa vie,
des preuves d'attachement que la Reine n'ou-
bliait pas.

Or, tout le monde connaissait la piété de
la Reine, et personne n'ignorait qu'elle gé-
missait continuellement sur les mauvais livres
dont le public était inondé.

M. Tercier était aussi particuliérement attaché à la personne de Monseigneur le Dauphin,
avec qui il avait même un travail habituel.

Il avait tout à espérer de si grandes pro-
tections, et tout à craindre en rendant sa doctrine suspecte à ses vertueux protecteurs.

Il courait le risque évident de perdre son
état; ce qui lui est réellement arrivé. Cependant il a donné son approbation.

Après de tels exemples, n'est-il pas évident
qu'il n'y a point de Censeurs qui ne puissent
se tromper dans leurs jugemens?

Résumons ce chapitre, qui est beaucoup
plus long que je n'aurais voulu.

Je regarde comme certain, 1°. que l'inexécution des réglemens de *Librairie* est venue
de ce qu'on a refusé la permission pour une
multitude de livres qui sont devenus nécessaires à la Nation; 2°. que quelque chose qu'on

fasse, ces permissions seront toujours refu-
sées, par conséquent que, tant qu'on laissera
subsister la loi qui exige, pour chaque livre,
une permission expresse après une approbation préalable, les réglemens sur cette partie
d'administration seront toujours illusoires.

Si je n'ai pas réussi à convaincre de ces vérités ceux qui liront ce Mémoire, c'est peut-
être moi qui ai tort.

Mais alors il est inutile de lire ce qui me
reste à dire ; car c'est sur ces vérités, que je
regarde comme fondamentales, que tout mon
Mémoire est appuyé, et si on ne les admet
pas, je ne connais rien de raisonnable à faire.

CHAPITRE IV.

QUESTION QUATRIÈME.

QUEL est le meilleur moyen d'obvier à la licence des libelles, ou de soumettre les livres à la censure, ce qui est la loi de France et de quelques Royaumes, ou de ne rien prescrire aux Auteurs, et de laisser à la Justice le soin de punir les délits, ce qui est la loi d'Angleterre et de quelques autres pays ?

SUR l'exposition de cette question, on croira peut-être que je la regarde comme résolue par les principes que j'ai établis dans le précédent chapitre.

Puisque je regarde comme une nécessité indispensable de révoquer la loi qui exige la permission expresse et la censure, on croira que j'ai tout dit, et que je n'ai plus qu'à conclure qu'il faut admettre la loi d'Angleterre telle qu'elle est avec ses avantages pour la liberté, et ses inconvéniens sur la licence.

Mais ce n'est pas là ma conclusion. Il faut examiner auparavant si la loi anglaise produirait en France ce qu'elle a produit en Angleterre, et c'est le sujet de la cinquième question.

CHAPITRE V.

QUESTION CINQUIÈME.

La loi anglaise introduite en France, y produira-t-elle les mêmes effets qu'en Angleterre, c'est-à-dire, l'heureux effet de donner aux Citoyens honnêtes et raisonnables la liberté de produire leurs sentimens, et le mauvais effet d'augmenter la licence des libelles et d'autoriser des satyres personnelles ?

La suppression de la censure nous remettrait sous la loi commune à toutes les Nations, suivant laquelle on attend que les délits soient commis pour les punir.

L'Auteur pourrait imprimer sans prendre la permission d'un Censeur, comme il a le droit naturel d'écrire et de parler. Mais si son livre était criminel, il serait jugé et puni suivant les lois du pays où il vit, comme le serait un prédicateur qui aurait prononcé un sermon séditieux.

Or, chaque Nation a ses lois particulières

pour la Justice criminelle, et il y a entre les lois et l'esprit national des Anglais et des Français, des différences qui en entraîneraient une immense sur le degré de licence que produirait la suppression de la censure.

1º. En Angleterre, les Juges doivent s'en tenir aux termes précis de la loi. Ils ne peuvent punir que les actions que la loi a déclarées être des délits : la peine qu'ils prononcent est celle que la loi a déterminée, excepté dans les seuls cas où la loi elle-même a ordonné de proportionner la peine aux circonstances, comme les condamnations pour réparation de dommages; mais le Juge ne peut jamais décider, d'après ses propres lumières, qu'une action que la loi n'a prévue ni définie, soit un crime.

En France, on a donné beaucoup plus de latitude au pouvoir des Juges : l'esprit de la loi supplée au texte littéral; et quand le Juge français croit voir clairement que l'accusé a eu une mauvaise intention, et qu'il l'a effectuée, ce que nous appelons *concilium et eventus*, il prononce la condamnation; et l'accusé n'échapperait pas à la Justice en disant que le cas n'a pas été prévu par la loi (1).

_____

(1) Rien ne démontre mieux l'arbitraire des règles

Je n'entreprends point de discuter ici les avantages et les inconvéniens de ces deux jurisprudences; je ne dis que le fait, et il me paraît évident que cette seule différence entre les deux jurisprudences doit rendre l'effet de la suppression de la censure très-différent dans les deux pays.

· Par exemple, les libelles diffamatoires sont regardés partout comme un délit très-grave; ainsi on punirait en Angleterre, comme en France, l'Auteur qui dans son ouvrage outragerait un Citoyen en le nommant.

· Mais si cet Auteur, sans nommer personne, fait un portrait de celui qu'il veut insulter,

---

qu'on a suivies pour la censure, et que le Parlement se propose de suivre lorsqu'il aura obtenu ce qu'il appelle la *liberté de la presse*, que les termes dont il s'est servi dans l'article de son Arrêté, par lequel il demande cette liberté, « sauf à répondre des écrits répréhensibles, suivant l'exigence des cas. »

· Par ces termes vagues, on demande une loi pénale qui ne définira point le délit, ne déterminera point la punition, laissera au Juge le droit d'arbitrer ce qui lui paraîtra criminel, et d'y appliquer la peine qui lui semblera proportionnée.

A-t-on tort de dire qu'avec une telle législation, ce ne sera point de la loi, mais de l'opinion des Juges que dépendra le sort des Citoyens?

auquel on ne puisse pas se méprendre, le Juge
anglais ne pourra pas le condamner parce
qu'aucune loi n'a pu définir les cas dans lesquels le trait d'un livre doit être réputé une
satyre, et le Juge français le condamnerait
sans hésiter ; l'Auteur aurait beau dire qu'on
lui prête une intention qu'il n'a pas eue. Quand
cette intention paraîtrait évidente au Juge,
cette défense de l'accusé serait regardée comme
un subterfuge.

Les blasphêmes, le manque de respect pour
la Religion de l'État, sont regardés comme
des crimes dans tous les pays du Monde.

Mais dans un pays où on ne juge que d'a-
près la disposition précise de la loi, on ne peut
pas condamner comme impie l'Auteur qui a
établi une proposition qui, dans la façon de
penser du Juge, contient implicitement une
impiété.

L'Auteur qui serait accusé par la partie
publique, ne pourrait être convaincu légalement qu'après avoir été entendu dans sa défense ; ce qui serait soutenir une thèse contre
le Ministère public, et il serait toujours admis à dire qu'il n'avait pas pensé comme son
accusateur ; qu'il peut s'être trompé, mais
que l'erreur n'est pas un crime.

Mais ce n'est pas ainsi qu'on juge en France

les affaires de ce genre. Les Juges ne se regardent pas uniquement comme des interprètes de la loi; ils statuent sur la doctrine,
comme les Conciles où l'Église est assemblée.

C'est l'Avocat-Général qui est chargé de
cette fonction. Cet orateur jurisconsulte prononce un traité de philosophie ou de théologie, et l'Auteur accusé n'est admis à aucune
réplique. Telle est la règle de nos tribunaux.

Il ne peut ni contester la doctrine de M. l'A-
vocat-Général, ce qui serait regardé comme
une témérité, ni même soutenir qu'on l'a mal
entendu, et qu'il n'a jamais prétendu établir
la doctrine qu'on lui impute. Son intention
a paru évidente à la Justice, et c'est assez
pour asseoir une condamnation.

C'est dans la même forme qu'on statue sur
tout ouvrage qu'on regarde comme contraire
aux lois, à l'ordre public, à l'administration,
et il y a une très-grande quantité d'ouvrages
qui peuvent être critiqués sous quelques-uns
de ces aspects, souvent sans que l'Auteur
l'ait prévu.

Si on veut bien y réfléchir, et examiner
jusqu'où cela peut s'étendre, on verra qu'il
n'y aurait aucun métier plus dangereux que

celui des Auteurs, s'ils avaient à répondre à la Justice de tous leurs ouvrages.

Les Auteurs ont aujourd'hui des difficultés fort incommodes à éprouver. Souvent on leur en fait auxquelles ils ne se seraient pas attendus. Ils les attribuent à la fantaisie du Censeur, et trouvent fort dur d'être obligés de s'y soumettre.

Mais s'ils n'avaient plus la sauve-garde de la censure, ils auraient des Censeurs d'un autre genre ; ils en auraient autant qu'il y a de Conseillers au Parlement et au Châtelet, qui ont le droit de les dénoncer. Cette censure serait bien plus redoutable, puisqu'elle ne se terminerait pas à leur faire sacrifier un trait de leur ouvrage, mais qu'elle leur ferait subir un procès criminel ; et peut-on prévoir quelle en serait l'issue dans un pays où les lois ne sont pas précises, et où le jugement dépend de la façon de penser de ceux qui un tel jour tiennent le tribunal ?

Tout Citoyen, de quelque profession qu'il soit, doit être à l'abri d'un procès criminel, en évitant de faire aucune des actions qui sont défendues par la loi. Les Auteurs seuls y seraient exposés par l'interprétation qu'on peut donner à leurs ouvrages.

On va voir encore d'autres différences essentielles entre la justice qui se rend en France, et celle qui se rend en Angleterre.

2°. En Angleterre, les Juges ne sont point un Corps; ils le sont en France.

C'est certainement un Corps bien respectable, que celui des Gardiens de la loi; mais un seul Corps ne doit pas avoir inspection sur la publication des pensées des Citoyens de tous les ordres et de tous les états.

Nous avons fait voir dans les chapitres précédens, qu'il était absurde que l'Université, qui, dans les siècles d'ignorance, était le Corps entier des gens de lettres, eût cette inspection, et que le Gouvernement s'est trompé quand il a cru pouvoir exercer cet empire sur les opinions : il ne serait pas plus raisonnable de le donner au Corps des Magistrats.

3°. Voici une troisième différence, qui est peut-être la plus importante de toutes.

La Justice criminelle ne se rend en Angleterre qu'après une instruction publique : c'est la Nation qui préside au jugement, et la Nation anglaise, fortement persuadée que la liberté nationale tient à *la liberté de la presse*, ne permettrait pas aux Juges de condamner arbitrairement les Auteurs.

L'opinion que chacun peut avoir d'un livre, le chagrin d'un particulier, celui d'un

Corps, celui du Gouvernement lui - même quand il se croit insulté dans un écrit, tout cela ne paraît aux Anglais que de petites considérations, qui ne peuvent pas être mises en balance avec le grand principe, qu'il ne faut imposer aucune gêne aux Citoyens qui veulent parler à la Nation.

On me dira peut-être que la Nation française prendra sur l'esprit de la Nation anglaise lorsqu'elle aura des Assemblées nationales.

Personne ne peut savoir avec certitude ce que produiront ces Assemblées; mais je soutiens que le vœu même de la Nation ne dirigera point les Juges en France comme en Angleterre, tant que notre forme d'instruction criminelle subsistera, et que les jugemens seront rendus sur des procédures secrètes.

Cette proposition peut être rendue sensible par la comparaison de deux procès qui ont fait beaucoup de bruit, l'un en Angleterre, et l'autre en France.

M. Wilkes passait en Angleterre pour le plus hardi des Auteurs; et comme la licence des libelles a des inconvéniens réels, dont les gens raisonnables sont frappés en Angleterre ainsi qu'en France, beaucoup d'Anglais murmuraient de cette liberté, qui leur semblait excessive. Ceux qui pensaient ainsi se croyaient

la majeure partie du public, et sûrement le
Gouvernement pensait de même; car sans
cela le procès de M. Wilkes n'aurait pas été
entamé.

Il fit paraître une feuille où le Gouvernement se crut si ouvertement insulté, qu'il ne
douta point que ce délit ne fût puni s'il était
déféré à la Justice.

Tous ceux qui approchaient du Roi ou des
Ministres regardaient cela comme certain, et
vraisemblablement les plus grands Jurisconsultes d'Angleterre avaient été consultés, et
pensaient de même. On fut charmé de trouver cette occasion de faire un exemple qui
servît de frein à la licence.

Tout le contraire arriva.

Lorsqu'on voulut faire le procès, la Nation
se réveilla.

On pensa que la hardiesse qu'on imputait
à M. Wilkes ne devait être considérée, dans
une affaire d'État, que comme une peccadille
méprisable; mais qu'il serait du plus grand
danger que les Juges prissent l'habitude de
flétrir les Auteurs qui auraient déplu aux
Puissances.

Le Gouvernement s'obstina; ce qui augmenta la chaleur nationale en faveur de
M. Wilkes. Non-seulement il fut absous, mais

il fut regardé comme un illustre persécuté. La tentative qu'on avait faite pour le perdre lui procura des honneurs inouis, et une fortune à laquelle, sans cela, il n'aurait peut-être pas aspiré.

Je crois que le Gouvernement eut tort de s'obstiner à cette petite vengeance, et de ne pas songer qu'on illustre toujours celui à qui on donne le mérite de la persécution, et que la Nation alla trop loin en déférant à un Auteur les honneurs qui devraient être réservés pour les Citoyens qui ont rendu les plus grands services à l'État.

Nous ne devons pas être surpris en France, que le Gouvernement anglais ait fait cette faute, ni que la Nation anglaise se soit portée à cet excès.

Voyons à présent ce qui s'est passé en France dans la fameuse histoire de M. du Paty.

Depuis quelques années on s'était pourvu en cassation ou en révision contre plusieurs Arrêts de condamnation *à mort*. Il avait paru des Mémoires où le public avait trouvé l'innocence des condamnés démontrée. Le Conseil en avait jugé de même ; mais ce n'est qu'après la mort des malheureux, que leur innocence avait été reconnue.

Ces affaires, surtout celle de Calas, qui fit plus de bruit que toutes les autres, avaient excité dans le public une sensation très-vive.

On s'en prenait à nos lois criminelles : on disait qu'elles étaient faites pour produire souvent de pareils malheurs. On ne parlait que de les réformer, et on aurait pu dire que c'était un cri national s'il y en avait un chez une Nation qui ne s'assemble jamais.

Je sais que beaucoup de Magistrats trouvaient ce cri du public inconsidéré; qu'ils pensaient que la réformation dans nos lois, qu'on proposait, aurait les plus grands inconvéniens.

Je ne prends point parti dans cette question : je dis seulement le fait, que le vœu d'une très-grande partie du public était qu'on fît de grands changemens dans la procédure criminelle, et qu'on adoucît la rigueur des peines et celle de l'instruction.

Dans ce tems-là trois hommes de la lie du peuple, gens à qui personne ne prenait d'intérêt, ainsi en faveur de qui il ne pouvait y avoir aucune intrigue, furent condamnés à la roue.

On sut que quelques Juges, à qui le crime ne paraissait pas assez prouvé, s'étaient opposés avec force à l'Arrêt. C'en fut assez pour

que

que le Roi ordonnât un sursis nécessaire pour que les accusés pussent se pourvoir au Conseil.

M. le Président du Paty prit connaissance de l'affaire ; il lui parut que la procédure était mal faite, et le jugement rendu sans preuves suffisantes. De plus, il voulut voir les accusés. Le spectacle d'un malheureux a de grands droits sur un homme sensible qui a peu fréquenté la classe d'hommes par qui se commettent ordinairement les grands crimes. M. du Paty, après les avoir vus, ne douta pas de leur innocence.

Il s'enflamma pour une cause qui lui parut si intéressante ; il fit un Mémoire ; et comme, en France, un Mémoire ne peut pas être imprimé sans être signé d'un Avocat étant sur le tableau, M. du Paty en trouva un qui, pensant comme lui, remplit cette formalité.

M. du Paty pensait et écrivait avec beaucoup de chaleur ; il en mit dans cette affaire, et il faut convenir que, s'il y a une cause qui en soit susceptible, c'est celle de trois hommes qu'on croit innocens, et qu'on veut arracher au supplice de la roue.

Il ne s'en tint pas à la défense de ces trois particuliers : il était persuadé que les erreurs du jugement venaient des défauts de notre

A a

procédure criminelle; il en attaqua les principes, et il est vrai que, par son Mémoire, il
semble exhorter fortement le public à demander au Roi de la changer.

Ce Mémoire produisit l'effet qu'on en devait attendre sur un public déjà prévenu,
pour une pareille cause, depuis la mort tra-
gique de Calas et de plusieurs autres.

En Angleterre, cette faveur du public en
aurait imposé aux Magistrats, comme dans
l'affaire de Wilkes.

En France, ce fut tout le contraire : ils
furent indignés de la témérité d'un Auteur qui
osait révolter le public contre ses Juges (1);
ils crurent nécessaire d'y mettre un frein, et
cette nécessité fit passer par-dessus toutes les
règles qu'on se prescrit ordinairement.

En effet, quel était le délit de l'Auteur de
ce Mémoire?

On disait qu'il n'avait qu'une connaissance
superficielle des lois qu'il critiquait, et qu'il
y avait dans son premier Mémoire plus d'é-
loquence que de logique.

Supposons que cela soit vrai; mais jamais
les défenseurs des parties n'ont été regardés

---

(1) Ce qu'on appelait l'an passé *le public*, est ce qu'on
appelle aujourd'hui *la Nation*.

comme coupables pour avoir employé des moyens que les Juges ne trouvent pas bons.

On disait aussi que son plaidoyer était une satyre sanglante des Juges; mais on ne peut pas attaquer un jugement sans dire que les Juges ont eu tort de le rendre.

Nous avons déjà remarqué ailleurs que, malgré les gênes établies en France sur l'*Imprimerie*, on a toujours excepté les Mémoires des Avocats, parce qu'on a reconnu que la liberté nécessaire pour la défense des Citoyens ne subsisterait plus, si on voulait inspecter ces Mémoires comme les autres ouvrages qu'on imprime.

Lorsqu'un Avocat diffame son adversaire par des injures ou des allégations absolument étrangères à sa cause, le Corps des Avocats le réprimande, et il y en a eu de rayés du tableau.

Mais quand les faits allégués peuvent avoir trait à la cause, quand l'Avocat a pu croire que ce sont des moyens pour sa partie, on ne se permet pas de lui faire des reproches sur la véhémence avec laquelle il les a exposées. Or, quelque qualification qu'on donne aux traits du Mémoire de M. du Paty, dont la Justice a été blessée, on ne peut pas dire qu'ils fussent étrangers à la cause dont il s'était chargé.

Cependant ces maximes qu'on observe ordinairement n'arrêtèrent point le Parlement
dans cette occasion.

On rendit plainte. M. du Paty fut décrété
sans examiner si sa charge de Président d'un
autre Parlement le laissait justiciable de celui
de Paris, et on raya du tableau l'Avocat qui
avait donné sa signature.

Il ne faut pas dire que cette rigueur était
nécessaire pour réparer la réputation des Juges outragés : c'était vengeance qu'on voulait, et non réparation, et il faut bien prendre garde à cette différence.

L'Arrêt qui condamne un livre ne fait point
la justification de celui qui a été offensé. Le
Citoyen calomnié dans un écrit qui a été publié, ne peut obtenir son absolution que du
public, et ce ne peut être que par une réfu-
tation à laquelle le calomniateur ait droit de
répliquer.

La méthode de faire réfuter un Auteur dans
un discours foudroyant, prononcé par un
Avocat-Général, ne peut jamais déterminer
l'opinion du public, parce qu'on sait que lorsque ce Magistrat a parlé, il n'est permis à personne de répondre.

On n'est point convaincu par celui qui établit une doctrine que personne ne peut con-

tredire. On ne l'est jamais par l'Avocat qui plaide une cause avant d'avoir entendu son adversaire.

L'Arrêt contre M. du Paty et son Avocat n'était donc pas fait pour réparer l'honneur des Juges, mais pour punir les Auteurs qui avaient manqué au respect dû à la Magistrature.

Je crois que l'Avocat a été depuis rétabli dans ses fonctions. Si cela est, cet acte de justice ou de clémence n'empêche point l'effet de l'Arrêt.

On a pardonné à l'homme qui, en signant le Mémoire, n'avait pas prévu que la Justice en serait irritée ; mais l'avertissement est donné à tous les Défenseurs des Citoyens : on sait à présent que, s'il leur arrivait d'offenser les Juges (même quand ce serait dans la vue de sauver la vie à un innocent), le Corps entier de la Magistrature leur ferait éprouver son ressentiment, et alors ils ne pourraient plus dire, qu'ils croyaient que la carrière était libre.

La loi sera regardée comme faite par l'Arrêt de M. du Paty, et on trouvera difficilement un Avocat qui s'expose à la perte de son état.

Quant au prétendu délit d'avoir osé critiquer les Ordonnances du Royaume, je crois

en vérité que cette accusation ne mérite plus
d'être discutée.

Il est permis de penser, dans notre siècle,
qu'il faut changer les Ordonnances du siècle
passé, comme il a été permis, dans le siècle
passé, de croire qu'il fallait changer celles
d'un autre siècle, qui furent abrogées en 1667
et 1670.

Non-seulement cette critique salutaire des
lois est permise à tous les Citoyens, mais elle
leur est recommandée aujourd'hui par le Roi
lui-même, puisqu'il vient d'annoncer aux
Notables, « que la Justice civile et criminelle
» seront perfectionnées » par les lumières qui
leur seront données dans les Assemblées nationales.

Les Citoyens de tous les Ordres qui vont
être admis à cette importante discussion, ne
pourront être instruits que par les ouvrages
que chaque Auteur, qui a étudié les lois, aura
droit de publier.

Le Parlement pouvait croire, il y a deux
ans, que c'était une témérité de critiquer les
anciennes lois, mais personne ne peut le soutenir aujourd'hui.

Voilà ce qui s'est passé en France et en
Angleterre dans deux affaires qui ont été assez
connues pour qu'on ne puisse pas dire que

j'aie altéré les faits. Je demande qu'on compare, et ensuite on jugera si la loi qui supprimerait la censure en soumettant les Auteurs à toute la rigueur de la Justice, produirait les mêmes effets en France qu'en Angleterre?

Ceux qui ne sont occupés que de mettre un frein à la licence, pourront en conclure que la nouvelle loi vaudrait mieux pour la France que pour l'Angleterre, parce qu'elle n'y aura pas l'inconvénient d'assurer l'impunité à ces pamflets diffamatoires dans lesquels on se contente de supprimer le nom de celui qu'on insulte.

Mais on demande aussi la juste liberté d'écrire dans un siècle qui voit tous les jours éclore, sur tous les objets possibles, des vérités inconnues à nos Ancêtres. Nous sommes dans un moment où la Nation invoque les lumières de tous les Citoyens sur les objets qui l'intéressent, et on doit prévoir que la nouvelle loi imposera silence à un très-grand nombre d'Auteurs qui ne veulent pas s'exposer à un procès criminel.

Il y a des sciences où il ne serait pas possible d'écrire une ligne sans courir ce risque; par exemple, la morale et la métaphysique (1).

_____

(1) J'ai évité de prononcer le mot *philosophie*, parce

Non - seulement il serait dangereux d'écrire
des Traités de ces deux sciences, mais il faudrait s'interdire, dans tous les autres ouvrages, les réflexions morales ou métaphysiques,
parce que chaque proposition est souvent regardée, par ceux qui sont d'une opinion contraire, comme le germe d'une erreur punissable, et que l'Auteur ne peut pas prévoir de
quel système seront ses Juges.

Il ne serait pas possible non plus d'écrire
sans danger d'autres histoires que des chro-
niques sèches, dépouillées de toutes réflexions,
et qui ne présentent au Lecteur aucun tableau, parce qu'il n'y a aucune histoire dont
on ne puisse faire l'application au tems pré-

---

que l'âcreté des disputes élevées depuis quarante ans n'a
pas laissé à ce mot de signification certaine. Suivant les
uns, toute grande idée, toute vérité nouvelle est regardée comme appartenante à la *philosophie*. Suivant d'autres, *philosophie* est devenue synonyme d'*impiété*. Je
crois qu'en Grèce, dans le beau siècle de la littérature,
qui fut cependant celui de la persécution des Philosophes, et à Rome, dans les différens siècles où les Philosophes furent bannis, il y avait diversité d'opinions sur
la signification qu'il faut donner à ce nom.

Pour éviter les disputes autant qu'il est possible dans
un Mémoire où je cherche à réunir les opinions de tout
le Monde sur une vérité importante, j'ai dû éviter de
nommer *la philosophie*. (1)

sent, et que l'Auteur pourrait être accusé d'avoir voulu, par malignité, faire faire cette application.

La Jurisprudence est une des sciences dans lesquelles les Auteurs auront plus à craindre en disant librement leur façon de penser, puisqu'ils auront pour Juges ceux qui peuvent en avoir une différente, et qui ne veulent pas qu'on les contredise.

Quoique jusqu'à présent la censure ait mis les Auteurs à l'abri des recherches de la Justice, excepté dans quelques cas singuliers, on a vu quelquefois des Magistrats de Cour souveraine, qui avaient été avertis qu'un Avocat ou un Juge de province faisait imprimer un livre, envoyer chercher cet Auteur, et exiger de lui la suppression des propositions de son ouvrage qui étaient contraires à leur façon de penser personnelle.

On croit peut-être que les sciences physiques seraient à l'abri de cette gêne; et moi, je soutiens qu'elles y seraient aussi sujètes.

Rappelons-nous ce qui se passa, il y a quelques années, quand la méthode de l'inoculation fut proposée en France.

Une partie du public se récria contre ces Innovateurs qui allaient répandre dans toutes les villes le venin de la petite-vérole, et qui feraient sacrifier les malheureux enfans dont les pères et mères auraient été séduits par leurs systèmes extravagans.

Je me souviens que la plupart des Magistrats étaient du nombre de ces ennemis de l'inoculation, et on rendit des Arrêts qui en devaient rendre l'usage si difficile, qu'on espérait que cette méthode serait bientôt abandonnée.

Si le premier Auteur qui écrivit sur l'inoculation n'avait pas eu une approbation légale, je ne doute pas que son livre n'eût été dénoncé, qu'on ne l'eût mandé, qu'on n'eût défendu à lui et à tout autre d'écrire en faveur de cette méthode dangereuse, et cependant les Médecins anti-inoculateurs qui échauffaient leurs partisans, et nommément les Magistrats, auraient eu la carrière libre.

Cela aurait peut-être suffi pour retarder, de quelques années, l'établissement de l'inoculation en France.

Je ne prononce point sur l'utilité de l'inoculation d'après ma façon de penser personnelle, parce que, dans un Mémoire comme celui-ci, je ne dois adopter aucune opinion particulière; j'ai seulement à prouver qu'il est permis à chaque Auteur d'établir la sienne. Mais à présent la doctrine de l'inoculation a si généralement prévalu, et est appuyée sur des autorités si respectables, qu'on ne peut pas dire que les Magistrats qui composaient le Parlement lorsque cette méthode fut apportée en France, dussent avoir le pouvoir d'y mettre obstacle.

Cela ne vient que de ce que le Corps des Juges, qui, en cette qualité, ne devraient avoir inspection que sur la jurisprudence (si tant est qu'aucun Corps ou aucun particulier doive avoir inspection sur aucune science, excepté sur la théologie); de ce que ce Corps, dis-je, se regarde en France comme Juge (1)

---

(1) Cependant n'allons pas jusqu'à accuser les Magistrats de nos jours de chercher à usurper une autorité nouvelle; ils ne font que suivre la route tracée par leurs ancêtres.

Dans les siècles passés, le Parlement, et même tous les Corps, ne connaissaient point de limites à leur pouvoir, et exerçaient le genre d'autorité qu'ils avaient sur tout ce qui leur paraissait répréhensible.

L'Église a quelquefois compromis son infaillibilité quand elle a voulu prononcer sur une question de droit, comme sur l'usure.

L'Université s'est aussi compromise quand elle a condamné les opinions philosophiques, qui ont triomphé malgré ses efforts.

Dans les mêmes tems la Justice se croyait chargée de veiller à la santé des hommes, et on sait qu'elle a quel-

de la doctrine dans toutes les matières. C'est
là ce qu'on ne voit pas en Angleterre, où les

---

quefois interposé son autorité pour défendre l'usage de
quelques médicamens nouveaux, qui cependant ont été
depuis généralement employés.

On voit dans les histoires de l'Université, que, dans
le tems d'une réformation, trois Magistrats du Parlement
de Paris, envoyés pour y présider, déclarèrent grave-
ment à la Faculté de Médecine, qu'il fallait s'en tenir à
la seule doctrine d'Hippocrate et des Anciens, et rejeter
toutes les nouveautés comme pernicieuses.

Par cette singulière injonction on proscrivait d'avance
la doctrine de la circulation du sang, qui fut découverte
peu de tems après : on abolissait l'usage de tous les remèdes que nous tenons des Arabes, qui sont ceux qu'on
emploie à présent le plus souvent, et de tous les médicamens venus des pays inconnus aux Anciens ; enfin, on
renonçait à toutes les connaissances acquises par l'ana-
tomie, puisque, du tems des Anciens, la dissection des
corps humains était défendue comme un crime.

Les Magistrats qui prononcèrent cet oracle au nom du
Parlement dont ils étaient députés, étaient, si je ne me
trompe, Jacques-Auguste de Thou l'historien, Édouard
Molé, Lazare Cocqueley, trois des plus grands Magistrats qu'ait eus la France.

Je suis fâché que des hommes d'un si grand mérite
aient dit une si grande sottise. Je la rapporte exprès
pour faire voir aux Magistrats d'aujourd'hui qu'on ne
les offense pas en leur disant que, malgré leurs vertus et
leurs lumières, ils ne doivent pas se permettre de pros-

Juges savent qu'ils ne sont que des Juges, et où l'Assemblée de la Nation, composée de gens de tous les états, ne leur permettrait pas de prononcer sur ce qui n'est pas de leur compétence.

Passons à un autre objet. Nous avons dit que, depuis quelques années, il paraît souvent des Traités utiles faits par des ouvriers sur leurs métiers.

On croira peut-être qu'au moins pour les ouvrages de ce genre, on n'a pas à craindre la répréhension de la Justice.

Et moi, je réponds que j'ai reçu plusieurs fois des plaintes à ce sujet quand j'étais chargé de la *Librairie*.

Presque toutes les fois qu'un Artisan écrit sur son métier, les autres soutiennent qu'il ne l'a fait que pour ruiner ses Confrères; à quoi ils ne manquent pas d'ajouter qu'il a enseigné de mauvaises pratiques, qu'il a induit le public en erreur, et qu'ainsi son ouvrage est dangereux pour la société.

crire les opinions qu'ils trouvent fausses ou dangereuses sur ce qui n'est pas de leur métier.

Au reste, dans le même tems que des Jurisconsultes français voulaient prescrire des règles pour les études de la Médecine, les Théologiens italiens persécutaient Galilée pour avoir démontré des vérités astronomiques.

Je ne m'amusais pas à tâcher de leur faire entendre raison ; car la dispute est inutile avec les gens qui sont mus par une passion ; je terminais l'affaire en leur disant que l'ouvrage avait été approuvé, qu'il était imprimé, ainsi que tout était fini.

Mais s'il n'y avait pas de censure, les rivaux de l'Auteur artisan chercheraient un protecteur parmi les Magistrats, et quelquefois en trouveraient.

Je crois bien que, sur cette matière, l'Avocat-Général ne se chargerait pas de la discussion comme dans les questions de théologie et de philosophie.

On nommerait des Experts, qui seraient, ou les Maîtres et Gardes de la Communauté, ou d'autres anciens Maîtres, tous gens intéressés à faire punir l'Écrivain assez téméraire pour croire en savoir plus que ses Anciens, ou assez infidèle pour dévoiler au public les secrets du métier.

Venons enfin aux belles-lettres proprement dites ; ce qui comprend la poésie, le théâtre, les romans, et en général tous les ouvrages d'agrément.

Quoique cette partie de la littérature ne soit pas pour les hommes d'une nécessité première, on ne saurait nier qu'elle ne contribue à la gloire d'un siècle et d'une Nation, et, malgré les paradoxes avancés de nos jours, on doit convenir que les belles-lettres ont adouci les mœurs, qu'elles ont quelquefois tiré les Nations de la barbarie. On doit se souvenir que, dans le siècle de Louis XIV, comme dans celui d'Auguste, elles ont fait oublier la fureur des guerres civiles.

Doit-on exposer ceux qui s'y adonnent à des dangers toujours renaissans ?

Si les Auteurs de ce genre étaient exposés à être repris par la Justice sans avoir, comme à présent, la sauve-garde d'une approbation, ils n'auraient aucune règle pour savoir ce qui leur est permis ou défendu (1).

---

(1) Il était nécessaire à Racine, pour sa comédie des *Plaideurs*, qu'il y eût, dans les gens du métier, un traître qui lui fournît plusieurs traits et les termes techniques.

Molière avait un Médecin de ses amis qui lui rendait le même service pour toutes les comédies où il a mis des Médecins sur le théâtre.

J'ai trouvé dans les papiers de ma famille, desquels j'ai tiré bien des Anecdotes, que c'était l'Avocat Fourcroy, le plus fameux Avocat de son tems, qui rendit ce service à Racine.

M. de Fourcroy avait dans sa jeunesse voulu être homme de lettres, et il y a quelques traits contre lui

Nous avons vu des Magistrats indignés contre *le Mariage de Figaro*, parce qu'il y

---

dans les premières satyres de Boileau. Vous verrez tout cela dans Brossette.

M. de Fourcroy ne s'en fâcha pas, et devint le meilleur ami de Boileau; ce que vous verrez aussi dans Brossette.

Il était aussi l'ami intime du premier Président de Lamoignon mon bisaïeul, et de son fils, Avocat-Général, mon grand-père, ainsi que de M. de Baville son frère.

J'ai vu dans leurs lettres, que cet Avocat, qui était un homme d'esprit et un homme très-gai, était l'amusement de leur société.

Il avait une maison de campagne dans un village de la terre de Baville, et le premier Président l'avait fait son Bailli; il passait toutes les vacances de Palais dans cette petite maison, et était presque toujours au château de Baville, où Boileau, Racine, le Père Bourdaloue et d'autres allaient aussi fort souvent.

Ce fut là que Racine avec Fourcroy lurent la comédie des *Plaideurs*; et non-seulement le premier Président ne s'en formalisa pas, mais il y ajouta quelques-uns de ces traits qui ne pouvaient être fournis que par un homme du métier, et Racine les employa.

Il y a deux ans que je fus très-aise de me rappeler cette Anecdote, et de la rapporter à des Magistrats du Parlement qui étaient très en colère contre la comédie de M. de Beaumarchais.

J'avoue que je n'ai pas été fâché de rapporter ce trait

a

a un Juge très-ridicule. Ils ne se rappelaient pas que, dans le siècle passé, M. de Four-

---

dans mon Mémoire, parce que c'est ce même premier Président qui s'opposa au *Tartuffe*.

Je n'ai pas prétendu l'en justifier, mais seulement faire voir que si le zèle de la dévotion le portait trop loin, il n'avait pas un attachement aussi ridicule que celui que je vois aujourd'hui pour la vanité de sa robe.

Quant à l'histoire du *Tartuffe*, tout le monde la sait; mais il y a une réflexion à faire que tout le monde ne fait pas.

Le premier Président fit défendre la représentation; il était dévot dans un tems où la Cour de Louis XIV ne l'était pas encore; car si *le Tartuffe* eût été fait vingt ans plus tard, il n'aurait jamais paru pendant toute la vie de Louis XIV.

On disait que la peinture d'un faux dévot servirait de prétexte pour décrier la véritable piété.

Il en est réellement resté, que *Tartuffe* est devenu un mot de la langue, et que c'est l'injure qu'on dit aux dévots, vrais ou faux : à quoi il n'y a pas grand mal; car quand on ne les appelait pas tartuffes, on les appelait toujours hypocrites.

Ce fut du Roi personnellement que Molière obtint la permission de jouer sa pièce. Alors le Parlement ne s'en mêla plus; mais survinrent les dévots de la Cour, qui dans ce tems-là n'étaient que les Évêques et le Confesseur du Roi.

La restriction qu'on fit mettre à la permission fut de défendre à Molière d'habiller son Tartuffe en Abbé. On

croy, homme de lettres et le plus célèbre
Avocat de son tems, qui était ami de Racine,
et le premier Président du Parlement lui-
même, lui fournirent plusieurs traits pour la
comédie des *Plaideurs*.

Je me souviens que, dans le tems d'une
comédie de Piron, où il y avait un Auditeur
des Comptes qui n'avait pas beaucoup d'esprit, on s'en plaignit à la Police de la part
de la Chambre des Comptes ; et à Toulouse,

---

craignit ensuite qu'on ne lui donnât un habillement si
voisin de celui d'un Abbé, qu'on pût s'y méprendre. On
ordonna qu'il serait habillé comme les gens du monde,
et spécialement qu'il porterait une épée ; et on assure
que le pieux Louis XIV (car il l'a toujours été dans le
fond du cœur) voulut bien entrer lui-même dans ce détail. Il est certain que ce n'est que depuis sa mort que
l'Acteur qui joue *Tartuffe*, s'est permis de prendre un
autre costume.

Il est donc évident qu'on songeait moins à faire respecter la véritable piété, qu'à épargner un petit ridicule
à ceux qui portent l'habit ecclésiastique, et que, de tout
tems, ce sont l'esprit de parti et l'esprit de corps qui se
sont manifestés sous le nom de *zèle pour la Religion*.

On a cependant vu d'autres Abbés mis sur le théâtre ;
un par Dancourt, un par Boursault, un par Poinsinet :
aussi j'ai vu des Ecclésiastiques en murmurer, et trouver
que c'était un scandale ; cependant il n'y a pas eu de
défense.

le Corps municipal a voulu empêcher la représentation de *la Métromanie*, parce qu'il y a un Capitoul (1).

---

(1) La pièce de Piron, où il y avait un Auditeur des Comptes, est celle des *Fils ingrats*; elle eut du succès dans le tems. Je crois qu'on ne la joue plus aujourd'hui.

On y fait le portrait des trois fils ingrats, qui sont d'états différens, et il y a ce vers :

Le Capitaine un fat, et l'Auditeur un sot.

et il est vrai que dans plusieurs autres endroits de la pièce on dit : *L'Auditeur est un sot.*

Aucun Capitaine ne s'avisa de s'en fâcher, mais beaucoup les Auditeurs.

Il y en eut un avec qui je m'en expliquai quelques années après, et qui me dit ingénûment que cela était fort désagréable pour eux, parce que, dans le tems qu'on jouait cette pièce, quand il arrivait à un pauvre Auditeur de dire dans sa société quelque chose qui ne plaisait pas à toute la compagnie, il s'apercevait qu'on se disait à l'oreille : *L'Auditeur est un sot.*

Je crois que le plus sot de tout le Corps fut celui qui en porta des plaintes à la Police; car suivant ceux de qui je tiens l'anecdote, ce ne fut pas le premier Président ni le Procureur-Général qui portèrent des plaintes au nom de la Compagnie : ce furent seulement quelques Auditeurs qui allèrent trouver le Lieutenant de Police, et on aurait eu égard à leurs justes représentations; mais malheureusement il n'était plus tems, parce qu'il y avait déjà eu deux ou trois représentations de la pièce.

La peinture des hommes est le grand objet des ouvrages du genre dont nous parlons, et plus la peinture des hommes est ressemblante, plus on en fait l'application à quelques hommes en particulier.

Si la nouvelle loi avait eu lieu dans les siècles passés, Molière et Labruyère auraient eu beaucoup de procès criminels à soutenir, et il y en aurait eu quelques-uns où ils auraient succombé.

Ou plutôt je crois que Labruyère aurait pris le parti de ne pas imprimer en France, et Molière, qui n'avait pas cette ressource pour la représentation de ses pièces (1), se serait

_____

(1) On voit que je réunis dans cet article, ce qui s'observe en France pour la représentation des pièces de théâtre, à ce qui s'observe pour l'impression des livres. Ce sont deux polices différentes, mais toutes deux dans les mêmes principes.

Il faut pour la représentation de chaque pièce nouvelle, une permission expresse et une censure préalable.

En Angleterre, quoique la presse soit libre, il y a la même règle qu'en France sur la représentation des ouvrages dramatiques; et s'il y a quelque différence entre la liberté où la licence du Théâtre anglais et du Théâtre français, elle ne vient que de la différence des mœurs des deux Nations, et peut-être de ce que le public de Londres, qui jusqu'à présent a été plus puissant que celui peut-être réduit au genre de comédie qui n'est piquant que par le comique des situations, et nous serions privés de ces belles pièces de caractère, qui sont devenues pour la Nation une excellente école de mœurs, mais dont quelques-uns de ses contemporains étaient trop irrités.

Voilà l'état où la littérature aurait été réduite dans le beau siècle de Louis XIV, si les Auteurs avaient eu à craindre les rigueurs d'une Justice qui est toujours arbitraire.

Mais ce n'est pas là ce qui arriverait dans notre siècle. Je suis persuadé que la crainte des caprices de la Justice y produirait ce qu'a produit la tyrannie de la censure.

Les mêmes moyens qu'on emploie pour imprimer et vendre en fraude malgré la Police, seraient pris pour empêcher la Justice réglée de découvrir les Auteurs, Imprimeurs et Distributeurs des livres qu'il lui plairait de condamner.

On ferait imprimer en pays étranger ou dans les provinces, où les presses sont éloignées des regards des Magistrats.

Les Libraires ne vendraient la plupart des

de Paris, fait la loi à ceux qui donnent et refusent les permissions.

livres que dans leurs arrières-boutiques, jusqu'à ce qu'ils eussent fait leur effet dans le
public, et qu'on fût bien assuré que la Justice
ne s'en formaliserait pas : ils auraient, comme
à présent, des magasins secrets, et les personnes les plus considérables leur donneraient
asyle, et leur faciliteraient l'entrée de leurs
livres dans les villes.

Enfin, l'art des *presses domestiques* deviendrait encore plus commun, et dans bien des
maisons on prendrait un domestique qui sût
imprimer, comme aujourd'hui on en prend
un qui sait copier.

Ainsi la licence dont on se plaint, régnerait
comme aujourd'hui ; mais on serait privé,
comme aujourd'hui, des ouvrages de beaucoup d'Auteurs qui ne veulent pas se faire
des affaires, et beaucoup de gens de lettres
dont la littérature est en quelque sorte le pa-
trimoine, et qui tirent leur subsistance ou du
moins leur aisance du produit des livres qu'ils
font paraître par un commerce licite et soumis à la censure, seraient très à plaindre puisqu'il leur faudrait, ou y renoncer, ou être exposés tous les jours à des querelles avec la
Justice ; ce qui, pour d'honnêtes gens, est
très-douloureux et très-humiliant.

CHAPITRE VI.

QUESTION SIXIÈME.

Peut-on concilier la loi d'Angleterre, qui n'exige pas la censure, et l'Ordre judiciaire établi en France? et comment peut-on éviter les inconvéniens exposés dans les précédentes questions?

Il paraît d'abord difficile de résoudre ce problème, après avoir établi dans le troisième chapitre, qu'il faut renoncer à exiger la permission expresse et la censure préalable, et dans le cinquième, qu'on ne peut pas soumettre les Auteurs aux rigueurs de la Justice, telle qu'elle s'exerce en France, sans leur laisser un moyen pour s'assurer avant de faire paraître leurs ouvrages, qu'ils ne seront point exposés à un affront.

Je vais proposer le réglement que je crois le meilleur, mais en avertissant que je ne me flatte pas que ce soit un moyen d'obvier à tous les abus de l'*impression*; car je ne crois pas que cela soit possible dans un siècle où le goût des livres est une espèce de passion pour une assez grande partie du public.

Il est juste et nécessaire que l'Auteur qui de bonne foi ne cherche pas à abuser de l'*impression*, puisse avoir la sûreté de sa personne, et ne soit pas exposé à un procès criminel, si malheureusement ses intentions sont mal interprétées dans les tribunaux.

Jusqu'à présent les Auteurs jouissaient de cette sécurité par la censure, à la vérité sous la condition de se soumettre aux corrections qu'on exigeait d'eux.

Cette condition est dure : cependant il y a encore des Auteurs qui aimeront mieux y être soumis, que de courir des risques. Il est juste de leur accorder cette faculté.

Je ne suis donc pas d'avis d'abolir la censure ; je crois même qu'il faut prononcer, plus précisément qu'on ne l'a fait jusqu'à présent, que les Auteurs qui auront subi cette épreuve, ne pourront plus être recherchés par la Justice (ce que j'expliquerai dans un moment).

Mais je crois qu'il ne faut pas soumettre à la censure ceux qui y ont de la répugnance, et qu'il faut permettre à ceux-là d'imprimer à leurs risque, péril et fortune ; ce qui est *la liberté de la presse* demandée par une partie du public, et en dernier lieu par le Parlement.

Par ce moyen, les Auteurs sages ou timides, qui ne veulent pas se faire des affaires, pourront écrire en sûreté, et ceux qui supportent impatiemment le joug de la censure, pourront s'y soustraire. On aura le choix.

Il y a cependant sur ce réglement quelques observations à faire, et il y aura quelques précautions à prendre; les unes pour la sûreté des Auteurs de bonne foi, et des Censeurs; les autres pour obvier, autant qu'il est possible, à la licence; c'est ce qui nous reste à examiner (1).

1°. *Précautions pour la sûreté des Censeurs, et celle des Auteurs qui ne se seront pas soumis à la censure.*

Nous avons dit que jusqu'à présent ceux

_____

(1) En relisant ce dernier chapitre, qui est la conclusion des précédens, on s'est aperçu qu'on y a souvent répété ce qui a déjà été dit.

J'en demande pardon à ceux que les répétitions ennuient; mais quand on a fort à cœur de persuader ses lecteurs, il est souvent bon de rapprocher les principes qu'on a établis, des conséquences qu'on en tire.

J'ai souvent entendu dire que le défaut de la plupart des Avocats est de répéter. C'est l'expérience qui leur a appris que cela est souvent nécessaire.

qui croyaient avoir à se plaindre d'un livre imprimé avec approbation, ne s'adressaient ordinairement qu'au Chef de la Justice, sous les ordres de qui se faisait la censure, ou au Lieutenant de Police pour les petits ouvrages dont il autorise l'impression.

Mais je n'assurerais point aujourd'hui qu'il en serait de même.

Il y a déjà eu des exemples d'Auteurs approuvés, et même de Censeurs dénoncés à la Justice : c'est ce qui est arrivé à l'occasion du livre *de l'Esprit*.

Nous avons déjà observé que toutes les Puissances, et même une grande partie du public, étaient alors réunies contre cet ouvrage, et que le cri était général.

L'Auteur et le Censeur se trouvant exposés à cet orage, ne voulurent pas incidenter sur la compétence du Juge; ils crurent avoir meilleur marché du Parlement en se soumettant à lui; et dans le fait je crois que le Parlement ne fut pas fâché d'avoir cette occasion d'exercer son pouvoir sur un livre : il fut content de la soumission des deux accusés, et leur fit seulement une injonction.

On les aurait peut-être traités plus sévèrement s'ils avaient entrepris de décliner la juridiction, et je ne crois pas qu'ils eussent été toutenus dans cette entreprise, car leurs protecteurs les avaient abandonnés; personne n'était disposé à prendre leur parti, et dans ce pays-ci on se détermine beaucoup plus par les circonstances particulières, que par des principes généraux.

Je ne sais pas ce qui s'est passé depuis mon tems; mais dès qu'il y a eu un premier exemple, je suis persuadé qu'il y en a eu d'autres.

Si le Parlement a trouvé d'autres occasions d'exercer son pouvoir contre quelques Censeurs, de concert avec le Gouvernement, il ne les aura pas laissé échapper.

Le Parlement ayant des exemples, et se fondant sur le principe général qu'il est le Juge de tous les délits, soutiendra sûrement que l'approbation donnée par un Censeur royal n'est point une excuse légitime pour l'Auteur, et que le Censeur n'est qu'un complice qui mérite aussi d'être poursuivi suivant la rigueur des lois.

Nous sommes dans un moment où tous les Corps sont disposés à exercer tous leurs droits, même ceux dont ils ne faisaient jamais usage.

Jusqu'à présent le Parlement et les autres tribunaux étaient accoutumés à voir leurs poursuites arrêtées par la seule autorité du Roi.

On savait que quand un ouvrage serait approuvé par l'Administration, le Roi ne laisserait ni l'Auteur ni le Censeur exposés aux poursuites judiciaires. C'est pourquoi le Ministère public ne mettait les Auteurs et les Censeurs en cause qu'après s'être assuré du consentement du Chef de la Justice.

Mais il ne faut pas se flatter qu'à présent le Parlement se conduise d'après de telles considérations.

Ainsi, s'il est juste qu'un Auteur qui s'est soumis à la censure, n'ait plus rien à craindre; s'il est juste qu'un Censeur qui s'est conformé aux instructions de son Ministre, soit en sûreté, il faut que cela soit décidé par une loi connue du Parlement, et qui soit enregistrée.

Examinons donc s'il est juste de donner cette sûreté aux Auteurs et aux Censeurs.

Parlons d'abord des Auteurs.

Si ceux qui se sont soumis à la censure sont encore exposés aux recherches de la Justice, il s'ensuivra que, dans le moment où la Nation demande *la liberté de la presse*, on soumettra les Auteurs à un joug infiniment plus dur que celui auquel ils étaient soumis en France, et que celui auquel ils le sont dans tous les pays du Monde.

J'ai assez expliqué qu'on ne peut pas comparer la France à l'Angleterre ni aux autres pays de liberté, où les Auteurs sont sous la sauve-garde de la Nation.

Dans tous les autres il y a une censure : elle est rigoureuse en France; je crois qu'elle l'est encore plus en Espagne et en Portugal, mais au moins celui qui s'y est soumis n'a plus un procès criminel à craindre.

Dans tout pays policé et qui n'est pas régi par le despotisme arbitraire d'un Pacha, le Citoyen qui veut obéir aux lois, qui ne veut pas troubler la société, est certain de ne jamais subir une condamnation, parce qu'il connaît les lois suivant lesquelles il serait jugé.

En France, les gens de lettres seraient les seuls qui ne jouiraient pas de cette tranquillité si on pouvait les inquiéter sur leurs écrits, parce qu'il n'y a aucune loi qui fixe en quoi consiste le crime d'un ouvrage imprimé.

Qu'on ne dise pas qu'un Auteur doit savoir si son livre est répréhensible, ou s'il ne l'est pas; qu'il n'a rien à craindre de la Justice.

Nous avons dit dans le cours de ce Mémoire, que ce qui est répréhensible aux yeux d'un homme, ne l'est pas aux yeux d'un autre; et en admettant l'infaillibilité des Juges, dont tout le monde ne convient pas, il serait toujours très-injuste qu'un Auteur qui se serait trompé, qui de bonne foi n'aurait pas vu dans son livre le délit que la Justice y trouvera, pût être flétri par un Arrêt.

Il est donc d'une justice évidente de donner à l'Auteur qui ne veut point contrevenir aux lois, un garant par qui (si j'ose me servir de ce terme) il puisse se faire assurer contre les procédures criminelles, comme on assure un vaisseau contre les risques de la Mer.

Les principes de la censure sont arbitraires : c'est pour cela qu'elle était regardée par la plupart des Auteurs, comme une tyrannie. Ils se plaignaient d'être soumis à la façon de penser personnelle d'un homme de lettres qu'on constituait leur Juge.

Mais s'ils sont répréhensibles par la Justice, ce ne sera plus des fantaisies d'un seul homme qu'ils dépendront ; ce sera de celles de tous les Conseillers au Parlement et au Châtelet, à qui leur livre déplaira, et qui jugeront à propos de le dénoncer.

Je sais que le tribunal entier n'est pas toujours de l'avis du dénonciateur ; mais personne n'ignore que très-souvent la véhémence de ce dénonciateur qui a lu le livre, qui s'est échauffé contre des opinions contraires à la sienne, entraîne la pluralité des Juges, qui ne peuvent pas avoir mis le tems nécessaire à l'examen réfléchi d'un livre écrit sur des matières qui ne sont pas l'objet de leurs études ordinaires.

D'ailleurs, quelle différence entre la gêne de la censure, et la crainte qu'on doit avoir d'un jugement?

Les fantaisies d'un Censeur sont incommodes pour l'Auteur qui est obligé de leur sacrifier quelques traits de son ouvrage. Mais si la Justice a aussi ses fantaisies, elles seront cruelles, puisqu'elles feront subir à l'Auteur l'humiliation d'une condamnation qu'un honnête homme ne peut jamais mériter.

Beaucoup de gens fort instruits et dont les lumières pourraient être très-utiles à la Nation, n'écriront point s'ils ont à rendre compte de leurs ouvrages à des tribunaux qui n'ont point de loi certaine pour règle de leurs jugemens.

Or, ces Auteurs sont peut-être ceux par qui on a le plus de besoin d'être éclairé; car ce sont précisément les gens sages et réfléchis qui ont cette crainte, pendant que les étourdis et les enthousiastes risquent tout pour la gloire d'avoir produit une opinion nouvelle.

Lorsque l'ouvrage approuvé est réellement condamnable, c'est le Censeur seul qui est coupable. Il y a un seul cas où c'est à l'Auteur qu'il faut s'en prendre, et non au Censeur.

C'est celui où le Censeur a été trompé par l'Auteur sans pouvoir l'éviter.

Ce cas n'est que celui des satyres personnelles, de ces allusions, de ces portraits où, sans nommer celui qu'on attaque, on le désigne si bien, que cela devient une diffamation publique.

Le *libelle diffamatoire* est un délit grave, qui ne doit pas rester impuni ; mais le Censeur n'en doit pas répondre.

Il n'est pas possible à celui qui lit un manuscrit, de reconnaître l'intention maligne d'un Auteur satyrique, parce qu'aucun homme ne peut savoir l'histoire de chaque individu, ni les anecdotes de chaque société.

Cependant lorsque le livre est imprimé, la satyre est bientôt aperçue par le public entier, parce que ceux qui sont instruits des anecdotes en donnent la clef.

S'il est évident que l'intention a été de diffamer un Citoyen (ce que la Justice ne regarde jamais comme évident en Angleterre, et ce qu'elle regardera quelquefois comme évident en France), l'Auteur qui a eu cette intention,

intention, est coupable; le Censeur qui ne l'a pas devinée, n'a rien à se reprocher.

Le Censeur doit veiller à ce qui intéress l'ordre public, et ne doit être chargé que de cela.

Celui qui choisit les Censeurs ne doit confier cette fonction qu'à des gens qui joignent à l'honnêteté et à la prudence assez de lumières pour juger de ce qui est contraire à la Religion, à la morale et aux lois du Royaume, mais c'est tout ce qu'on peut exiger d'eux.

Cependant si le trait satyrique est apperçu par le Censeur, il doit certainement refuser son approbation. Je dis seulement qu'il n'est pas dans son tort quand il ne l'a pas apperçu.

Les principes que j'établis ici ne sont pas nouveaux.

Dès le tems que j'étais chargé de la *Librairie*, personne ne pensait qu'un particulier offensé dans un livre fût non-recevable à rendre plainte contre l'Auteur, parce que le livre avait eu une approbation de Censeur.

J'ai vu de mon tems des plaintes de ce genre faites au Châtelet, sans qu'on ait imaginé de les évoquer sous prétexte qu'il y avait une permission donnée par le Roi.

Cc

Mais comme je crois nécessaire que la loi qu'on va faire, porte expressément que les Auteurs qui auront subi la censure, seront à l'abri des recherches de la Justice, je pense qu'il faut bien expliquer que c'est sans préjudice de l'action des particuliers, soit en réparation d'injures, et pour cause de calomnie ou de diffamation, soit pour toute autre cause personnelle aux plaignans.

Parlons à présent des Censeurs.

Celui qui aurait approuvé un ouvrage contraire à la Religion, aux mœurs, aux principes de la société, doit être puni; mais je soutiens qu'il ne doit l'être que par l'autorité immédiate du Roi.

Je sens que dans ce moment où il y a un cri général contre les actes d'autorité arbitraire, cette proposition effarouchera d'abord presque tous ceux qui l'entendront.

Je sais aussi que dans tous les tems les Magistrats auraient soutenu qu'il n'y a aucun délit qui ne doive être puni par la Justice réglée.

Cependant si on veut bien s'en tenir à ce premier sentiment, qu'on se donne la peine de m'entendre, et qu'on ait la patience d'examiner la question de sang-froid, j'espère que tout le monde finira par être de mon avis.

Je prétends démontrer, 1º. que la punition d'un Censeur faite par l'autorité du Roi, dont il tient sa mission, n'est point contraire au droit qu'ont tous les Citoyens de n'être jugés que par les tribunaux ; 2º. qu'il serait contraire à la justi e naturelle, supérieure à toutes les lois, que les fautes commises par un Censeur dans ses fonctions, fussent jugées par d'autres que par le Roi lui-même.

Preuve de la première proposition.

Le Censeur accusé d'avoir prévariqué dans ses fonctions, doit être jugé par d'autres Juges et suivant d'autres lois que celles qui sont établies pour tous les délits, comme le Militaire est jugé par la loi militaire.

Cette loi militaire est établie partout ; elle l'est en Angleterre comme en France, et elle n'a jamais été regardée comme contraire au droit commun des Citoyens, quoiqu'elle soit une exception à ce droit, parce que le Militaire s'y est soumis quand il est entré au service.

Prenons une autre comparaison encore plus applicable à la censure.

Un Ministre du Roi dans les Cours étrangères peut prévariquer dans ses fonctions, et même commettre en cela des crimes très-graves. Ce ne peut être ni le Châtelet ni le Parlement qui le jugent, parce que ses instructions sont des pièces secrètes que le Roi ne peut pas communiquer aux Officiers de ses tribunaux.

Il en serait de même d'un Commis des Affaires étrangères, ou du Secrétaire d'un Ambassadeur qui aurait trahi la confiance de son Ministre.

Je ne sais pas si en Angleterre ceux qui entrent dans la carrière politique, sont exceptés du droit qu'ont tous les Citoyens d'être jugés par la loi commune ; je sais seulement que cette exception est aussi conforme au droit naturel, que celle qui est admise pour les gens de guerre, et je trouve qu'un Censeur de livres est dans le même cas.

Il s'est soumis à l'Administration lorsqu'il a accepté la commission de Censeur, et les tribunaux ne peuvent pas le juger, parce qu'ils ne connaissent pas les instructions qu'il a reçues de l'Administration.

Preuve de la seconde proposition.

C'est à présent la cause des Censeurs que je vais plaider. Je dis qu'il serait très-injuste qu'ils pussent être jugés par aucune autre puissance que par l'Administration , et, si on veut bien y réfléchir, on ne pourra le nier.

Nous avons dit que le Ministre dans les Cours étrangères ne peut être jugé que par ceux qui ont le secret de ses instructions qui font charge contre lui.

Quant aux Censeurs des livres, ce sont les instructions qu'ils ont reçues de l'Administration qui font leur décharge. Il n'est donc pas possible de les faire juger par un tribunal qui n'en a pas connaissance.

Dira-t-on qu'un Censeur n'a point d'instructions secrètes à recevoir, et qu'il doit se conduire par ses propres lumières ? Mais a-t-on oublié la vérité fondamentale , et que je regarde comme la base de ce Mémoire, que les principes de la censure sont arbitraires en France ?

Ils le seront toujours jusqu'à ce qu'il soit établi en France , comme en Angleterre, qu'on ne peut trouver nul délit dans un livre, à moins que les propositions qui y sont contenues, ne soient directement, et *in terminis*, des propositions criminelles, et que la mauvaise intention ne doit jamais être présumée.

Or, nous sommes encore bien loin de nous conduire en France d'après cette maxime.

J'ai prouvé que nos principes sur la censure sont arbitraires, en faisant voir les variations qu'ils ont subies depuis cinquante ans.

Cela est plus évident que jamais dans cette année, où on est obligé de permettre, pour l'instruction de la Nation, des livres qu'on aurait sévérement défendus avant la première Assemblée des Notables.

Rappelons-nous que *l'Esprit des lois*, proscrit, dans son origine, par toutes les Puissances, dont le débit n'a été toléré que quand il a été impossible de l'empêcher; ce livre que les Magistrats du Parlement ne permettaient pas de nommer dans les audiences il y a quatre ans, est aujourd'hui un livre nécessaire à tous ceux qui prendront part aux Assemblées nationales, soit pour en adopter les principes, soit pour les combattre.

Les principes de la censure étant incertains, le Censeur n'a autre chose à faire, dans les cas douteux, que de consulter le Magistrat dont il tient sa commission, qui lui-même reçoit ses instructions du Chef de la Justice, et le Chef de la Justice doit savoir quelles sont les intentions du Roi.

Je dirai ici des Censeurs ce que j'ai dit des Auteurs. Ils ne jouiraient pas de la sûreté que doivent avoir tous les Citoyens, et qu'ils ont partout, excepté dans les pays de despotisme oriental ; ils ne seraient pas à l'abri d'une accusation criminelle en observant la loi, s'ils ne pouvaient pas consulter, sur une loi arbitraire, ceux par qui ils seront jugés.

Or, peut-on consulter des tribunaux ? Nous avons dit que, dans le tems de la condamnation de l'*Encyclopédie*, le Parlement nomma, pour les derniers volumes, des Censeurs qui, par l'événement, ne remplirent pas cette fonction.

S'ils avaient eu à la remplir, comment se seraient-ils déterminés lorsqu'il y aurait eu des articles sur lesquels on pouvait douter de ce que penserait le Parlement toutes les Chambres assemblées ?

Si les Censeurs ont à rendre compte de leur conduite à une autre puissance que celle dont ils tiennent leur mission, et dont ils reçoivent les instructions, il n'y aurait aucun homme raisonnable qui pût accepter une place de Censeur, excepté ceux qui sont certains de la bienveillance personnelle du Parlement ; mais on n'est jamais sûr de la bienveillance personnelle d'un Corps que quand on est homme de parti, et un homme de parti ne doit pas être Censeur ; car la première qualité requise pour la censure est l'impartialité.

Je serais même d'avis de retrancher des anciens réglemens l'obligation de faire imprimer l'approbation du Censeur à la suite des livres pour lesquels il y a permission publique et scellée; car puisque le Censeur ne doit répondre de son jugement qu'à son Ministre, je ne voudrais pas non plus qu'il s'en rendît en quelque sorte responsable au public.

J'ai vu souvent des Censeurs faire, sur quelques livres, des difficultés que dans le fond de leur cœur ils ne trouvaient sûrement pas justes; mais ils craignaient de se faire personnellement des ennemis par leur approbation, et c'est en grande partie ce qui a fait établir les *permissions tacites*, où le Censeur n'est pas nommé.

Cependant comme tout changement aux anciennes lois déplaît aux Magistrats, et que celui-là ne me paraît pas d'une nécessité indispensable, je n'y insisterai pas.

Enfin, venons à la véritable objection, celle à laquelle on croit le Parlement si attaché, qu'on craint qu'elle n'empêche l'enregistrement d'une loi qui pourrait soustraire la censure à la juridiction des tribunaux.

Pour moi, je ne le pense pas. Il est possible que quelques Magistrats fassent à présent cette objection, parce que la question n'a pas en-

core été discutée ; mais quand elle l'aura été,
je suis persuadé qu'ils n'y insisteront pas.

Cette objection est qu'il est à craindre que
l'Administration ne favorise des ouvrages condamnables, et que, par une permission donnée mal-à-propos, elle ne réduise la Justice
à l'inaction dans le cas où sa sévérité serait le
plus nécessaire.

Il n'y a que deux cas auxquels cette objection puisse s'appliquer, celui où la grande
bonté du Roi le porterait à épargner un Censeur coupable, et celui où le Parlement, Juge
des délits, ne serait pas de même avis sur un
livre, que l'Administration qui commet des
Censeurs.

Dans le premier cas, le Roi, en usant d'indulgence, ne fera qu'exercer le droit qu'il a
toujours eu de faire grace ; ce n'est sûrement
pas là ce qu'on craint.

Quant au cas où l'Administration protége-
rait un livre que les tribunaux trouveraient
condamnable, je demande seulement qu'on
réfléchisse sur les circonstances dans lesquelles
la question se présente.

Le Parlement qu'on avait toujours cru opposé à *la liberté de la presse*, vient de la demander, et on croit que ce vœu sera secondé
par celui des États-Généraux.

La liberté demandée par le Parlement n'est que la dispense pour les Auteurs de se soumettre à la censure, en répondant de leurs ouvrages à la Justice.

L'intention du Parlement est certainement de procurer à tous les Citoyens la faculté de parler à la Nation par la voie de l'*impression*. Cependant il est évident que cette liberté ne sera pas entière pour les Auteurs qui auraient à craindre la censure du Parlement, bien plus redoutable que celle des Censeurs royaux ; mais elle sera complète pour les Auteurs qui seront dans les principes parlementaires.

Ainsi dans le cas où le Roi accordera la loi demandée, il renoncera à tous moyens de s'opposer à la publication d'un ouvrage que le Parlement protégera.

La loi qui soustraira le Censeur à l'autorité du Parlement, ne fera autre chose que de réserver au Roi le même droit que les Parlemens veulent acquérir, celui de laisser imprimer les ouvrages qu'il protégera, sans que le Parlement puisse l'empêcher (1).

_____

(1) Je ne serais pas étonné que les États-Généraux demandassent qu'il fût statué que tout ce qui sera publié par le vœu de l'Assemblée générale ou des Assemblées

Pourrait-on soutenir, osera-t-on soutenir
que le Roi ne doit pas avoir, autant que le
Parlement, la faculté de faire publier les livres
qu'il approuve ?

En vérité, quand un Roi fait les sacrifices
immenses par lesquels il mérite aujourd'hui
la reconnaissance de son peuple, on serait indigné qu'il y eût des Corps dans le Royaume,
qui voulussent lui disputer un droit qu'ils
s'attribuent à eux-mêmes sous prétexte de demander *la liberté de la presse*.

Mais, je le répète, cela n'est pas à craindre :
dès que la question sera bien entendue, on
n'insistera pas sur l'objection.

Je sais qu'il y a des partisans de la puissance populaire, qui aimeraient mieux qu'il

---

nationales particulières, ne sera ni soumis à la censure,
ni sujet à la juridiction des tribunaux.

S'il arrivait (ce qu'on ne peut pas prévoir) que quelque Assemblée provinciale prît une délibération condamnable, il y serait statué suivant les lois du Royaume pour
le fait de la délibération, et non pas pour le fait de l'*impression*.

Je crois que les Assemblées du Clergé et les autres
Assemblées nationales ont toujours joui de ce droit, sans
qu'il ait été prononcé par aucune loi ; mais nous sommes
dans un tems où tous ces droits doivent être constatés par
des lois précises,

n'y eût ni censure ni jugement des livres dans les tribunaux; et comme ils conviennent qu'il peut y avoir des livres punissables puisqu'il peut y avoir même des discours punissables, ils voudraient que la connaissance de ce délit fût déférée à un tribunal national, composé et choisi par les États-Généraux, et ils ne désespèrent pas que les États ne l'obtiennent.

Cela est très-beau dans la spéculation; mais ce tribunal n'existe pas, et, si les États-Généraux le demandent, ce ne sera pas vraisemblablement pour les seuls délits de *Librairie*.

Quand il existera et qu'il connaîtra des autres délits, la connaissance de ceux de *Librairie* lui sera indubitablement attribuée.

Mais en attendant que ce tribunal national soit institué, le moyen que je propose, est celui qui me paraît le plus propre à procurer aux Auteurs et à la Nation une liberté réelle.

2°. *Précautions pour que la liberté accordée, en dispensant de la censure, ne dégénère pas en licence.*

On dira que, puisque la Justice n'aura plus que le droit de punir les Auteurs qui ne se seront pas soumis à la censure, il faut au moins lui donner l'exercice de ce droit dans toute son étendue, et pour cela tâcher d'empêcher les *impressions clandestines* par lesquelles un Auteur coupable peut se soustraire aux recherches de la Justice.

Je desire fort qu'on y réussisse; mais je ne crois pas que cela soit aisé.

J'ai souvent entendu proposer un moyen qui d'abord paraît plausible, et cependant que je croirais très-mauvais; c'est de permettre à tout le monde d'écrire, mais en se nommant. J'en proposerai un autre que je crois meilleur. Commençons par discuter celui-ci.

Je crois premiérement qu'on éluderait la loi en présentant des *prête-noms*. Ce n'est pas là ma plus forte objection.

Je soutiens que s'il était impossible d'imprimer sans se nommer, ce serait un grand obstacle à *la liberté de la presse* dans les matières pour lesquelles il est le plus important de l'établir.

Je m'attends à entendre prononcer le bel apophtegme, qu'un homme d'honneur ne doit jamais craindre de dire sa façon de penser, et je réponds que cette maxime me paraît ridicule, toute brillante qu'elle est.

Un homme courageux ne doit pas craindre de dire une vérité qui déplaise à un autre homme avec qui il puisse se mesurer. C'est là sans doute ce que veulent dire ceux qui profèrent cette grande maxime.

Mais on ne peut pas exiger de l'homme faible, de dire une vérité qui déplaît à l'homme puissant qui peut l'écraser, ni du particulier de dire celle qui déplaît à un Corps contre la puissance de qui aucun particulier ne peut lutter.

Il y a donc bien des vérités qui ne seront jamais dites si on ne peut les dire qu'en se nommant ; car il arrive souvent que ceux qui sont seuls à portée de faire connaître à la Nation des vérités bien intéressantes, sont des gens qui, par leur situation, ne pourraient pas mettre leur nom à leurs ouvrages ; et c'est à ce genre d'Auteurs qu'il est important de donner toute la liberté possible.

Celui qui avance un fait dont il a connaissance personnelle, est un témoin qui doit se nommer pour soutenir sa déposition ; mais celui qui disserte, qui discute, doit en être dispensé, puisque son nom est indifférent à la thèse qu'il soutient.

Prenons pour exemple les abus de la Justice, dont il a été question plus d'une fois dans les anciens États-Généraux. Je ne parle pas des abus commis par l'iniquité personnelle d'un Juge : la dénonciation de ceux-là est une accusation personnelle ; je parle de ceux qui peuvent résulter du vice de nos lois ou des usages passés en force de lois, et à l'occasion desquels la Nation pourra demander des changemens dans la Jurisprudence ou même dans la constitution et la compétence des tribunaux.

Par qui la Nation pourra-t-elle recevoir des instructions sur un objet si intéressant?

Il y aura des gens du monde, de beaux esprits, des philosophes, qui oseront tout dire et pourront présenter de très-bonnes vues.

Mais aucun d'eux ne connaît une infinité de détails dans lesquels consistent les abus, et d'autres qui peuvent faire trouver le moyen d'y remédier.

Je suis fort d'avis que, sur cette matière ainsi que sur les autres parties d'Administration, on écoute les gens étrangers au Corps, parce qu'il n'y a souvent qu'eux qui soient exempts de préventions ; mais il est évident qu'il faut entendre aussi ceux qui ont pratiqué toute leur vie, et qui ont seuls la science et l'expérience.

Il y a peut-être tel Greffier de la Tournelle d'un des Parlemens du Royaume, pour les matières criminelles, ou tel Procureur au

Parlement ou au Châtelet, pour la procédure civile, qui est l'homme le plus capable d'écrire un ouvrage instructif sur les abus de la Justice, et qui l'écrira s'il n'est pas obligé de se nommer.

Mais si cet homme a un état qui lui soit nécessaire, s'il a une famille qu'il fasse subsister, peut-on exiger qu'il se déclare l'Auteur d'un ouvrage qui le rendrait odieux à ceux dont son sort dépend?

J'ai pris la Justice pour exemple, parce que c'est la seule profession dans laquelle j'ai passé ma vie.

Mais il en est de même de toutes les autres parties de l'Administration publique. Il en est dont l'objet est une science compliquée, qui n'est bien sue que de ceux qui s'y sont livrés par état.

S'il y avait de grands abus dans l'Administration de la marine, du génie, de l'artillerie, il serait intéressant pour la Nation de les connaître, puisqu'elle fait pour ces objets des dépenses immenses.

Or, personne ne pourrait mieux les faire connaître que les officiers même de ces Corps, ou ceux qui ont par état des relations continuelles avec eux, et le plus grand nombre ne voudront pas donner en leur nom des Mémoires

moires qui les compromettraient avec des
Corps respectables et puissans.

On m'en citera quelques-uns qui ont eu ce
courage, peut-être cette témérité ; mais il y
en a fort peu, et, pour que la vérité soit
connue, il faut que tout le monde ose la
dire.

S'il y a des Corps puissans ou des hommes
puissans qui craignent que de certains abus
ne soient démasqués, il est très-prudent
à eux d'appuyer le projet d'ordonner aux
Auteurs de se nommer.

Ce qui donne aussi de la faveur à ce projet, est l'aversion générale qu'on a contre
les lettres anonymes, les délations anonymes,
et tout ce qui porte le nom d'anonyme.

Il est trop vrai que la signification qu'on
donne aux mots influe souvent sur les opinions des hommes. Ainsi je crois qu'il ne sera
pas inutile de remonter au premier principe
de ce sentiment, qui attache au mot *anonyme*
une signification odieuse.

Le Président de Montesquieu, avec son la-
conisme et son énergie ordinaires, a dévoué
à l'exécration publique les délations anonymes de Venise.

Je suis bien éloigné de combattre sur cela
le jugement de ce grand-homme ; mais s'il

D d

existait encore, je lui demanderais une explication.

J'oserais lui soutenir que ce qui rend cette inquisition vénitienne si odieuse, n'est pas tant que les délations sont anonymes, mais qu'elles sont faites à une Puissance qui statue arbitrairement sur la vie des hommes, et, ce qui est encore pire que l'arbitraire, une Puissance dont la justice s'exerce clandestinement.

Si les délations anonymes étaient portées à un tribunal soumis à des lois, et où ces accusations fussent publiquement discutées, je ne crois pas que M. de Montesquieu en eût porté le même jugement.

En France, tout le monde regarde les lettres anonymes comme aussi odieuses que méprisables : les femmes surtout n'en parlent qu'avec indignation, et elles ont grande raison ; car rien n'est plus abominable que celles qu'on écrit quelquefois à des maris pour troubler la paix des familles.

Je n'entreprends pas d'examiner si le pouvoir donné par les lois aux maris sur leurs femmes est une puissance juste.

On a pensé en France, que ce pouvoir, tel qu'il existait dans l'ancien droit romain, était excessif et même barbare.

Je respecte ce qui en reste comme une institution respectée chez toutes les Nations, et que plusieurs gens de bien regardent comme tenant au sacrement.

Mais je peux dire sans scandaliser personne, que cette puissance diffère de toutes les autres, en ce que tout le monde concourt à soustraire les fautes d'une femme à la connaissance de son mari. Le dévot le plus sévère, celui qui prescrira le plus rigoureusement aux femmes l'attachement à leurs devoirs et la soumission à l'autorité maritale, ne croira jamais devoir avertir un mari qu'il est trompé.

On considère d'un autre œil toutes les autres puissances. C'est faire l'action d'un bon Citoyen de dénoncer un criminel à la Justice, (excepté dans le seul cas où la Justice a des lois trop sévères, comme les nôtres sur le duel ; ce qui rentre parfaitement dans mes principes).

On regarde comme une action non-seulement louable, mais quelquefois héroïque, d'avertir le Roi de l'abus que les Ministres font de sa confiance. On croit remplir les justes devoirs de l'amitié en faisant voir à un maître qu'il est trompé par ses domestiques, en avertissant un père de la mauvaise conduite de son fils ; mais on regarderait comme un infâme celui qui ouvrirait les yeux d'un mari sur la conduite de sa femme.

Celui qui écrit une lettre anonyme à un mari est un homme vil, puisqu'il commet sous le masque une action qui le déshonorerait s'il la commettait à visage découvert.

Je trouve que l'indignation générale contre les lettres anonymes écrites aux maris vient à peu près du même principe que celle qu'on a contre ces délations de Venise. Ce sentiment est fondé sur ce que les délations excitent une puissance tyrannique, ou éclairent une puissance qu'il faut laisser dans l'erreur.

Mais il n'en faut pas conclure qu'il n'y ait pas de lettres anonymes utiles.

Il y en a qui sont même nécessaires pour la classe des malheureux Citoyens, à qui toutes les autres ressources manquent.

J'ai souvent vu des lettres anonymes ; et je conviens que presque toutes ne méritent que du mépris ; mais je certifie qu'il y en a qui pourraient produire de très-bons effets si on y faisait assez d'attention.

Par exemple, il peut y avoir dans une province un Intendant, un Commandant ou même un principal Magistrat qui abuse scandaleusement de son pouvoir, qui soit craint dans le pays, et qui passe pour avoir du crédit à la Cour.

Un homme de ce caractère a communément l'adresse de se concilier l'amitié des gens considérables de la province, et de ceux de Paris et de la Cour qui y passent ; ce qui lui est très-aisé par les petits plaisirs qu'il fait aux uns, et la bonne réception qu'il fait aux autres.

Ce tyran de la province opprimera impunément le peuple, sans que la puissance souveraine puisse en être avertie autrement que par des lettres anonymes ; car quel est le malheureux qui osera se plaindre en son nom de la vexation qu'il a éprouvée ? Il sait que sa requête sera renvoyée sur les lieux pour y être vérifiée par des gens à la dévotion de son persécuteur, que ce persécuteur lui-même en aura connaissance, et qu'il a des moyens de s'en venger cruellement.

Ainsi, lorsque j'entends des Ministres, de grands Seigneurs, des Magistrats déclamer contre les lettres anonymes, je trouve qu'ils entendent aussi bien leurs intérêts que les femmes, qui en parlent de même ; mais je suis de l'avis des femmes pour ce qui les concerne, parce qu'il est odieux de troubler leur tranquillité, et même celle de leurs maris, par ces infâmes délations ; et je ne suis pas

de l'avis des Grands, parce qu'il est nécessaire pour le peuple qui craint l'oppression,
que la conduite des Grands soit éclairée.

S'il existait quelque part un tribunal cons-
titué pour avoir la confiance entière des Citoyens, par exemple, un tribunal élu par la
Nation même, et où la justice se rendît publiquement; si on y établissait cette espèce de
tronc de Venise, où toutes les délations soient
reçues; si de ces billets anonymes il était fait
différens lots, distribués par la seule loi du
hasard aux différens Membres de ce Sénat,
pour rejeter ceux qui ne méritent aucune attention, et faire le rapport au tribunal de
ceux qui sont dignes qu'on s'en occupe; qu'ensuite on n'y statuât qu'après avoir vérifié les
faits suivant les lois et par l'instruction publique, cette institution ferait de la peine à
quelques personnes, parce qu'on n'aime pas
à être obligé de se justifier, même lorsqu'on
est sûr d'y réussir; mais ce serait le frein le
plus redoutable contre les vexations de tout
genre.

Ce projet n'est qu'une chimère, qui n'est
applicable ni à nos lois ni à nos mœurs; car
en France on ne cesse de dire qu'il faut défendre les faibles contre l'oppression des Puissances, et cependant je vois tous les jours

que, par toutes sortes de considérations, on refuse aux faibles les seuls moyens de défense qu'ils puissent avoir.

Au reste, cette Dissertation est très-inutile quant à l'usage des lettres anonymes, parce que je ne crois pas possible de les empêcher, et il y a long-tems qu'on l'aurait fait si on l'avait pu; mais je ne l'ai pas crue inutile pour détruire les préjugés qui favorisent le projet de ne permettre d'imprimer qu'en se nommant.

J'ai cependant remarqué qu'il faut excepter les ouvrages où l'Auteur avance un fait dont il prétend avoir connaissance personnelle. Il faut certainement que cet Auteur se nomme pour attester et prouver la vérité du fait qu'il avance, et il faut qu'il soit puni s'il est calomniateur.

Je conviens donc qu'il faut chercher un moyen pour que les libellistes calomniateurs soient découverts et punis.

Je n'approuve pas celui d'ordonner aux Auteurs de tous les ouvrages qu'on imprime, de se nommer. Je vais en proposer un autre.

C'est d'ordonner que les Imprimeurs et Libraires qui auront fait paraître les ouvrages pour lesquels on ne se sera pas soumis à la censure, soient responsables des condam-

nations civiles ou pécuniaires, sauf leur recours contre l'Auteur (1).

Il serait injuste de rendre le Libraire responsable d'un livre censuré et approuvé.

On ne peut pas non plus le condamner,
pour le livre qui a paru sans approbation, à
une peine corporelle qui ne peut être méritée
que par celui qui a eu une intention criminelle, et le Libraire peut très-bien n'avoir pas
connu le danger du livre qu'il a imprimé.

Mais je ne trouve pas injuste qu'un Libraire
qui n'entreprend un ouvrage que pour gagner,
coure le risque de perdre, pourvu qu'il soit
averti par la loi qu'il s'y expose.

Il en arrivera qu'un Libraire prudent n'imprimera que pour les Auteurs qu'il connaît et
qui sont solvables, ou qu'il se fera donner
caution.

Si un inconnu vient lui présenter un livre
à imprimer, il le fera examiner par quelqu'un

---

(1) Dans ce dernier cas que j'ai prévu, qui est celui
des ouvrages où il y a des faits avancés par l'Auteur, le
Libraire peut dire qu'il ne peut pas prouver ces faits,
parce que ce n'est pas lui qui en a connaissance; mais si
l'Auteur ne se présente pas pour les justifier, ces faits
doivent être réputés calomnieux, et l'Auteur, ainsi que
sa caution, jugé en conséquence.

en qui il ait confiance, ce que font presque tous les Libraires, et il jugera si le gain qu'il en espère, compense le risque auquel il s'expose.

Je prévois une objection spécieuse : c'est que, par ce moyen, on pourra faire imprimer un livre, quelque scandaleux qu'il soit, en y sacrifiant la somme à laquelle on prévoit que montera l'amende.

Je dis que cette objection n'est que spécieuse, parce que cela arriverait également sans qu'on fasse la loi que je propose.

Quiconque voudra sacrifier une somme pour faire imprimer un livre, a mille moyens pour cela sans se compromettre, ne fût-ce que d'envoyer son manuscrit à un Libraire étranger qui fera l'édition, et se chargera de faire entrer les exemplaires en France.

On en trouve aisément qui font gratuitement de pareilles entreprises; ils s'y porteraient encore plus volontiers si on leur donnait de l'argent pour cela.

Il resterait la difficulté de faire débiter en France un livre imprimé chez l'étranger.

Mais il sera aussi difficile d'y faire débiter celui qui aura été imprimé en France lorsqu'il aura été condamné.

L'édition en sera saisie, à moins qu'on ne

la cache avec les mêmes précautions et les mêmes risques que celles des livres imprimés clandestinement, ou bien venus de Hollande.

Ce serait donc une très-mauvaise spéculation de la part de l'Auteur et de la part du Libraire, de consigner en quelque sorte une amende pour faire imprimer en France ce qu'on peut faire imprimer ailleurs avec moins de frais et de risques.

Quant à la punition corporelle que pourrait mériter un Auteur dont le livre serait véritablement criminel, on voit également qu'il lui est très-aisé de s'y soustraire par les mêmes moyens.

Soit que la loi de la nécessité de la censure soit conservée, soit que le Parlement soit chargé de punir les livres répréhensibles, suivant l'exigence des cas, soit qu'on ordonne aux Auteurs de se nommer, l'Auteur d'un livre qui mérite punition corporelle serait bien insensé s'il ne le faisait pas imprimer hors de France, et même en France, soit dans les imprimeries clandestines, soit dans les imprimeries publiques, où on imprime souvent en fraude.

Ceux qui cherchent avec tant de zèle les moyens d'obvier à la licence des livres, qui ne désespèrent pas d'en trouver, qui s'en prennent à la négligence ou à la connivence de l'Administration, ou à ce qu'on n'a pas établi sur cela une aussi bonne police qu'on le pourrait, ne songent pas que le commerce avec les étrangers rend inutiles toutes les précautions qu'on prend dans le Royaume.

Ce commerce est plus facile en France que dans tous les pays du Monde, par une raison particulière à la France.

Les livres anglais, allemands, espagnols, portugais, etc. ne s'impriment qu'en Angleterre, en Allemagne, en Espagne et en Portugal.

Mais il y a en Europe plusieurs pays hors de la domination du Roi, tels que la Savoie, la moitié de la Suisse et la plus grande partie des Pays-Bas catholiques, où la langue que tout le monde parle est la langue française, et il y en a d'autres, comme le reste de la Suisse, les Provinces-Unies, l'Angleterre et une grande partie de l'Allemagne, où on trouve beaucoup d'Imprimeurs qui sont dans l'habitude d'imprimer le français.

Ajoutons ce que nous avons dit dans le cours de ce Mémoire, le goût de la Nation pour les livres, tant de la part de ceux qui les lisent, que de ceux qui veulent avoir une bibliothèque par vanité.

Or, il n'y a point de contrebande qui ne se fasse quand il y a beaucoup d'acheteurs pour les marchandises prohibées.

On préfère les livres qui ne sont pas permis. Ce n'est pas le seul objet sur lequel la défense irrite les desirs; mais de plus, nous avons vu que depuis long-tems le refus de permission pour les ouvrages que le progrès des lumières rendait nécessaires, a obligé le public à recourir aux livres défendus.

Je crois que si on avait fait, il y a soixante ans, la loi dont on sent aujourd'hui la nécessité, si on n'avait pas défendu ce qu'il est impossible d'empêcher, et qu'on eût réservé la rigueur des lois pour les livres qui méritent réellement d'être proscrits, et si en même tems la tyrannie des Libraires de Paris, propriétaires des priviléges exclusifs, n'avait pas obligé les Libraires de province à imprimer clandestinement ou à se fournir en Hollande, en Suisse et aux foires d'Allemagne, le débit des livres qui méritent d'être proscrits ne serait pas aussi facile qu'il l'est devenu.

Mais le mal est fait : les habitudes sont prises : le commerce a pris cette route; et quand les eaux d'une rivière sont détournées de leur lit, il est bien difficile de les y faire rentrer.

Il ne faut donc pas se flatter de faire cesser

absolument le commerce des mauvais livres,
et cette espérance chimérique ne doit pas empêcher de donner aux Citoyens la juste liberté
de parler à la Nation par la voie de l'impression, liberté si nécessaire dans les circonstances présentes, et qui sera une partie essentielle de la Constitution que la Nation desire, et que le Roi est disposé à lui accorder.

Je conviens que, dans le plan que je propose, ceux qui desirent la liberté n'auront pas
satisfaction complète, puisque, dans le cas où
le Parlement et le Gouvernement seraient réunis pour la proscription d'un livre, les Censeurs refuseraient leur approbation, et l'Auteur qui voudrait s'en passer aurait à craindre
la poursuite judiciaire.

Dans ce cas-là il ne resterait à l'Auteur
d'autres moyens que ceux qui existent malgré
toutes les lois, celui de la fraude, et celui de
faire imprimer en pays étranger.

Or, il n'est pas impossible que les Puissances se trouvent quelquefois réunies contre des
ouvrages dont il serait fâcheux pour la Nation
d'être privée.

Mais quand on ne peut pas faire une aussi
bonne loi qu'on voudrait, il faut faire la
moins mauvaise qu'on peut.

La morale ni la raison ne permettraient

une loi par laquelle tous les livres, sans exception, pourraient paraître impunément, puisqu'il peut y avoir même des discours si coupables, qu'il soit nécessaire de les punir.

Il faut donc, ou prévenir les livres répréhensibles par la censure, ou les punir par la Justice ; et comme la censure et la Justice s'exercent par des hommes, le caprice des Censeurs ou la crainte des caprices de la Justice seront toujours un obstacle à *la liberté de la presse*, jusqu'à ce que tous les tribunaux du Royaume, dirigés par la Nation elle-même, se soient pénétrés de principes assez certains sur cette liberté, pour que les Auteurs qui, dans leur conscience, savent qu'ils n'ont pas d'intention criminelle, soient bien assurés qu'ils n'ont rien à craindre.

Or, nous sommes encore bien loin de là en France, et, en attendant qu'on y soit parvenu, il est juste de donner une sauve-garde aux Auteurs qui veulent écrire sans se compromettre.

Ainsi, l'expédient proposé de leur donner le choix de se soumettre aux fantaisies des Censeurs ou de s'exposer à celles de la Justice, me paraît meilleur que tous les autres partis qu'on pourrait prendre, c'est-à-dire, meilleur que celui de les soumettre tous à la censure, meilleur que celui de les exposer tous au caprice de la Justice, et meilleur aussi que celui de laisser subsister des lois rigoureuses qu'on n'exécute pas, parce que bien des Auteurs ne veulent pas se fier à cette tolérance tacite, et que ceux qui s'y fieront, en seront peut-être la victime dans un moment où il plaira à la Justice de vouloir remettre les lois en vigueur, et de l'annoncer par un exemple.

P. S. Quand j'ai fait ce Mémoire, je ne connaissais pas encore la brochure que M. de Mirabeau a fait paraître sur *la liberté de la presse.*

Je viens de la lire; je reconnais le génie de Milton au trait que l'Auteur a choisi pour son épigraphe.

Je vois avec grand plaisir qu'on pensait, dès le tems de Milton, que *la liberté de la presse* est le fondement de la liberté des Nations.

Je suis étonné que Milton attribue uniquement à l'Église romaine et à l'Inquisition le système de la censure préalable, qui n'avait pas lieu chez les Anciens.

Comment n'a-t-il pas songé que cette police n'a pu avoir lieu que depuis l'invention de l'*Imprimerie ?*

Caton l'ancien et les Empereurs romains, qui ont plusieurs fois voulu bannir la philosophie de Rome, auraient certainement pris le parti d'établir une inspection sur les livres si, de leur tems, les livres avaient été fabriqués dans une boutique ; et s'ils n'inventèrent pas la censure, c'est parce qu'il n'est pas possible d'inspecter le manuscrit que chaque particulier écrit chez lui.

Au reste, cette légère observation ne fait rien à la question que nous traitons, et je n'ai rien trouvé dans cet ouvrage, qui m'ait fait changer d'avis sur ce que j'ai proposé.

FIN.

TABLE.

TABLE.

FIN DE LA TABLE.

www.ingramcontent.com/pod-product-compliance
Lightning Source LLC
Chambersburg PA
CBHW060531220326
41599CB00022B/3492